国家出版基金项目
NATIONAL PUBLICATION FOUNDATION

U0866546

青藏人文与思想丛书

藏族婚姻与家庭观

察仓·尕藏才旦／著

西藏人民出版社

图书在版编目(CIP)数据

藏族婚姻与家庭观/察仓·尕藏才旦著.——拉萨:西藏人民出版社,2014.12

ISBN 978-7-223-04516-2

Ⅰ.①藏… Ⅱ.①尕… Ⅲ.①藏族—婚姻—研究—中国②藏族—家庭—研究—中国 Ⅳ.①D699.1②K892.22

中国版本图书馆CIP数据核字(2014)第262681号

藏族婚姻与家庭观

著　　者	察仓·尕藏才旦
策　　划	格藏才让
责任编辑	格藏才让　银珠桑毛
封面设计	格桑罗布
出版发行	西藏人民出版社(拉萨市林廓北路20号)
印　　刷	拉萨市明鑫印刷有限公司
开　　本	650×980　1/16
印　　张	13.625
字　　数	200千
版　　次	2014年12月第1版
印　　次	2014年12月第1次印刷
印　　数	01—5,000
书　　号	ISBN 978-7-223-04516-2
定　　价	28.00元

目 录

第一章　纵谈家庭

婚姻的基础是性生活，前提是两性关系，性态度的革命为人类性生活愉悦开拓了前景，推进了婚姻的进程，有利人类身心力智进步，也规范了婚姻的最早程式——从野外到洞穴、地理居住环境变化，把血缘大家庭推进到对偶婚姻——从母系社会到父系社会，经济基础起决定作用，家庭成型并趋于稳定模式，家庭观有了雏型。

家庭是一方绿洲，能养育出参天大树，绚丽花团，丰硕五谷，溢香瓜果，也可滋生蚊虫毒蚁，病害瘟疫；

家庭是一湾海港，能启程万吨远洋，收获海生果实，阻拦台风肆虐，护佑四方渔民，也可潜藏鱼鳖恶鲨，生灵遭殃；

家庭是一川牧场，使骏马嘶风奔驰，牛羊膘肥体壮，蜂蝶狂舞翻飞，也可设下陷阱黑洞，撒播灾难哭泣。健康的家庭培育出健康的人格、高尚的灵魂，而邪恶的家庭培育出卑劣的人格、邪恶的灵魂，给社会和历史进程带来破坏元素。可以说，家庭是构筑社会的基石，它的质量决定了社会的质量。

家庭观是一个综合学科的复合体概念。首先是对家庭的科学认识理念，具有民族性、地域性、时代性，还有特殊社会阶段的特殊家庭之阶级性。它揭示的是家庭的历史演绎，家庭的结构元素，家庭的职责与分工、家庭风尚、家族礼仪、禁忌，精神生活、宗教生活、娱悦节日、婚丧嫁娶等，蕴聚了其价值取向、审美情趣、理想追求，包含了文化人类学、民族学、社会学、伦理学、宗教学、民俗学等多种学科。家庭观不啻是研究人类社会的典型细胞，亦是综合学科海洋中的一朵耀眼浪花。

……

家庭是人类社会最早的细胞，也是最基本的单元，是文明的摇篮，启蒙的始发站。她孕育奠基了远古人类的伦理观、道德观、价值观，搭建了人类最初的行为准则，整合规范了是非观念，理想追求，是人类文化史上的第一抹亮光，第一滴乳汁，第一桶金液……

哲人、智者、科学家、政治家、经济学家、文学艺术家……，但凡一切给人类带来文明恩惠、做出卓越贡献的伟大人物，没有一个不是在家庭沐浴过人类最基本的道德启蒙教育，学会做人的基本准则，具备健康敏锐的思维，做好启航扬帆前的准备？哪一个又不是从呱呱坠地、呀呀学语的时候，就从家庭得到物质养份，精神养份，学会生存技能语言技能、情感交流？这就告诉我们：家庭不仅仅是孕育、成长体魄的摇篮，它还是育人如何做人，如何融入社会，为社会文明进步贡献智慧的襁褓；是培育情操、品德、思想的学校。家庭观属于上层建筑中的意识形态。家庭观是人类文明传承的一项基本的、系统的、长期的基础工程，是全面进行物质文明、精神文明、社会制度文明的基本训练场所。家庭观关系到人类的生存发展前景，好比幼树青苗时期的根须分孽；关系到青少年长大后选择的人生道路。它是人类最早最基本的观念型态。自然是人类认识论方面的基石。

家庭观是如何形成的呢？

最初的家庭观应该是人类为了协调族内血缘关系、族外亲属社会关系而产生的。从自然性走向社会性，从蒙昧野蛮走向文明阶段。

随着人们对自然现象、自然法则取得逐步正确的认识，祖先们从而不断调正思维、行为，规范家庭生活模式，形成理性的知识体系。再通过血缘传承和社会传播系统，组合成信息，得以成型并根深蒂固，指导人们的家庭生活健康有序，向着文明和谐方向发展进步。人类史本身就是家庭观的摇篮、襁褓、温床。家庭观是人类史的重要内容，它不能不遵从人类统一的规律。

只有重温人类的发展史、婚姻史，我们才有望从宏观上，从感性、理性层面认识家庭观的形成，认识家庭观的内蕴、功能及价值。

人类走过了哪些漫长的历史阶段呢？怎样形成家庭、凝炼出家庭观的呢？首先得从原始人类说起。家庭起源于原始公社制度的最初阶段，始于人类和人类社会的产生，终于氏族公社（母权制）的形成。这一时期是石器时代的早期，最迟也不超过中期。应该说是人类从猿到人的转型过渡时期。人的兽性特征很明显，思维处于蒙顿愚昧状态，其婚姻形式是群婚制。

生产力的极度低下，使原始人不能不结成一定的群体，去采集天然植物果实和渔猎，共同生产生活，相互帮助和集体保护自卫，防止野兽和大自然的侵害袭扰。而情欲领域，原始人基本和动物差异不大，两性关系随意自由，没有任何禁忌。这是大约距今 140 万到 200 万年前的事。它牵涉到人类祖先真猿如何进化成人的历程。据考古发现，一种真猿的后代不知在哪一年代，同一族系里产生出了三个不同的分支，其中一支进化为大猩猩、黑猩猩及苏门答腊猿的祖先；另一支演变为类似狒狒的类人猿；第三支则进化为可能接近人类直接的始祖。他们一代又一代无限制的繁衍，对大自然动植物食品的原始索取以及地理及气候的不断变迁，使类人猿不得不走下树来，逼着在草原、河流里寻捕食物维持生存。由此，他们的食品结构由单一的草食变成杂食，肉食成为重要部分。在北京猿人的洞穴里，发现有大量木炭、灰烬、烧石、烧骨等，说明距今 70 万年时，北京猿人已知道用火、吃熟食，当然包括肉食了。肉类为他们供给了丰富的蛋白质，类人猿的脑功能大大进化，智商也发生了质的飞跃。

脑力的发达、生存的残酷使类人猿经过漫长的磨难，不断探索进化，他们学会了平衡走路，学会了利用双手打猎，磨制简单的石器，可以进行防御、自卫、猎取。这就使他们更具防卫性、进攻性，也为自己创造了更大的生存空间，生命更具活力，有了更自由的活动半径。总之，从猿到人，人类始祖走完了从单一的食品结构到杂食、特别是熟食和肉食阶段；从四肢爬行到双脚站立、变四肢为工具到腾出双手掌握并制造简单的木棍、石器等阶段；完成了从条件反射的动物智力到有思维创新能力的人类智商，从而完成了一次跨越式的革命，完成了从猿到人的历史性演变，走过了“古人”、“新人”、“现代人”的道路。

距今约二、三十万年时的人类，被历史学家称之为“古人”。“古人”阶段相当于考古学上的旧石器时代中期。几十万年的长期劳动使“古人”的身体克服了不少猿人遗留下的原始性。

“古人”使用的劳动工具虽然仍是木器、石器和骨器，但因劳动经验的积累他们逐渐掌握了更多的制造方法，因此石器的数量和种类也增加了。“古人”已懂得根据不同的用途来制造不同类型的工具。这时还出现了专门供打猎用的大大小小的球状和类似斧的石器，这都是猿人时期没有的劳动工具。劳动工具的进步使“古人”的生产力水平比“猿人”有了一定的提高。他们除了狩猎和采集外，还进行渔捞，捕捞各种鱼类、河蚌、螺等，它们成为食物的另一来源。

人类体质的进步和社会的进步相适应，“古人”已摆脱了“猿人”的乱婚状态，进入了按照辈数区分的“血缘婚姻”阶段。这种婚姻关系构成了“血缘家庭”，这是当时人类社会的组织基础，它为向氏族制度过渡准备了条件。

到了距今约四、五万年的时候，人类的体质已发展到和现代人较相似水平，“古人”进化到了“新人”。这一时期相当于旧石器时代的晚期。

“新人”制造石器的方法更先进了，所以石器不但数量增加而且种类增多、类型明显，形式对称均匀，刃部锋利适用。如“河套人”的尖状器有双刃和三棱长尖的；刮削器有凹刃的、凸刃的、圆刃的和双刃的；还有球状投掷器。更显著的进步是出现了细小石器：与河套人同期的山西朔县峙峪村遗址的细小石器已具有了原始细石器的面貌。这些细小石器除了砍砸器、各类尖状器和刮削器外，还有各种类型的雕刻器、斧形小石刀和石镞。石镞的出现说明当时人们已发明了弓或标枪等，这是猿人、古人都没有的狩猎尖端武器。

在骨器的制造上，“新人”已开始运用磨制技术了。除了磨光的鹿角和鹿骨外，还有骨针和骨锥出现。骨针发现于“山顶洞人”遗址中；骨锥发现于“资阳人”遗址中。制造骨针、骨锥需要掌握一定的刮、挖、钻、磨技术，没有较高的技术是做不成的。骨针、骨锥的发现说明“新人”已会用兽皮缝制衣服，人类从此结束了赤身裸体的时代。

“新人”与“古人”一样，过的是狩猎、采集和渔捞的生活。这时，氏族公社已最后形成，氏族内各成员一律平等，共同劳动、共同消费。氏族内已有了按性别和年龄区分的简单分工。青壮年男子从事狩猎、渔捞和防御猛兽。妇女担负着十分繁重的社会和生产任务：她们要采集野果、树籽，挖掘植物根茎；要烧烤食物，加工兽皮缝制衣服；还要照顾老幼、看守住所等。老年和儿童也从事辅助性的劳动。由于妇女从事的采集经济比男子的狩猎经济具有较稳定的性质，是比较可靠的生活来源，因此妇女从事的活动对维系氏族的生存起着重要的作用，所以，最早的氏族社会形态便是以母权为中心，也即母系社会。

“新人”的氏族公社已排除了古人的“血缘婚姻”而实行“族外婚”：即一个氏族的一群兄弟与另一氏族的一群姐妹交互群婚。氏族内不得通婚是氏族的根本原则，男子外婚到另一氏族，死后仍得埋在本氏族。原始人认为，任何男性至死都是本氏族铁定成员，既使死了，尸体也得回归本氏族，不然魂不安宁。但这样，产生的问题便是血统只能按母系计算，同一始祖母生下的若干后代便成了一个氏族公社。公社扩大后分离出来另立新氏族，几个氏族组成胞族或部落。

妇女的重要经济地位和社会地位，决定了她们是氏族的重要成员，在氏族内受到普遍尊敬，成了氏族的主持者和领导者。母系氏族社会进一步发展、繁荣，出现了农业、畜牧业、制陶业和磨制石器，人类的体形已经完全和现代人一样了，从此，原始社会进入了考古学上的“新石器时代”。

在这场革命中，人类的性生活又发生了什么根本性的变化呢？研究婚姻家庭，这一问题至关重要。因为婚姻的基础是性生活，前提是两性关系。动物的性生活是一种周期性的性冲动发情活动，而人类的性生活较之动物稳定长期，且可以自由掌握驾驭（除了月经期）。除了达成本能的生殖目的外，更是人类快乐的源泉之一。

从动物性的性交媾到人类的性生活，这也是一场根本性革命，这场革命也是漫长的，复杂的，有纵横交错的因由才有了质的飞跃的最终结果。

首先从性交姿势开始。

今天的人类，无法考察出类人猿改变性交姿态的年代，也无法判定是哪类猿的支系首先对性交姿势进行革命的，但从科学考察来看，类人猿中的黑猩猩最有可能创先实施了性革命。经对杂交的黑猩猩染色体和血液蛋白的研究，发现黑猩猩智力最高。在1400万年的进化过程中，它已经能使用简单的工具，如将树叶弄皱成海绵状，去吸取岩壁隙缝中的水，以树枝去探查窝内的蚂蚁等；也能抛石头或挥动树枝来防卫自己，捕杀羚羊或猴子来作为食物；它还能够直立，必要时直着身子走路。今天的黑猩猩，其举止依然很像当年人类的始祖。既然黑猩猩有人类的很多特征，那么在性交姿势上，是否可以推断他们也是人类始祖的先躯者呢？因为直立的姿势迫使他们重新考虑灵长类传统的性交姿势存在的弊病。

传统的姿势和其他动物交配差不离，雌性翘起臀部，雄性由后插入，性交成为短暂、残暴、达成生殖目的的行为，同时又受发情周期的严格限制。而直立则使雄雌双方都能面对面性交，使面部、乳房成为两性审美的共同标准之一。肌肉、神经末梢、敏感的组织、插入的角度，都能引起性兴奋，有所敏感的主动、互动反应，也使双方，特别是女性出现了不同于动物的独有的性高潮，这就发生了一次重大的生物学改变，即人类女性的月经周期慢慢取代了类人猿中灵长类的发情周期。这一生物基因的转变，使人类的性生活由过去被动，为繁殖而机械性交的强性半强迫性行为变成了主动的、亢奋激情的自由半自由的愉悦身心的活动；由简单的性欲冲动、性欲工具变成了双方主动为获取快感、娱悦情感、寻求极度快乐兴奋的文化行为。这种审美享受，推进了婚姻的进程。

谁是人类始祖婚姻制式的先导者呢？

这同样是一个复杂的课题，按达尔文的进化论来说，生命的主要竞争乃是现实的生存与生殖的竞争。体现这种竞争的精神核心，不是物体的外在型态，而是内蕴的基因。当然，不能排除物质基因中的个性，只有适宜走向婚姻结合的类人猿才有可能。类人猿中的长臂猿在远祖时就有着类似一夫一妻的习性传统。雌性不受发情周期的限制，在所有时刻都接受性生活。因此,雄长臂猿只要选择一个“伴侣”即能经常满足它的性需求,它们的两性关系较稳定、悠闲、自在。人类是类人猿杂交的结果,而不是单一品种一脉相传的遗产,这是生存环境所致。

原始社会初期,由于生产力的低下,人的技能和生存能力的孱弱,使人类只能群体生活。群居生活是为了生存,人们集体互助进行采摘和渔猎,同命运共生死,婚姻形式上属于群婚。即一群男子与一群女子共为夫妻,但它是一种普遍的族外群婚,而不是毫无禁忌的乱伦,只是一定范围内的同辈男女共为夫妻。现代科学对非洲狒狒的研究表明,它们有独特的繁殖系统,能排除乱伦的可能性,有与生俱来的乱伦禁忌。母猕猴避免和它的儿子交配,黑猩猩也是如此。进化到人类后,这种禁忌从两个方面得到强化:一是基因,二是理性认识。人类对自然进化现象已经有了分析优劣的认识能力,发现乱伦或血缘内婚姻,带来族群人种的退化,从而开始自觉规范婚姻。出现了特定的群婚制,即一群姊妹和另一群男子或一群兄弟和另一群女子相互通婚,但禁止同胞和旁系的兄弟姊妹间的婚姻关系。这构成了最早的血缘大家庭,也是最初的家庭雏形。这一婚姻形式严格规定只准同辈男女互为夫妻,禁止不同辈分的血缘发生性关系。这是人类发展史上的进步,是婚姻家庭的重大里程碑。

群婚制下的家庭型态渊于人类地理、气候的变化,面对大自然的侵袭,它迫使人们不得不钻入洞穴中求得生存。据考古研究,人类始祖早期虽有来自祖先的遗传“领域感”本能,但气候、地理的变化,人口的繁衍增殖,可原始索取的食物的供不应求,使他们像其他动物一样,不得不处于迁徙、流浪、寻找食物的漫漫旅途中,流动性成为基本特征。直到35万年前,人类才开始定居下来。定居的原因来自于整个地球气候的剧变,从温暖转为酷寒。冰川灾难撒向四方,有幸躲过冰川时期的部分人类,在大冰原的边缘地带生存了下来,他们在山洞中避寒,同时发明了火,能够在温暖和光明中延续生命,得到繁衍。人类的穴居生活持续了近二三十万年。

穴居生活也是人类史上一次里程碑式的重大革命。从空旷的荒野转移到狭小有限、身心都受到限制的石(土)洞穴,生活型态必然发生变革。其空间的有限性决定了人群的分裂和重新组合。分裂开的必然是血缘没有联系、劳动生产中不存在合作关系的伙伴。重组的必然是一个血缘、或者相近血缘的有数人群。既使血缘联系不亲近不明确,也是劳动及生活中难以脱离关系的伙伴。这群人在情感上极易融汇到一起,体力及技能都相当,因而横向发生婚姻生活是极容易且必然的。而洞穴的互近距离空间,"断混"时间的充裕,都使氏族内部婚姻显得更有诱惑力、更便利,促使"家庭"成型,家庭观念应该在这个时期逐步形成孕育。可以说最早的家庭观的温床是原始人的洞穴生活。

洞穴生活分室内室外,可以说人类的生活从洞穴开始有了规律性的程式,有了较为明确的男女分工。以洞穴为永久性住家(大家或者小家)的原始人,生产方式主要是"猎集"。猎集荒郊野外的各种可充食的动植物来补充营养,延续生命。男人以打猎为主,女人则以收集植物草籽或爬行类小动物为主。洞穴群居生活是原始共有制。而集体采集食品则需要男女合作协调,唯有如此才能生存下去。这种结合自然是自愿的,是双方体质、能力、技能、情感的双向靠拢,大致的一夫一妻制,约定俗成为初步模式。但它是不稳定的、游离的、没有理性束缚的,一旦生活条件较稳定,孩子在妈妈单独照顾下能生存时,男人又出现了杂交倾向。这是人类男性随时有性欲要求、性激动来得快来得容易的基因所决定。作为男人,在性生活中主动性较强,自由选择性伴侣的空间也较大。通过性生活,能自然获得愉悦快感。还有一个不容忽视的原因,即原始公社初期是母权制社会。

母权制产生的经济基础是,在人类谋求生存的搜集食品过程中,妇女的作用、成果都大于男性,尤其采摘谷类,是较稳定可依赖的收入。同时,对孩儿的哺乳养育又全由女性承担,群婚杂交式的婚姻,让儿女只认得母亲而不知父亲,父亲成为可有可无的闲人,经济地位又决定女性在民族社会中有决定性发言权,因而母亲在氏族中有了绝对的权威和影响力,是决策层面的人物,因此便出现了母系氏族制,妇女在氏族社会中居支配地位。母权制大约经过了早期和发展时期两个发展阶段。早期子女知母而不知父,世系从母系计。到发展期,婚姻已过渡到对偶婚，妇女经营原始农业，管理氏族事务和经济生活，丈夫居住妻方，世系与财产继承仍从母系计。

在母权制社会，婚姻形式随着社会组织的发展变化不断走向更加规范化、进步化。尤其是氏族制度从氏族、胞族，发展到部落及部落联盟，相继出现了内婚制（即在部落内若干氏族互相通婚，氏族内实行禁婚）；外婚制（禁止氏族内部通婚）；交错从表婚（即姑舅表婚，姑舅表兄弟姐妹之间有优先婚配的权利）；夫姐妹婚（一个男子可以娶两个或几个同胞的或远房的姐妹为妻）；妻兄弟婚（女子例须转嫁给亡夫的弟兄）等等。

到原始社会末期，父权制代替了母权制，婚姻形式由母系社会的对偶家庭，跨入了一夫一妻制。这种历史性的跨越，渊于经济生活中发生的第一次社会大分工（畜牧业与农业分离），男子开始代替了妇女在经济生活和氏族公社中的支配地位，这种代替也是历史的必然。随着生存空间的争夺，男性在战争领域、畜牧领域及一切依恃体力的领域，表现得比妇女力大且奉献众多。以男子为中心的大家庭（氏族）开始形成并定型，妻子从夫居，世系与财产继承从夫系计。这说明经济是基础，任何观念形态都与经济基础有着不可分割的因果关系。私有制萌芽后，氏族部落制度解体，父权制得到进一步强化进而畸形发展为男尊女卑；女子得严守贞操；男子公开或秘密的实行多妻制；夫权至上等。在婚姻形式上出现了抢婚制，买卖婚姻制，一夫多妻制等畸型现象，家庭以男性为中心的地位得到空前巩固。进入奴隶社会、封建社会、资本主义社会后，家庭观在大社会的文化背景下，虽然有着变迁演绎，但家庭的价值取向、精神核心却并未发生根本性的变化，相反更加凝聚，更加强化，联系更加浓缩，互为作用更突出，社会细胞的功能更鲜明。

了解人类史上婚姻家庭形成的历程，有助于我们全面客观地认知藏族文化中的家庭观脉络。认知其家庭观与全人类有着的普同性、时代性，同时鉴别出与其他民族在地域性、民族性的差异以及表现出的特殊性，从而使读者全神贯注聚焦于藏人的家庭观，藏人家庭独特的方方面面，在阅读后面章节时，才会自然流畅融会贯通，明了清楚深入得更快捷些。因为这是整体与局部、宏观与微观、普同性与特殊性的辩证关系。

我们仅仅熟悉历史进程还不行，还得探讨家庭的精确定义、家庭的职能、性质、形式、结构以及与其相联系的道德观念。

什么才可以称为家庭？

要弄清家庭，首先得明白婚姻的概念。

《简明社会科学词典》这样定义婚姻："一定社会制度所确认的男女两性的结合及由此而产生的关系（夫妻关系）。""婚姻是一种契约，但也有人认为是一种身份。""马克思主义认为，婚姻是男女两性之间的一种社会关系，其发展变化性质、特点，除受到自然规律的一定的影响外，主要都是由生产关系所决定与在阶级社会里，婚姻具有鲜明的阶级性。各阶级所处的经济地位不同，它们的婚姻关系也各不相同。在生产资料私有制社会，婚姻的缔结往往受政治经济利益的影响。"

这就是说，婚姻包括三个层面的内蕴：

一是男女两性的结合：是自然规律的阶段显示，也是情感的自由融合；

二是这种结合产生的契约关系，相互身份的确认，即夫妻关系；

三是这种关系是社会关系，不单纯受自然规律的影响，而更多的受私有制度产生的观念、政治态度（位置角色）、经济利益、阶级身份等等的影响。

但这三个层面，只表达的是男女两性单一的双向的结合，是自然关系和社会关系在两性关系上的总和体现。与其他自然人及社会层面并没有直接的，或者是必然的联系，它比起家庭要单纯得多，是一种表面现象。可它是产生家庭的前提，家庭是婚姻缔结的结果，是婚姻的延伸发展。任何婚姻都无法回避社会大背景，在一定意义上，它是社会历史阶段的产物，有着深深的时代烙印。

《简明社会科学词典》中，对家庭是如何诠释的呢？该辞典说道："由婚姻关系、血缘关系或收养关系而发生的亲属间的社会生活组织，有广狭两义。狭义仅指一夫一妻个体家庭（单偶家庭）；广义泛指群婚制出现后的各种家庭形式，包括血缘家庭、普那路亚家庭（亚血缘家庭)、对偶家庭和一夫一妻制的个体家庭”。“婚姻构成最初的家庭关系,由此又产生出父母子女等其他家庭成员之间的关系。家庭的职能、性质、形式结构以及和它相联系的道德观念,都随生产方式的变革而不同。”

这就是说,家庭与婚姻的区别在于亲属之间、血缘与非血缘亲属之间家庭已变成一个社会生活组织。它的社会联系更强烈、更广泛,社会色彩更鲜明、更突出,已经编织成一个小的社会网络和社会层面了。这就使家庭的社会性份量更重,内蕴更广更深了。它随着社会的变革而变革,受社会的影响和冲击更明显更直接了。但这并不是说家庭的核心价值完全异化成社会化了,家庭与社会还是有着根本的区别,那就是家庭的核心依然是情感,血缘亲情是纽带。它有着一套完整的伦理道德体系,一个系统化的信息网络,而这个体系便是家庭观。而社会呢?社会的核心则是利益,其价值取向更多集中于功利、相互利益上的需要、利害关系的互动作用。

可以说,家庭观是维系家庭生活的指导思想、价值取向;是处理家庭生活,调解家庭矛盾冲突的行为准则和粘合剂;是血缘伦理关系的座标,也是家庭生活道德体系的基本框架。它的价值核心是“爱”与“和”;追求的是“善”与“美”;要达到的目的是“共同幸福”、“和谐文明”。家庭观是人类意识形态中的亮点,是高尚健康、引人向上的价值观,是真善美的集中体现,是道德熔炉中净化纯正的结晶。它把人类文明道德不断推向新的台阶。可以说,人类文明道德教育的启蒙点在家庭,而不是社会。

家庭不是虚无缥缈的乱云迷雾,更不是肚中无物的空壳子。它是实实在在的大实体,是生活实体、生产实体、经营实体、社会实体、伦理实体、也是道德实体,不允许虚幻的东西存在。人类最初的价值观、人生观、世界观都是从家庭中孕育、胚胎、启航,进入社会的大海洋的。它也是成就一代代伟大、智者理想的养份、子宫。应该说,家庭是人类社会最具活力、最为稳定的细胞,是维持和推动社会进步的最基本最有生命力之元素。

家庭观的第一要素是忠诚。首先是道德婚姻契约双方的忠诚,从情感到行为的忠诚，从精神到特质的忠诚。容不得虚假做作、阴谋卑鄙。其次是家庭血缘非血缘成员亲属之间的忠诚，以诚相待以礼相待、同舟共济、相濡以沫、同命运共生死。人类情感世界中最本质的东西在家庭生活中得到充分开掘和极大张扬。

第二要素是“至爱”。至爱从始至终贯穿上下左右，代代延续不息，成为人类社会的黏合剂、润滑油。生命化作爱的蜡烛燃烧殆尽、照亮心扉，给予光明、温暖并且产生善、美、真的意念，理想的憧憬，同时生命汇聚起甘泉玉露、滋润心肺，孕育幸福愉悦和亲和力。这种至爱，使夫妇双方情感自觉靠拢，高度融洽，精神及理想层面趋向一致，行动步调趋于一致，共同向善与美的境界奋进。这种至爱对于老者而言，是关爱下一辈和亲友，自愿牺牲私利，在智慧、物质财富、心力体力诸多方面有所付出，增强了家庭内部的凝聚力、向心力。使大家团结一心，向着真善美的理想奋进；对于年幼晚辈，家庭至爱氛围散播的亲情、温暖、关爱，使他们感受到人间的温馨、亲近、友爱以及生活的希望、向上的活力、健康成长的环境。而亲属之间，则由于血缘或姻缘的联系，相互产生出“至爱”之情，彼此有所呵护关照，互帮互助，共同发展，同甘共苦，充满友爱，沐浴在真善美的雨露之中，在人生的道路上有所收获，有所进步。

第三要素是“职责”，每个人在家庭中的角色位置，决定了每个成员的责任、权利、义务、分工。责任根据历史传统和个人在家庭中的地位所确定，内部分工不分家，按能力、影响局部的调整，但通常都是父权社会（或母权制）传统的模式，家长负责全盘统筹帷幄；主妇操持内务，主管生活、财务计划；老人有老人的活计，晚辈有晚辈的安排，各司其责，有条不紊，井然有序。权利也是规范了的，义务和权利基本成正比。

第四要素则是“人伦”程度，伦理道德观的构建。在家庭内部建立起尊卑、长幼的秩序，这种秩序一般按辈份、家庭地位、作用而确定持恒，成为不可改变的常道。伦理道德则是家庭或扩大到家族领域，成员各自必须遵守的共同行为准则。个人角色位置规范的是个人行为规则和相互之间的义务。它是网络，把家庭成员定格在各自的角色位置上，又有机地联系在规定的范围之内，相互发生作用但不会混沌一片弄乱秩序。它又是家庭生活的轨迹，无论哪个地域哪个民族哪种社会制度，家庭的伦理道德线一直是持续的、明晰的，很少有大起大落、时断时续、首尾颠倒、上下错位。它是人类文明最核心、最稳定、最恒常的因子。正是有了家庭基因的生命活力，人类才会走到今天，才会有明天的憧憬。

有了宏观的家庭阐述，对微观的藏族文化中的家庭观，我们就能从宏观与微观的结合、纵向与横向结合的层面、理论与案例表象相结合的视角有所深刻的印象，也有利于我们自如地浏览在藏文化家庭观的指导下绚丽多姿、韵味十足、个性独特的藏人家庭风情线。

第二章　孕育藏族家庭观的地理环境

地理环境决定生产方式，生产方式又决定了家庭结构、家庭模式、家庭观念——雪山林立，江河纵横，家庭成为藏人生活、生存、生产的最大自由空间，倚重依赖性更强烈，氛围更浓重。

藏人家庭的构成其功能和其他地域、民族与众不同，具有哪些特殊性？为什么？这，我们首先得从地理环境探究。

人类的摇篮是大自然，是大自然孕育了人类，哺养人类繁衍生息，人类离不开大自然。地理环境造就了人类的生存方式，决定了生活方式、文化型态。地理环境同样孕育了藏民族富有个性的家庭观。要想探究藏人家庭的独特性，明白藏人家庭观的价值取向、核心精神，我们先得熟悉她的家园。

藏人居住的地理环境与其他地域、民族有何不同？它的独特性表现在哪些方面？

它是世界第三极，称为青藏高原，藏人又美誉为“雪域”，平均海拔在 4000 公尺以上，是地球上海拔最高、严寒分布最广泛的地带。

青藏高原西起帕米尔和喀喇昆仑山脉，与克什米尔地区、阿富汗和独联体的中亚诸国接壤；向东到达横断山脉，连接缅甸和我国的云南高原，并且濒临亚热带湿润的“天府之国”——四川盆地；北缘通过昆仑山、阿尔金山和祁连山 4000～5000 米的高差，与亚洲干旱荒漠区的塔里木及河西走廊相连；南端以喜马拉雅山脉为界毗邻印度及喜马拉雅山地区国家尼泊尔和不丹。它是全球海拔最高的自然地域单元，素有“世界屋脊”之称。

青藏高原是近几百万年以来地壳强烈隆起的结果。它经历了由海洋变成陆地，而陆地则随着地壳的上升由过去的低海拔热带和亚热带环境向现在的高寒环境发展演变。这里是亚洲几条大河——长江、黄河、印度河、恒河、雅鲁藏布江、怒江和澜沧江等的发源地，是亚洲古老文明之一的发源地。

雪峰环绕　山的原野

纵目鸟瞰雪域高原，苍茫茫、浩淼淼，千山万峰似大海汹涌，似排浪扑面而来；又似一列列威武雄壮的军阵，迈着铿锵的步伐，高擎青凛锐利的枪刺，在进行一场惊心动魄的厮杀排练。那直插云天、星汉般林立的座座雪山银峰，犹如将军伫立马背，座下雪青马昂首嘶咴，头上银盔如星辰闪烁，手中银柄枪直刺长空，真是壮观！特别阳刚，特别雄浑，特别震撼人心！这不是一般平常意义的原野，分明是高山的原野，雪山的原野，山的莽林，山的海洋。

喜马拉雅胸拥雅隆香波神山

高原的最西南，是如碧龙般蜿蜒盘踞的喜马拉雅山脉。她似一条银色的腰带，又像长长的利剑把印度平原和西藏高原无情地一刀割断，把印度洋的暖流季风严严实实地堵隔开去，使她的两麓俨然成为两个皆然不同的世界：南麓是湿润、暖和季风型亚热带气候，而北麓却是冰川林立、风雪不断的寒温带气候。

喜马拉雅是印度梵文，字意是“冰雪居住的地方”。无论北风凛冽的寒冬，亦或赤日炎炎的盛夏，喜马拉雅山顶上终年积雪不化，总是一片银色世界。在这些巍巍雪峰之中，有一座世界最高峰——珠穆朗玛峰，它像一座巨型的金字塔一样，又雄踞于喜马拉雅山群峰之顶。

人们把喜马拉雅称为“世界屋脊”是名符其实的。世界上十四座8000米以上的高峰中，有十一座分布在喜马拉雅山脉。

它们是:第一高峰珠穆朗玛峰(8844 米);第三高峰干城章嘉峰(8586 米);第四高峰洛子峰(8516 米);第五高峰马卡鲁峰(8463 米);第七高峰道拉吉利峰(8172 米);第八高峰马纳斯鲁峰(8156 米);第六高峰乔乌雅峰(8201 米);第九高峰南迦帕尔巴特峰(8125 米);第十高峰安纳普尔那峰(8091 米);第十四高峰希夏邦马峰(8012 米)。7000 米以上的山峰,在地球的其它地方是“天之骄子”,然而在喜马拉雅山区却成了默默无闻之小字辈。至于 6000 米以上的山峰,简直如竹林中的春笋,遍地皆是,数不胜数。

从长度来说,喜马拉雅也是世界数一数二,可夺取桂冠的。

大喜马拉雅带(亦称高喜马拉雅带),是喜马拉雅山的最高部分,真正的“世界屋脊”之所在。它的平均海拔在 6000 米以上,集中了喜马拉雅山所有 8000 米以上的高峰。林立的雪峰,纵横的冰川是其最重要的特色。它由最古老的喜马拉雅片麻岩组成。

西藏喜马拉雅(亦称特提斯喜马拉雅)①,是以印度河(象泉河)——雅鲁藏布江为北界的西藏高原。平均海拔 4000 米以上,虽然地势高亢但是地形却不像南坡那样陡峻,而是从喜马拉雅山主脊向北徐徐下降,根据地质学家多年考察,直到四千万年前这里还存在海洋。在厚达十公里以上的海洋沉积地层中,发现了大量的、从五亿年以前到四千万年以前的各种不同的动物化石,以及少量物植化石。这就说明,喜马拉雅山是在不久以前才升起来的。

喜马拉雅山上发育了许多规模巨大的现代冰川、冰斗、角峰、刃脊等,冰川地貌现象广泛分布。其间夹着幽深的冰洞、曲折的冰面溪流,景色奇特远胜于岩溶地区秀丽的峰林。喜马拉雅山不愧称之为庄严而又美丽的高山世界!

冈底斯山——念青唐古拉山

冈底斯山——念青唐古拉山,横亘于西藏自治区中部,东起昌都

---

① 在过去的地质年代里,这里是特提斯海(古地中海的一部分),所以地质学家们称它为特提斯喜马拉雅。

地区嘉黎，东南延伸与横断山脉伯舒拉岭相接，西到阿里地区狮泉河，南界印度河上源噶尔藏布及雅鲁藏布江谷地。这条连续延伸的巨大山系，为藏北与藏南、藏东南的分界线，也是西藏外流河与内流河的分界线。东西长约1400公里。其中冈底斯山1040公里，藏族人称其为“众水之源”或“众山之根”；念青唐古拉山360公里，藏人称其为“大亲眷光明之神”。

苍莽昆仑雄姿倚长剑

喀喇昆仑山耸立于青藏高原西北侧，是连接帕米尔高原和喜马拉雅山及唐古拉山的链环。主体部分在新疆维吾尔自治区与克什米尔的交界线上，西藏境内是它的东延部分。喀喇昆仑山与唐古拉山都是中生代燕山运动早期褶皱隆起成山的。同位素年龄为106～210百万年。

喀喇昆仑山仅次于喜马拉雅山，是居世界第二位的最高山脉，平均海拔6000米。

昆仑山位于青藏高原北部，是西藏自治区与新疆维吾尔自治区的界山，它西起东经75°附近的帕米尔高原，向东延伸至四川盆地西北部，东西长达2500公里，南北宽150公里，平均海拔5500－6000米，是我国大陆中部地形的骨架，是我国西部的一个由多条山脉组成的庞大山系。由于昆仑山以巨大的高度和长度横贯亚洲中部，因此有“亚洲脊柱”之称。

若把目光移向这方土地的腹地，你就会发现在那儿也有着一条似大象体形般的高高山脉，它便是……

唐古拉山——平滩之高山

唐古拉山藏语叫“当拉”，横卧青藏高原中部，西接喀喇昆仑山，东南延伸衔接横断山脉怒山，是西藏自治区与青海省的界山。它北起小唐古拉山，南至西藏安多一线，南北宽达160公里，是一组具有宽广山幅的山脉。唐古拉山的主体部分海拔都在6000米以上，但相对高度多在500米左右(最大相对高度可达1000米)，最高峰格拉丹东峰，海拔 6621 米，为我国第一大河长江的发源地。

在雪域东头，依然是层峦迭嶂的高山雪峰，那是横断山脉。

横断山——群山之林

横断山脉是我国西藏自治区东部及四川省、云南省西部南北走向山脉的总称，与我国大多数山脉所呈的东西走向成鲜明对照，独具一格。

横断山脉位于青藏高原的东部，高山深谷相间，纵贯南北，横列骈行。自西而东主要岭谷有：伯舒拉岭——高黎贡山、怒江谷地；他念他翁山——怒山、澜沧江谷地；宁静山——云岭、金沙江谷地；雀儿山——沙鲁里山、雅隆辽谷地；大雪山——折多山——锦屏山、大渡河谷地；邛崃山——大凉山。构成两山夹一川，两川夹一山的险峻地形。谷地自北向南则显著加深，山岭与河谷高差达 1000～2500 米。北部山体较完整，分水岭还保存着宽广的高原面，是良好的夏季牧场；南部岭谷栉比，山势陡峻，河床深切，多急流险滩，加之支流众多，山地分割得比较破碎，分水岭狭窄，仅有零星的原始高原面残存。

西藏高原上这些中国著称、世界闻名的山脉，它们海拔高、面积大、时代新，都是地域上最雄伟的山脉。按走向基本上分为东西向和南北向两组。东西向的山脉占据西藏高原大部分地区，从北向南主要有四列：昆仑山脉，喀喇昆仑山——唐古拉山脉，冈底斯山——念青唐古拉山脉和喜马拉雅山脉。南北向的山脉主要指高原东南部多条岭谷相间的横断山脉。这些山脉在总体上大致都作弧形展布，中间散开，两头收敛，在高原的西端形成帕米尔“山结”，在东端构成横断山“山束”。“山结”所在，群山汇集，地势特别高峻。

上面这些山系，仅仅是青藏高原的山大王而已。除了巨大山脉以外的，还有着山二王、山三王……，网罗起了山的密宫、山的世界、山的血缘家族。

抬头是山，迈步是山，到处是山。人在山的包裹之中，山在人的头顶恣意潇洒。这种雪山环绕的地理先天地决定了藏人的生产方式、生活方式。进而孕育了其世界观、生死观、价值观、审美观，浇铸了其独特的性格和思维模式、行为模式，捏塑了其家庭模式，产生了自己的家庭观。同时,由于山如影子须臾不离,山是伴侣永远跟随群山纵横贯穿、威武、冷峻、神秘、严肃沉甸,压在你的心头,压在你的面前,带来的心理活动也有所不同。在如此高大伟岸、如此宽厚浩淼、如此雄浑无比,又如此庞然密布的群山面前,人类是多么的单薄孱弱渺小;多么的无可奈何无能为力。生活在如此纵横布阵的风雪弥漫、高海拔的雪山丛中,他的生存空间是如此严酷、狭小,只能分散居住,地广人稀成为特点。家庭也就成为生命之物质与精神的支撑点,藏人的生存环境主要依赖于家庭。

江河纵横　密如网络

平均海拔四千公尺以上的青藏高原,除了雪山环绕,山野如林,还分布有纵横交错的江河,如网络密布,拴住了远古藏人的脚步,把他们牢牢钉死在自己脚下这方土地上。

西藏高原的河流可分两种:外流河和内流河。

外流河主要分布在东、南、西部的边缘地区,东部有金沙河、澜沧江、怒江;南部有雅鲁藏布江;西部有朗钦藏布(象泉河)、森格藏布(狮泉河)等。亚洲许多著名大河,如长江、湄公河、萨尔温江、伊洛瓦底江、恒河、印度河等都发源于或流经这里。

孕育了古印度文明的恒河源于西藏阿里岗仁波齐雪山下的马甲藏布(孔雀河),在印度境内称之谓呼那卡那里——哥格拉河;另一条大江印度河同样发源于冈底斯神山脚下的森格藏布(狮泉河),在印度变成了印度河;还有一条巨流布拉马普特拉河,就是我国西藏境内有名的雅鲁藏布江的下游;还有朗钦藏布(象泉河)、麻章藏布……都流入印度,哺育了印度平原古文明之花的艳丽开放。古印度人把岗底斯山称为世界的"肚脐眼"、"万水之源",世世代代前来虔诚朝拜。

除此之外,还有——

金沙江　系长江上游干流,发源于青海青藏高原唐古拉山脉格拉丹东雪山的西南侧，经青海省玉树藏族自治州，沿西藏、四川交界线南下，最后通过西藏芒康县境内流入云南。

澜沧江 有两个主要河源：一为扎曲，发源于青海杂多县内的夏茸加山麓；二为昂曲，发源于西藏巴青县境内的万马拉；在昌都汇合后，经芒康县境内的盐井流入云南。出云南后，即为湄公河。之后，再经缅甸、老挝、泰国、柬埔寨、越南等国流入南中国海。

怒江 发源于唐古拉山南麓安多县境内，流经那曲、比如、巴青、索县、边坝、丁青、洛隆、八宿、左贡等县后，经扎恩进入云南。出云南入缅甸，即为萨尔温江。之后，便注入印度洋的安达曼海。

雅鲁藏布江 发源于喜马拉雅山北麓仲巴县境内的杰马央宗冰川。雅鲁藏布江流经萨噶等二十三个县和珞瑜地区。支流有多雄藏布、年楚河、拉萨河、尼洋河、帕隆藏布。西藏一些重要城镇，如拉萨、日喀则、江孜、泽当、林芝等都分布在该流域。

江河哺育了一个民族的文明、繁衍了一个民族，但在科技落后的远古年代，它也阻拦了一个民族的脚步，挡住了他们的视野。纵横如网的河络，网住了一个民族的理想和事业。既然走不出去，那就只能窝在老巢里自找乐趣、酿制幸福。因此，他们对家庭的依赖就比其他民族浓重，家庭观更是根深蒂固。

冰川湖泊 星罗棋布

在藏区辽阔的土地上，不仅有众多的江河，而且还有星罗棋布的湖泊。高原上的湖泊海拔高程大部分布在 4000～5000 米，还有的高于 5000 米以上，如西藏最大的湖泊纳木错（藏语天湖之意），湖面高程 4718 米；著名的羊卓雍错高程 4442 米，博磨错 5008 米，玛旁雍错 4587 米，羌塘高原西北端的大湖郭扎错 5080 米。还有一座不引人注目但却荣登世界湖泊最高海拔之冠的霍尔帕湖，它在青藏高原的西部，湖面海拔为 5465 米。

西藏内陆湖泊主要分布在喜马拉雅北坡，雅鲁藏布江以南地带。

它们多相互成群分布，其中主要的有玛旁雍错——拉昂错、佩枯错——错戳龙、错姆折林——定结错、多庆错——嘎拉错、羊卓雍错——普莫雍错——哲古错等。这些湖泊个体较大，其中羊卓雍错最大。藏南较大的内陆湖泊大都由外流湖泊演变而来。

青藏高原的西北部、东南部也有着大量的湖泊，有的是外流的，有的则是内陆湖。以青海省为例，湖泊面积占全省总面积的1.8%，约为1.3万平方公里。有四大湖群，祁连山湖群、柴达木盆地湖群、长江江源和可可西里湖群、黄河河源湖群。青海众多湖泊中的老大是青海湖。青海湖面积4573平方公里，湖面海拔3196米，最大湖深32米，明水储量742亿立方米，为国内最大的内陆湖，属咸水湖。另一大湖为哈拉明，面积588.1平方公里，平均水深27.4米，最大水深65米，湖面海拔4078米，湖水储量16.1亿立方米，为咸水湖。

青藏高原现代冰川都发育在高原上巨大的各山系中，冰川总面积为49162平方公里，占全国冰川总面积58651平方公里的83.8%，相当于亚洲山地冰川面积的40%。

青藏高原冰川在地区上分布不均匀，主要分布在高原南半部和东部地区。昆仑山山脉冰川面积为最广，约12482平方公里，其次是喜马拉雅山脉，其面积为11055平方公里，分别占全区冰川总面积的27%和24%，以上两个山系的冰川面积约占青藏高原冰川总面积的1/2；冰川总储量为38563亿立方米，约占全国冰川储量51322亿立方米的75%，昆仑山和喜马拉雅的冰川储量分别占青藏高原冰川总储量的33.8%和25.8%。

苍莽的青藏高原，分布有如此众多、广泛的冰川，绝对的生命禁区，绝对的寒冻地带，藏人的生存空间还有多少？对生命的挑战是如此的严峻无情，藏人在这片土地生存、结成婚姻家庭繁衍生息是怎样的艰难卓绝？虽然地域辽阔，生存空间貌似广大，但雪山、冰川、湖泊、江河，却使藏人无法享受到广大生存空间，无法在野外生存和长时间活动，唯有家庭才能相依为命、息息相关、同舟共济，度过生命的泥淖。家庭地位在人们心目中何等重要、何等关键，我们可想而知。家庭取向的凝炼、升华也就成为价值观念中主要之一环。对家庭质量要求特别严苛，在观念准则上对组成家庭的条件要求也全面实际，达到立体化。唯有婚姻与家庭恐怕是最温暖的安乐窝，最平安的避风港。家庭的地位显得特别重要，作用特别突出。

高寒无霜期短 冬日漫漫

青藏高原的气候高寒、无霜期短，植物生长周期受到先天遏制，藏北高原和青南高原的可可西里年平均气温在－4℃以下，等温线与等高线相重迭，自成一闭合的低温中心。高原腹地有大片面积最暖月气温低于10℃。青藏高原有一半地区年平均气温低于0℃，既使较温暖的河谷地区，如雅鲁藏布江、河湟谷地、横断山脉各谷地，年平均气温也只在3～5℃中间。全藏区宜农土地只占土地资源的0.94％，西藏河谷平原仅占全藏土地总面积的1.2％，而青藏高原三分之一的土地不宜农也不宜牧。

青藏高原的这种高寒低温天气框架，使这片土地无法成熟禾类，只能经营畜牧业。适于农业垦殖的只有总面积的1～2％。而草场面积却占总面积的64％。可利用草场为19亿7千3百万亩。这些草原主要分布在冈底斯山、念青唐古拉山以北，通天河源以东，包括了西藏那曲至青海阿尼玛卿山、青海东南隅一带，西倾山东部的甘南草原、川西北草原昌都高山草甸牧场等，在海拔4500～4800米之间，温度≥10℃的天数少于50天；海拔高度2700～3700米的地方，温度≥10℃的天数50～150天不等。这种气温下的草原，牧草发育、成长期都很短，给牲畜提供的单位饲草产量值都很少，满足一只羊的基本需要得7～14亩的天然草场，一头牛得20亩，而一匹马则是四十亩左右天然草场。试想家有一群500只羊（公母大约各一半）、50头牛、10匹马，得有多少草场才能满足基本需要呢？这还不算天灾人祸带来的损失！占有大片草场轮牧，高度分散落居，成为青藏高原藏人的主要生产、生活方式。家庭成为唯一的立脚点。在苍莽浩森、高寒气冷、艰辛残酷的环境下家庭是唯一取得温暖、安宁、祥和的根据地，成为黑夜中的一盏明灯，雪天一簇火红的烈焰，是家庭成员向心凝聚力的化合剂。

地理条件决定的这种生产结构、生产方式、生活方式，使其生产力低下，自给自足经济也导致了藏区无法胚胎大中型城镇，更难产生集工商科技教育文化功能为一体的城镇，家庭担负起了手工业作坊、商品生产、科技交流、教育基地、文化传播的功能，在社会中突显出举足轻重的价值分量了。

高原常年性的大风多风，也把藏人赶进自己家庭，去创造一个温馨、祥和的生存环境。青藏高原是中国大风（≥8 级或者 17 米/秒）最多的地区之一。大风持续时间长，分布范围广。大风日数远比同纬度其他地区多，年均大风日数达 100～150 天，最多可以达 200 天。

当我们明白了藏人所处的地理环境是如此严酷、如此恶劣，我们也就明白了藏人的家庭意识为何如此浓重？家庭的个性显得如此有棱有角，充满特殊韵味？家庭观会如此凝重沉厚？应该说，地理环境最终捏塑了藏人的家庭结构、性质、形式、价值、功能。但最初的藏人祖先走过的道路和人类是大致相同的，只是到了喜马拉雅造山运动后，地理环境发生剧烈变化，才使藏族家庭由此产生的家庭观显现出其特殊个性，成为藏文化中不容忽视却很少有学者、专家顾及的靓丽景观。

青藏高原的隆起是悄悄的、缓慢的、人类感官无法察觉的，而且是漫长的历史时期，是几千年，甚至上万年的历程。也就是说，不是人类一代、数代之间形成今日之地貌和海拔的，是经过人类数千代才完成的，因此每一代人都无法直觉认识海拔的升高。人体的遗传基因是不可能记录下海拔高度对体质的影响，更不可能告诉后人地理的潜爬高。人类在未意识中渐渐适应了地域变化，不自觉地凭感性追求生存条件。而当气候越来越严酷、越来越苛刻时，生息繁衍了上千年的数百万藏人先民，已经无法脱离这片土地去异地寻求发展。他们的体质、生产和生活方式，已经和这块高原融合一体、深深扎根，有了适应性，也只能在原地奋斗、繁衍，别无选择。

这种适应是逼迫的、被动的，客观上它已经把藏人封闭在一块特殊的、严酷的地域之中了。人类要想生存，就得调整自己的生活方式，与地理环境取得协调，趋向一致。家庭成为生存的最坚强堡垒，是生命最保险的温床。珍重家庭、关爱家庭、完善家庭，自然成为雪域家庭观的重要侧面。藏人祖先的婚姻家庭组成、家庭结构、家庭形式都是对自身调整的结果，都是适应自然环境的结果，是自行设计的生活模式、生产模式、行为准则，也是历史的遗传，一种信息符号。尤其家庭观更是这一思想意识的积淀，集中反映。

第三章　有关藏人祖先的神话

神话和传说捅开雪域高原成型的奥秘，弥漫开唯物史观，人类发祥地之一可能是青藏高原——藏人坦言自己是猿猴的后代，还原了自己的真实面孔，雪域家庭观的基石来自这一唯物的认识论。

这块神奇而又严酷的土地，这块捏塑了藏人家园的高原，在藏人眼中是如何诞生和形成的呢？古老的神话做了佐证。

什么是神话呢？神话是远古人们所创作的反映自身、反映人与自然的关系以及社会形态的具有高度幻想性的故事。它的产生有深厚的现实基础和思想基础。它与原始人类为了自身生存而进行的同大自然的联系紧紧结合在一起，它是对自然现象的解释，也是对社会生活的反映。因此，它是人类进化、发展的影子。

藏族的神话是其先民还处于“历史的童年期”的创造物。它经历了漫长的口头流传的岁月，代代相传，直到藏文被创造出来以后，才有了文字记录。有位哲人这样评价神话：“神话既不是骗子的谎话，也不是无谓的幻想产物，它们不如说是人类思维的朴素和自发形式之一。”流传在云南省迪庆藏族自治州境内的创世神话《大地和人类的由来》较为完整地记录了藏人始祖的记忆：天地未形成时，什么也没有。后来逐渐出现了大海，但空荡荡的，只是在海面飘浮着一层灰蒙蒙的雾气，四面八方刮着大风。慢慢地，大风和雾气才使大海中积起了许多硬块，这些硬块又聚集在一起成了大地。由于大地没有东西支撑，老是晃晃荡荡的。后来海中出现了一条巨大的鳌鱼，钻到海底将大地背在自己背上。可是鳌鱼老在动，它一动，大地又晃动起来。天神见了，便朝鳌鱼的背上射了一箭。鳌鱼中箭后翻了一个身，大地就落在它的肚子上。从此，大地就稳稳当当的了。有了大地，最先有了山，热姐梅俄是山之王；接着出现了树，树中以巴桑树为王。有了东、南、西、北四大天神之后才出现了人类。在一座大山上，住着梭舒绿格向蒙陀公猴，还住着玛霞森多姆女岩妖。一天，岩妖见到猴子，就朝他打了三个口哨，表示希望猴子搬出来一块住；猴子听见了，也回了三声，表示同意岩妖的请求。于是，岩妖和猴子结合，成为藏人的祖先。

在这块土地上，如何孕育出生气，如何胚胎出生命，流传在雪域东北部的一部《创世歌》中是这样展示的：

恩情最大的是慈爱的父母，发生最早的是世界的形成。

问：形成早？还是毁灭早？

答：若形成早就讲形成早的原因，若毁灭早就讲毁灭早的原因。形成不早毁灭早。请讲第一次是怎样毁灭的？

问：第一次毁灭的造成，是火、水、风这三者。这三者的根因没有灭，灭了的人是怎样形成的？

没了的水是怎样形成的？息了的风是怎样形成的？

……

歌中逐一回答，火、水、风“死而复生”的时间，认为水、土、火、风是构成世界的最初物质。并认为：

土的形状是四方形，土的颜色是金黄色，它的因子是“蓝木佑”。

火的形状是三角，火的颜色是红色，它的因子是“染木佑”。

风的形状是扇形，风的颜色是青色，它的因子是“烟木佑”。

还有水的因子“坎木佑”。

“蓝木佑”、“坎木佑”、“染木佑”、“烟木佑”，分别是土、水、火、风物质的最小微粒。

其中第一问到十七问，主要讲世界的起源和天地的形成。

歌中体现了朴素的唯物主义思想。

第十八问到二十四问，主要讲生命的形态和种姓的由来。歌中认为生命的诞生有四种形式——卵生、胎生、暖生和化生。最初众生是化生，在此后的演变过程中，人和神才定为胎生。

歌中表述对生命起源的认识之后，又说人类产生后度过了一段共同享用果实、不分等级贵贱的生活。后来便有了无数苦难，苦难使众生分为好多种族，主要的种族有婆罗门、贵族、百姓和贱民四种。

第二十五问到三十一问，主要讲日月星辰的特点。

另一首创世歌对宇宙是这样描绘反映的：

最初世界一片空，后生白霜和清风，
霜风神变成五蛋：紫色玛瑙第一蛋，
红色铜蛋这是二，青色铁蛋这是三，
黄色金蛋这是四，白色海螺第五蛋。

后来，这五种蛋又生成了“地狱”的种子、“智净种子”、“逃跑的种子”、“人的种子”、“非神的种子”。在五个蛋的角落里又生了一个“神的种子”。在宇宙形成的源根上，认为最早生了“风”，又生“火”、“水”、“土”，成为构成世界的四种物质元素。世界成了龟背形样，有了山、河、森林、湖泊等。在此歌中，对生物提出了暖生、蛋生（卵生）、化生、胎生的进化原理，并揭示了物质的第一性。

五源形成根本基，最早却是风产生。
交杵金刚风形成，这里居住地狱部。
在这上面生成火，火像莲花盛开态，
这里居住饿鬼部。
在这上面生成水，水像轮子转动态，
这里居住野兽部。
在这上面生成土，土像漫漫浸过态，
这里居住人类部。

高原人类初生时期，首先看到的是万物生长变化，见到的是日月星辰在天际周转，而天空又不时阴晴明暗之现象，还有四季不一样的江河湖海的面目，以及土、水、火、风力量的巨大，他们之间存在的二重性（祸福互为），使他们认定土、水、火、风是世界的主宰，也是世界的基本构成单位。

随着对宇宙认识的不断深化，对世界的运动现象，藏人开始有了自己独特的看法，也总结提炼并形成了自己最早的宇宙观——物质的、变化的、互为作用的辩证唯物意识。

在藏人心目中作为世界主宰的叫什巴（也可视作是宇宙），有一部世界形成史的“什巴歌”，其内容是这样展开的——

问：当初什巴形成的时候，连火石大的石头都没有的地方，
游牧民的架锅石从何来？
当初什巴形成的时候，连鞭蔴儿都没有的地方，
游牧民的燃料从何来？
当初什巴形成的时候，连一滴水都没有的地方，
游牧民的饮水从何来？
答：当初什巴形成的时候，在连火石大的石头也没有的地方，
挖出草皮当架锅石；
当初什巴形成的时候，在连一根鞭蔴儿也没有的地方，
割了边玛当燃料；
当初什巴形成的时候，在连一滴水也没有的地方，
拿了白雪当饮水。
问：当初什巴形成的时候，天地融合在一起，
请问分开天地的是谁？
当初什巴形成的时候，阴阳融合在一起，
请问分清阴阳的是谁？
当初什巴形成的时候，汉藏融合在一起，
请问分开汉藏的是谁？
当初什巴形成的时候，天地融合在一起，
分开天地的是大鹏鸟。大鹏鸟的头上有什么？
当初什巴形成的时候，汉藏融合在一起，
分开汉藏的是皇帝。皇帝头上有什么？
答：当初什巴形成的时候，天地混合在一起，
分开天地的是大鹏鸟。大鹏头上有角，
鹏角上面什么也没有；
当初什巴形成的时候，阴阳混合在一起，

分开阴阳的是太阳。太阳头上有天空，
天空上面什么也没有。
当初什巴形成的时候，汉藏混合在一起，
分开汉藏的是皇帝。皇帝头上有珊瑚顶，
珊瑚顶上面什么也没有。

另外一首问答歌，还风趣地把“什巴”比喻成造物主、主宰神，通过一问一答形象地描绘了世界各种地理风物现象的来历。

著名学者季羡林先生这样评析说：“不能不说大鹏能分开天地，其神力是无可比拟的，而歌中与太阳并行而用，也正好说明这一点。

卵崇拜和鸟崇拜是一致的，或有可能鸟崇拜是卵崇拜衍生而来的。”

人类对自然界的最初认识既是人们对自然的探索和解释，也是人们对自身的研究。在科学落后、生产力低下的远古，人类还没有能力对自然世界得出正确的结论。山川大地，飞禽走兽，鸟虫花鱼等等的形成对他们来说都是个谜，他们不断追求，想揭开这些谜底。牛头——山峰，道路——牛尾，牛皮——大地，一切都是由牛的器官、肢体构成的，何等形象自然。这与藏人驯养牛有直接关系。据有关资料介绍，藏人驯养牦牛有5000余年历史，有神话还说其祖先是由白牦牛衍变而来。或许这一神话产生于那个时代——卡若、林芝、曲贡等遗址的先民生活的时代，或更早。

《什巴问答歌》中藏族先民对世界的认识，经历了这样的阶段：认为最初什巴形成时，天地混合在一起，是大鹏分开了天地。这种最初天地混沌相连，而后分为天地的说法，见于世界许多民族的远古神话传说中，而由大鹏、太阳分开天地则是原始藏人独到的观念、独具的想象。这与上文所述的原始藏人有日、月、星崇拜和大鹏崇拜相一致，这一观念一直保存于现代藏人的观念中。

藏区本土宗教是苯教，苯教的经典理论中也记录了上述看法。

苯教同样有地、水、火、风“四大”和卵生观念。苯教文献《斯巴卓浦》载三方天界之王南喀东丹却松有五种本原物质，法师赤杰曲巴将这五种本原物质收集起来放入他的体内，“哈”了一口气，产生了风，风迅速旋转就产生了火，火的热气和风的凉气相碰产生了露珠，露珠上产生了微粒元素，被风吹落，露珠、微粒称为五种本原物质之一，实际上就是苯教所说的土、水、火、风、虚空五大，是《创世歌》中所涉及的土、水、火、风四种最初物质。

《斯巴卓浦》还说，五种本原物质中又生出了一白一黑两个卵，并由此产生了人类。另一苯教史书中说，远古时代，在土、水、火、风、虚空等五大尚未形成生物时，先有一巨卵，后此巨卵渐次分裂为 18 个小卵，藏人源于其中一卵。不管这种说法符合不符合科学，但早在 4000 多年前，藏族的先民已有这样的民族起源的说法，说明藏族不仅是一个古老的民族，也是一个智慧的、善于思考、善于探索的人种。

不仅仅是苯教文献中如此反映，在藏文化的发祥地象雄的神话中，也有很多世界形成的故事。如《黑头矮子的起源》，认为世界最早是空的，后来有了两个元素；凶险作母，明亮作父，此后从露珠中产生一湖，湖中的一个卵孵出一光亮、一黑暗的两只鸟。二鸟相配生了白、黑、花三个卵，从而繁衍出神和人。世间神桑波奔赤创造了有人类居住和无人类居住的世界。

藏文史籍《朗氏家族史》记载，从金、木、水、火、土中产生一卵，后由卵壳、蛋清生成白岩石和海螺湖，蛋黄再分为 18 个卵，从而产生人和动物等。在收集到的民间故事中，可以看到马、牦牛、绵羊、山鹰、野鸡、狼等也产生于卵，卵的颜色有白、黑、蓝、黄诸色。著名长篇英雄史诗《格萨尔王传》中也有卵生人的记载。

象雄神话以卵生说为中心，佐以五种本原物质构造世界的观念，具有藏人特点。

象雄神话的另一特点是，故事充满着二元论的思想。如：有光明之神，就有黑暗之神；有白则有黑；有现实世界之主，就有虚构世界之主；有神和人，就有魔和怪。

从象雄故地——阿里岩画中鸟的形象等综合分析，早期的藏族先民可能有过鸟崇拜，卵为鸟崇拜的另一表现形式。

这种卵生世界的神话，也与被认为是居住于天界或岩石上的赞神有了联系。如羊卓雍措地区关于赞神七兄弟来历的神话说：赞王（实际这种称王的赞并不多见)达瓦托嗄的女儿红面罗刹与"穆"主拉巴结合后生出七只血蛋,而后孵出赞神七兄弟。对赞神巴瓦七兄弟的崇拜形式首先表现在必须献猫头鹰的羽毛为供奉物象征。红岩赞右手挥舞一杆缚有红旗幡的铜矛,左手拿一支金箭,一张金盾。头顶上有一些红色鸟作盘旋,天空中也有一些红色鸟儿来回盘旋。这种"红色鸟儿"不仅是一种作为赞神自身红色色彩的延伸,而且可以说它仍然与原生的卵崇拜有联系。

藏人的祖先来自于猴类

关于藏族的来源,在西藏藏区流传很广的是猕猴演化成人的神话。神话中这样说道:在很久远的年代,西藏山南雅砻河谷琼结地方,气候温和,草木丰茂,山上住着一只猕猴。后来,这只猕猴和岩罗刹女结为夫妻,生下六只小猕猴。老猕猴把它们领到果实丰硕的树林中让它们去生活。过了三年,老猴再去看望,发现猕猴已繁衍成五百多只猴子。因为食品不够,都饿得饥肠辘辘,悲啼不堪。看见老猴来了,小猴们便围上来呼号"拿什么给我们吃啊?"十分悲惨。老猴见状,心头十分悲伤,四处寻找食物,终于在一条川里发现长满着野生谷类。他把猴群领来,指着野谷说道:"你们吃它去吧。"众猴吃了不种而收的野谷,身上的毛渐渐短了,尾巴也逐渐消失了,渐渐会说话了,变成了今的人样。这则神话传说,在以后的藏文史料《玛尼全集》、《西藏王统记》、《贤者喜宴》等中都有不同程度、不同角度的记载。

西藏山南重镇泽当的名字便是群猴玩耍的坝子之意。

猕猴演化成人类的传说,形象生动地展示了人类的来源,完全吻合人类的进化过程。应该说,这是藏族对世界人类起源理论做出的卓越贡献。藏族史学家恰白·次旦平措先生考证:猴在藏语言文学中含有小猿猴的意思,而罗刹则是栖身于岩洞,靠吞食其他动物血肉的一种猿类。这就意味着生活在雅鲁藏布江森林里吃野果的一种短小猿类,与居住在岩洞里吃动物血肉的一种大猿结合。其繁衍的子女,逐渐进化成了高原最早人类的祖先。

藏区东北部的甘肃省甘南藏族自治州舟曲县博峪地区，有一个规模宏大、色彩鲜丽、风姿独特的五月采花节，是远古生殖繁衍崇拜的一种艺术表达。每年五月初五这一天，当地 15 岁以上、30 岁以下的女子，都要集中参加，每家至少要派一男一女上山去拜敬神山。

到了神山顶上，他们要隆重祭祀当地最大的两位神祇，一个是牧羊大神，一个是既是祖先神、又是战神、猎神的山神。仪式基本上与上山路途上拜各路神相似，不同之点是，要集中唱一首歌颂本部落先祖是如何完成从猴进化到人的历程的歌。歌词大意是：

在十分遥远的远古，人本是猴子中一伙，
与其他野兽差不离，但比其他野兽聪明，
会穿树皮会用石器，会打猎、还有其他本事，
猴子才变成了人。

从猴子变成人，最早靠杀鹿充饥，
那时还没有粮食，起初是用石头打，
到后来用木棍打，再后来用了弓箭。
……
人吃的粮食从哪来？粮食原本是草籽野果；
是母猴来播种的，后来就变成了粮食。
……

博峪五部中插岗、铁坝两地在过采花节时，还要选人扮成猴，这类神话传说不是空穴来风，而是有遗址遗迹和出土文物能予证明的。

考古开掘拉萨近郊的曲贡遗址、曲贡墓葬时，考古工作者在一灰坑中意外地发现一件浮雕猴头像，这说明至少距今 4000 年以前藏人就有猕猴崇拜。

藏族古代史书《柱间史》、《玛尼全集》中，不仅有关于猴子变人的故事的记录，还对人的进化进行了剖析，认为："有一个时期，盆地的湖泊干涸后，生长出野生植物、麦子、豌豆、荞麦等谷物。森林中的野果越来越少，于是猴子群下平滩吃野生谷物。之后，这群猿猴身上的毛

和尾巴逐渐变短，同时，大脑发达起来。最后，身上的毛和尾巴自然消失了，他们用树叶遮盖身躯。”

以后的史书《贤者喜宴》也记载说：摘吃谷物猿猴变成人，野谷充饥树叶遮羞处，犹如野兽栖息在丛林，如门如洛野人满藏区。传说，贡保山是这群猕猴及其子女们玩耍游戏的地方，故名为泽当。从此他们在该地种起了剩余的籽种，出现了原始农业。秋收后，大家相互礼让，频频劝食曰：索当！索当！（请吃喝！请吃喝！），而产生简单的语言。因此，农田最早称之为“索”（藏语意为给你食或请你吃），雅砻苏合卡地区认为是西藏最早出现人类居住的地方。

猕猴和罗刹女结合而繁衍的红脸食肉民族，类父者机智勇敢，类母者爱杀生食肉而生性残忍。据传，这群猴子猴孙逐渐发展壮大后，形成了藏族远古四大氏族：一是叶桑嘎布攀天绳者，二是黑叶孟像朝河边的黑石，三是江绸叶西天度母，四是黑孟子绿尾巴狗。

这四大氏族，后来分成为塞、穆、党、敦四支，再加上扎和支，成为远古藏族最早时期的六个部族。

……

在惊叹藏人年代久远的古老历史的同时，我们不能不惊叹藏人对自己历史的惊人记忆力，更惊叹这个民族坦率的襟怀，敢于承认自己是猕猴后代演变而来的勇气，彻底否认自己不是什么“主”捏塑而诞生的。他们朴素的唯物意识与生俱来，令人钦佩不已。特殊地理环境下演变而来的特殊人类群体，特殊思想意识哺育的特殊文化型态，藏人的家庭观产生的环境就是这！

当我们从青藏高原的最西部日土普兰、加林等地游览到东部地区的昌都镇、贡觉、林芝、墨脱；又从雪域最北边的青海湖刚察县、天峻县、湟水中上游走到藏北无人区的申扎、以及藏南的定日县、山南和拉萨的曲贡、邦嘎、普苏沟等等的远古遗址遗迹时，我们脑中的印象是什么呢？难道不认为广阔绵亘的青藏高原上遍布着人类最早活动的足迹吗？难道嗅不出这块土地应该是人类的襁褓、人类的摇篮吗？嗅不出最初的人类作为婴儿散发出的乳味吗？

当我们拣起旧石器、新石器时代遗留下来的各种石片石器，从打制到磨制的石器，仔细端详时，我们难道听不出原始人从树上走下来，在荒林草滩上采摘草籽、狩猎的脚步声吗？当我们从卡若遗址走到黄河中上游的卡约遗址，看到人类用过的陶器、骨器、青铜器时，难道我们听不出人类创造性劳动引发的欢笑声吗？听不到他们艰辛却沉稳的步伐声吗？听不到他们走向文明社会的凯歌声、鼓乐声吗？

这块土地孕育了人类，它应该是人类的发祥地之一。

较多的科学论证认为：人类起源于亚洲。这从印度尼西亚爪哇发现的直立猿人化石，北京周口店发现的北京猿人化石和大量石器等已经证明。

而在亚洲，人类起源于西藏高原和邻近地区的可能性极大。这是因为：

1. 西藏高原的隆起提供了猿类向人类转变的重要条件。本世纪70年代，中国科学院青藏高原综合科学考察队在西藏藏北比如县（海拔4500米），藏南吉隆县（海拔4500米），发现了早上新世的三趾马动物群化石。化石层的孢组合中有热带性植被。证明当时的西藏高原海拔还不到1000米，气候湿润炎热，属热带森林和稀树草原景观。只是以后漫长的“喜马拉雅运动”才使这片土地变得干旱寒冷，促使猿类不得不由树居生活转为地面生活，逐渐进化成人类。人类从猿类分化出来到真正人类的起源距今一、二千万年到三百万年，而这正是西藏高原隆起的时间过程。

2. 发现少数较晚期的人类遗骸，以及旧时期中晚期、新石器时代遗址和地点多处。较早的文化遗存主要分布在西藏东部、中部低海拔地区。从上述地区发现的新旧石器中我们还可以推测出，这些今日的高海拔、甚至“无人区”，在古代是人类生存的主要场所。

3. 邻近地区发现的丰富的人科和人类化石也表明了西藏及其周围地区可能是世界人类发祥地。

腊玛古猿：发现于巴基斯坦与印度接壤的西瓦立克山。

元谋人：发现于云南谋县东南处小丘上。

岩灰洞人：发现于贵州省桐梓县西北柴山岗南麓。

硝灰洞人：发现于贵州省水城县三岔河右岸硝灰洞。

还有四川省资阳县出土晚期智人头骨化石，贵州兴义县猫猫洞人类化石、云南丽江出土的晚期智人骨化石等。

从这些距今1500～800万年的腊玛古猿化石到17万年元谋人晚期的猿人化石，以及其他不同时代的众多古人类化石和大量的旧石器遗存，均在邻近西藏周围地区这一特别情况综合评析，我们不能不得出世界人类发祥地之一也许包括西藏的推论。

青藏高原地壳运动的研究证明，远古时候这块土地很适合人类生息、繁衍。

虽然现在还很难肯定亚洲人类的祖先是青藏高原发祥的，但随着科学的发展、考古的深入，这一推论应该说会得到实证的。

第四章　史前社会时的藏族婚姻与家庭

在雪域高原，五千年前家庭就已成社会单元，石器时代的遗址、藏人先祖足迹传说，都印证了家庭的雏型；性崇拜，揭示了最早的家庭观以繁衍后代、延续血脉为宗旨，其中女性为主导面——善于总结和充满智慧的藏民族，提炼了婚姻生活中铁的法则、严苛地禁止血缘、亲缘结婚，谁若乱伦，惩罚是无情的、残酷的……

卡约遗址告诉我们

有望是人类发祥地的青藏高原，史前社会的婚姻家庭是何种面貌呢？我们目前无法考证，但石器时代留下的遗址遗迹，却能帮助我们窥豹一二，尤其是卡若遗址。它位于昌都西南约 12 公里的卡若村附近的昌都水泥厂厂区内。海拔 3100 米，遗址面积约 1 万平方米，已发掘 1800 平方米。

卡若遗址是 1977 年昌都水泥厂工人修建厂房时发现的。同年西藏文物管理委员会对遗址进行了调查。1978 年、1979 年考古工作者对遗址进行发掘，发掘出土了大量建筑遗迹以及大型打制石器、细石器、磨制石器、骨器、陶器和各种动物骨骼、粮食等。

房屋遗址共 27 座，此外还有道路、石墙、灶、灰、坑、祭祀遗迹和圆形石台、圆形台面等。房屋分两种类型，即半地穴房和地上房屋。半地穴房又分为圆底、平底和石墙房屋三种。

半地穴圆房，有圆形、方形两种。底部呈圆状，深 12～54 厘米，面积一般为10～163平方米，最大的一座25平方米。居住面有三种：（一）将原生土稍加平整；（二）底部铺垫厚10厘米的黑灰土；（三）圆底地基横铺一层排列紧密的圆木，再在圆木上涂5～10厘米厚的拌泥，一直抹到房基边缘。烧灶一般位于房屋中央，支放三块石块即是。门背山面水，有的有砾石台阶。柱洞很有特点：（一）房屋中央为一大柱洞；（二）周围有内倾柱洞或用扁平砾石支垫木柱；（三）还有一种明柱，根部包有泥圈。

半地穴平房屋，有方形、长方形两种。底深30～93厘米，面积5～24.5平方米。居住面有三种：（一）将原地面稍加平整；（二）用黄土或红烧土掺细砂子等铺垫；（三）涂抹一层草拌泥。门向不一，均有台阶。烧灶有三种：（一）深锅底形，坑口嵌有石块；（二）用数块小石在居面上嵌成一圆圈；（三）在居住面上直接架柴生火。

半地穴石墙房屋，为半地穴砾石墙建筑，有方形、长方形两种。石墙垒砌在半地穴四壁内，四壁略外倾，残墙略高出穴口。穴内有8～10个粗大的柱洞，直径23～30厘米，成三行布局，间距90厘米。以如此粗大的柱洞分布穴底中央，推测这种房屋很可能是楼层建筑，上层住人，下屋养牲畜，即今天东部藏区的房屋雏型。

地上房屋方形、长方形两种，最大的一座双室房屋近70平方米。居住面普遍为草拌泥烧烤成的红烧土，有的在红烧土下面垫了一、二层圆木及土、小石子、烧碎块等。浅盘状的烧灶位于房屋中央，均有石板或红烧土围成的灶池和用小石块在居住面上嵌成圆圈状的灶，这和藏区牧民帐房内现存的灶一样，也和川西北农区的灶架相同。

除了房屋遗址，卡若遗址还出土了大型石器近7000件，有铲、斧、犁、钻以及切割器、刮削器、研磨器、尖状器、砍砸器、敲砸器、矛等。还有400多件骨器，以生产工具为主，少数是装饰器，包括锥、针、斧、抿子、刀柄、片饰、箸、璜、珠、项饰、牌饰、贝饰等。

卡若遗址中还有人工饲养的猪、羚、狍等十几种动物骨骼，有大量的粟类谷物。

据考古学家分析，卡若遗址的建筑可分为早、中、晚三期。早期建筑有七座，是木架窝式房，无贫富之分。到了中期，社会分工有明显进步，磨制石刀、石斧、石锛和陶器、网犁等狩猎、畜牧、农业工具、生活器具大大增加，有老、幼动物骨骼和猪骨碎片出土，用于装饰的精美骨珠、海贝饰品也有出现，而且出土了大量粟粒。说明当时不仅狩猎、畜牧和家畜饲养在经济生活中占据重要地位，农业生产也达到一定的水平。另外，这个时期出现了区别于住房的仓库建筑，从中发掘出大量陶器和种子，说明剩余产品的存在。

卡若遗址还发掘出一座方形的双室大房子，底部长 6 米，宽 5. 5～5.8 米，内部由木骨泥墙分割为前后两室。室内发现 8 处高 0.5 厘米的石圈，既具有贮物、加工粮食功能，又具有居住功能，较一般建筑物略高，说明聚居群落中已有明显的贫富分化现象。

晚期的五座建筑呈碉楼式，居高临下，象征财富和权力。同时又出土了一件巨型石斧，而巨斧被世界考古学者认为有可能是氏族集会、议事和宗教活动的权力象征。

卡若遗址告诉了什么？

首先告诉我们，当时的原始藏人已经组建起了家庭。当然，这种家庭不是今天一夫一妻为核心直系血缘家庭，而应该是氏族家庭、血缘内婚姻形式，或者是对偶式家庭。这从有房屋遗址二十七座可说明，每个房屋应该是属于一个氏族已有的活动居住区。不管是半地穴园房屋还是半地穴平房屋，面积不等，大的达 24.5 平方米，小的则只有 5 平方米，说明了氏族的大小、人口众寡的悬殊不等。

其次，家庭成型的标志还显示在卡若遗址的房屋布局结构上。如半地穴石墙房屋，粗大的柱洞分布穴底中央，可推测这种房屋是楼房结构，上层住人，下层圈牲畜，与今天多康藏区房屋结构很相似。还有，在房屋中央，用草拌泥烧烤成的红烧土砌成的烧灶，与东北部牧区、半农半牧区至今沿用的锅灶位置大同小异，说明了文化的传承影响。而上述房屋结构让我们看到了血缘家族的经济与生活方式，家庭成为社会组织的独立单元，家庭基本成型。

为什么在卡若发现大规模的石器时代人类遗址，而不是在其他地方？这又与地理有直接的关系。

与卡若遗址相距不远的小恩达地区，考古工作者发现并开掘出小恩达人类远古聚居遗址。

该遗址位于昌都镇西约4公里的昂曲河(澜沧江支流,在昌都与扎曲河汇流后称为澜沧江)北岸第一阶台地,面积10000平方米以上。附近是小恩达村,所以标名为小恩达遗址。海拔3200米,东经97°10′,北纬31°11′。

1986年开始对该遗址进行了调查,发现红烧土块(当为建筑遗存)、大型打制石器、细石器、磨制石器、骨器、陶片以及木炭渣等。

小恩达遗址为卡若文化年代,最少至今约4000～5000年。遗址集中反映了青藏高原新石器时代细石器和陶器、磨制石器等共存的特点。

小恩达遗址内发现石棺墓葬1座。这座墓穴为土坑竖穴,葬具以石块筑成,为长方形石棺,葬式侧身屈肢。出土人骨架和双耳陶罐1件。初步认为其年代距今约4000年。

上述遗址,特别是卡若遗址,反映出其居住为半地穴式的固定场所,经济以农业为主。这好像说明青藏高原东部在远古石器时代就以农业经济为主体,而不是以畜牧业为主。这是为什么?要解开这个谜,我们得首先了解青藏高原的地理特征。

喜马拉雅造山运动由于冲撞力的不均匀,导致了西高东低的地势。任何经济文化方式都是随地理条件产生并变化的。细石器的特征是农业和畜牧业,而农业又明显地依赖于气温、雨水、纬度,并和海拔高度有直接关系,必须有合适的自然环境。卡若靠近藏东南,应该说海拔低气候温热,因此,当时的卡若地区系可能适合人类繁衍,才产生了卡若居民区。

而在西藏西部,畜牧业和狩猎业较发达,很多岩画记录了西部藏人祖先发明和积累物质文明,利用大自然开发故乡的牧猎足印。

阿里日土、那曲加林等地的岩画反证了高原西部当时不存在农业,只有狩猎业的事实。

中国科学院青藏高原综合科学考察队在西藏藏北比如县(海拔4500米),藏南吉隆县(海拔4500米),发现了早上新世的三趾马动物群化石。化石层的孢组合中有热带性植被。证明当时的喜马拉雅和西藏高原气候湿热，属热带森林和稀树草原景观，是以后的“喜马拉雅运动”才使这片土地变得干旱寒冷，热带森林面积缩小，广袤草原出现，逼使猿类为了生存不得不由树居生活转进为地面生活，逐渐引起机体的改变，进化成人类。

卡若文化遗址中，动物骨骼和孢粉 14 个种类里的“獐和猕猴的存在反映了低山气温和气候。现在的獐分布在长江流域各省和当地低海拔地区，猕猴只限于热带或亚热带”。孢粉分析表明“当时气候比今日要温暖潮湿得多”。

青藏高原的东部，在当时海拔肯定要比现在低得多，按地理学家、人类学家的研究分析，原始生存的环境最高不能超过二千米海拔，而农业要求则更低。

青藏高原东部纬度偏南，也是气温趋于暖和的原因，因此我们可以说，东部是高原人类在新石器时代活动的主要聚居地。

高原西部的人类足迹

高原西部不存在农业，只有狩猎业，并不能说明远古藏族祖先不聚居于这块土地。在藏文典籍中，有大量记载指出藏人的另一发祥地是西部象雄地方，最早的家庭很有可能在这儿完成雏型。传说中象雄在远古有夜叉等非人十王统治时期；七玛桑九氏统治藏域时期，居住地方称为蕃卡六部；八五勒氏统治藏区时期，居住的地方称为蕃域九岭。

据说距今七八千年前，在高原藏约见麦地方，聚居着一个庞大的原始人群。他们背靠大山，面朝河流，沿着河谷，住地穴式房舍，主要靠狩猎和种植粮食为生，生产工具是简单的石器，如石刀、石铲、石斧等。这个部落发明了长矛、弓箭，建立了高原第一个王朝——以诺金首领之名命名的诺金王朝（部落联盟）。后来这个王朝在向西迁徙中神秘地消失了。但他们居住地穴，说明血缘氏族式的大家庭已经形成。

后来又出现了一个以发明冶铁并锻打出铁斧的头领督之名的督王朝。推翻督王朝的森布王朝发明了铜(森布),并制造了铜锁和铁链子。

曼坚拉王朝建于拉域贡唐,即今雅鲁藏布江流域和吉曲河(拉萨河)畔,过着渔猎和农耕生活,他们已经学会了打制铜器,并用青铜器杀死了拉萨河里的水怪(鳄鱼或鲨鱼)。

接下来是穆部落,他们活动在高原的中部,或者今天的羌塘、那曲等藏北大草原。穆部落很可能是史书上记载的藏族远古四大氏族中的穆。他们重视马的作用,开始大量驯化并饲养马匹。游猎带来猎物的盈余,使他们对驯服野生动物产生兴趣,同时,高原地理和气候不断变化的缘故,他们的经济方式向畜牧业倾斜。穆部落驯化部分野牦牛为家养牦牛,羱羊也驯育为藏系绵羊。他们从山洞、地穴中走出来,搭起了圆锥形小柴棚,居住在地面上。他们发明了套马索,完成了对獒的彻底驯化,用牛奶喂孩子,提炼酥油,建立了穆氏王朝。

为了扩大财富和土地,穆王带领部落精英去远征。在没有目的的远征中,部队被削弱,据说残部跨越当时还未断裂的白令海峡到了今天的美洲大陆,成为那儿的土著部落。现在墨西哥、美国等地的印第安人,相貌、习俗上很接近青藏高原的藏族先民,语言上也有相近、相同的古老词汇,很有可能来自于青藏高原。

鬼氏王朝在部落战争中打败了穆氏王朝,成为青藏高原上有着自己特殊贡献的王朝。

鬼氏王朝期间出现了抛石器——“古朵”,人类对牲畜的调伏有了更多的技能,使畜牧业更为发达。

鬼氏部族还使青藏高原出现了酿酒。他们学会并普及了用牛尾和牛羊毛编织绳子、最简单的腰裙,继承和改造了刮削器、雕刻器、钻具等石质工具,并发展了铜器、骨器和陶器。

从象雄古籍中推断,鬼氏部族占领高原中部地区后,一部分穆族人向西逃到冈底斯山西面,以冈底斯山为屏障定居下来,他们的后代可能是最早的象雄人祖先。

他们定居的地方是穹隆银城,这儿几乎全是连绵起伏、光秃秃的土山，搭筑浅穴棚已不太适应地理环境，他们模仿当地人，在山丘的中下部掏筑洞穴而居。

穹隆银城地势较高，人们只能以畜牧、狩猎为主。他们以智斗猛兽，赢得了土著人的敬畏，双方渐渐融合为一体。他们还掌握了一些草木、动物血肉的药性，开始有了自己的医疗方法。

他们还吸纳了从东边逃避雪灾而来的39族部落，共同修建了以窑洞为主体的4座城堡：穹隆银城堡、普兰猛虎城堡、门香老鼠城堡、度邦波唐城堡。这是青藏高原最早出现的城堡，虽然简陋拙朴，但它们折射了4000多年前高原文明的光辉，说明了雪域藏人在公元前十几世纪就掌握了一定的建筑技巧，有了防卫的积极手段，其社会发展相当于同时期的古希腊。

最初的宗教意识——对大自然的崇拜也开始萌芽。他们把自己的成功归于长年披雪戴银的冈底斯山，对冈底斯山充满感谢和敬佩，产生了整个世界惟有天、地、山是神圣的、最强大的意识，把天、山、地作为神来崇拜，俯首听命，认为它们是自然的主宰。

穆族人以冈底斯山为依靠，以四个城堡为基础，西征西域，建立起了自己的王朝，取名为象雄王国。

古象雄王国的疆域有多大，地理位置在哪里，作为史前文化的遗留问题，目前还没有一个确切的说法。根据苯教遗存文献，象雄由三部分组成：内象雄、中象雄、外象雄。著名苯教学者格桑丹白坚参在《世界地理概说》中指出：内象雄应该是冈底斯山西面三个月路程之外的波斯、巴达先和巴拉一带。在这块土地上有大小32个部族（疑指克什米尔——作者注）。中象雄在冈底斯山西面一天的路程之外，那里有穹隆银城，这还是象雄王国的都城，这片土地曾经为象雄十八国王统治。外象雄是以穹保六山峰为中心的土地，也叫孙巴精雪，包括39个部族、北嘉25族，这是现在的安多上部地区。按他的说法，并套现在的地理区划判定，内象雄应是波斯（包括伊朗、阿富汗等地区）、克什米尔地区；中象雄即今天冈底斯山一带，那里据说至今还有一些象雄人住过的岩洞遗址；外象雄的39族即今天西藏藏北丁青一带的居民，而北嘉25族在青海玉树一带。

汉文史书称象雄为羊同(疑为“羌塘”的变音词,因为外象雄一大片疆土是羌塘草原)。《册府元龟》载:“大羊同国东接吐蕃,西接小羊同,北至于田,东西千余里,陈兵八九万。”这符合吐蕃兼并象雄前羊同的概况。

有关史料还记载说,与象雄王同时,在象雄众多的部落中还出现过18个有名的国王,其中一位便是使苯教系统化的鼻祖东巴辛饶。他是象雄十九代国王,按苯教历书“麦轮”所言,东巴辛饶生活的年代据今3800年,这就说在辛饶之前,西部藏人已经进入了较高级的文明阶段,有了思想意识化的哲学——苯教,家庭的存在就更不成问题。

“性”崇拜与藏人婚姻

最早的藏人家庭,肯定是沿着性结合——情感结合——婚姻结合这一轨跡发展的,人类两性结合首先是性欲需求,作为身心愉悦享受,其次是繁衍后代,延续子孙。在远古藏人眼中,男女生殖器是繁殖的基本工具。婚姻在一定意义上便是为繁衍的结合。由此,就产生了早期的性崇拜,散布于藏区各地的岩画中就有性生殖器,如西藏日土县早期岩画中便有男性生殖器。日土岩画中发现的这一幅男性生殖器图像,可能是对男性的崇拜,标志着当时以父系为中心的社会组织开始出现。

在记录苯教徒“血祭”的场面中,供奉有日、月、鱼、男性生殖器,说明生殖器是作为诸神之一来供奉的。

青海天峻县江河卢山山丘30多块花岗岩上绘有的270多幅岩画中,也有表示生殖的画面。

生殖崇拜中有着大量女性崇拜的场景。

世界各个民族都经过母系氏族制,母权制是原始公社制度氏族公社的重要标志,它存在于相当于旧石器时代晚期至新石器时代。在经济生活、管理生活中的贡献及技能,及人们对血缘繁衍的原始认识,都使女性崇拜成为必然的观念形态。这种女性崇拜自然也被原始苯教吸纳进其信仰序列之中。

青藏高原以游牧为主要形式的经济生活，使藏人社会较早进入了父权制，但母权制痕迹依然十分突出。这是因为在游牧经济中，妇女起着比男人还要重要的作用。她们吸乳挤奶打酥油制奶酪；她们放牛放羊接羔育犊；她们纺线织褐子缝帐篷；她们烧茶磨糌粑拾牛羊粪燃料等等，整个牧活的十之七八都由她们承担，更不用说抚养儿女。她们左右着家庭经济的兴衰。她们还胜任男人的活计，在经济上，独掌一方天地，正所以如此，藏族女性崇拜的遗风至今仍明显。

最早的女性崇拜保存在古老的神话中。

传说昆仑山是西王母的驻锡地。西王母据说是古羌族一位部落女酋长，后来成为昆仑山的主神，也是统一中国周族的供养主神。西周穆天子万里迢迢来到昆仑山上朝拜西王母，留下了很多美妙的神话。这也是女性崇拜的反映。而周族的血缘，据考证是青藏高原藏民族祖先的一支。

周族与藏族的血缘很接近，“周”一词在藏语中是“龙”的意思，冠在部落名称上，便是龙的后裔或是信奉龙图腾的部族之意。这与中华民族把自己作为龙的传人是十分吻合的。

在苯教最早的世界形成学说中，充满了对母性的崇拜。

苯教《十万龙经》说，世界起源于原始的母龙，由母龙生万物。苯教还有一个宇宙卵生说。说宇宙本初是“虚空”，虚空中生出两个本砂，一为光明，一为黑暗，继而生冷、霜、露，由霜、露生一如意之湖，湖自身本转而形成一卵，从卵中孵化出二鸟，二鸟相产生出三卵，三卵分别生出神、鬼、灵。卵生说实际上反映了宇宙起源的线性观念。密宗把种子称为“胎藏”，非常重视大自然中的阴性作用。最初佛教存在于女性的说法，也是女性崇拜成为西藏民间原始生殖崇拜到佛教双身修炼法中的基本原因之一。

据最早木刻本藏文招魂书记载，苯教招魂法器有“……蔷普，俑灯，替身施物，吉祥幡，替魂羊之内脏，男女之性器俑像，五彩箭，五色五股毛线，铜镜，单面鼓等。这些法器的象征意义都是苯教赋予的。所谓蔷普，实际上是一种阴阳性器官合体俑像的抽象变体，是长木板上绘有男女拥抱的身形图案。木板顶系着鹰鹫和乌鸦等飞禽羽毛，以此表示对魂的招请；中部缠着羊毛线团，象征着女子性器官，因藏族女子的标志是一只缠了毛线的纺棰；中下部是一盛放白芥子的容器，白芥子是献给生殖神如男神、母神的供物；容器系着五彩丝带，象征男性生殖器，因为藏族男子的标志是一根绞缠有五条彩色带的箭。它整个体现出对生殖力量的信仰和对生命不可遏止的追求。世界上许多民族都把万字左旋符号作为古代宗教的标志，即最早为人类所奉的太阳神或火神之象征，及后指梵文喻‘胸部的吉祥标志’，……属释迦牟尼三十二相之一。北魏菩萨流支《十地经论》译为‘万’字，武则天制订该字时沿称为万字，并誉之为‘吉祥万德之所集’。佛教把万字认作‘欢喜天’。《辞海》释为：夫妻二身相抱，……”

西藏热振寺转经路上，有一棵古柏，树身下部分开，成了一个菱形的树洞。不少转经的人要从树洞中钻过去。这个菱形的树洞让人自然联想到女性阴门，也叫“生命之门”。虔信者穿越塔门或石板凿成的阴门形的洞，象征着“再生”或“洗清他们的罪恶”。象征阴门的树洞正是虔诚者崇拜女性的表现。

在西藏乃东县泽当镇一座尼姑寺旁的转经路上，有一立石，周围用嘛呢石垒成一个塔形，在立石的上端有一个图形，由上到下斜绕石有两组曲线，两组的顶端衔接，中间成一个鱼形，线条生动，主次分明，仔细看很象女性生殖器的结构图形。据当地人讲，不生育的女人只要常转此石必能怀孕，男性去转也很有效。天长日久，石头被摸得油黑发亮。这一女阴圣石在西藏四大神山之一的贡布日山的山脚下。传说藏人由猴子演变成人的遗迹“猴子洞”就在贡布日山腰上，距女阴圣石仅约一千米。

藏族的信仰在公元七世纪后逐步移向佛教，但本土化的佛教中仍有着明显的苯教印记。

对生殖崇拜，尤其女性崇拜仍然得到延续。

在以后的藏传佛教世界中，二十一度母是主要的女菩萨，还有很多明妃及吉祥天母，她们都神通广大、法力无边，是教民的主尊神。

藏族女性崇拜有两个源头，一是西藏本土巫教与苯教中尚母崇阴的传统；二是印度佛教密宗中性力崇拜。佛教传入西藏后，在佛教原有观念基础上，将苯教尚母崇阴的传统吸收过来，与佛教密宗性力崇拜相结合，使西藏本土女神祇成了佛教护法神。如以珠穆朗玛为中心的五座雪山之峰的长寿五姊妹神；山南贡布日山女神多喜玉珍玛为中心，遍及青藏高原各地的十二丹玛地母神；苯教“三十厉神”中有十类女神。而二十类男神又都有一位甚至众多女神随伴；三十类厉神中“玛姆”一类有很多女神，包括“十二大咒师玛姆”、“问罗伴神十二玛姆”、“法王切珠伴神十二大玛姆”、“玛姆九姊妹”、“虚空护法具力七玛姆”、“七位红色玛姆”等等。在西藏朗县有一个寺庙，寺中供奉的主宝“多参”（狮头神女的石生殖器），有四个方桌那么大。

阿里古格王宫壁画中有一组三女神像，中间那位女神的性器是暴露外面的。萨迦寺壁画中也有许多裸体仙女像，往往是一排仙女并列，摆着同一种舞姿。我国西部藏区各地的大小寺庙密宗殿壁画，表现各种灵魂在地狱受罚的裸体断身残肢中，多有男女性器的暴露。甚至还有往女阴中浇灌红铁水的图像。

藏传佛教的密宗双身修法，改变原宗的“净”修为“染”修，按其本意为“以欲制欲”。双身修法尤以无上瑜珈密之“五部金刚大法”典型，以其中的胜乐金刚修持像为例：胜乐金刚亦称“胜乐王佛”或“胜乐欢喜天”，女像称金刚亥母，二像呈相抱立式，贴腹交媾，裸体无衣。女像双足踏男像足端，左右手覆于男手背，基拥抱和合像表示“六者之爱”：“一者以鼻触爱，二者以臆合爱，三者以手抱爱，四者以腹贴爱，五者二足踏家，六者着赦色裙，是偏爱敬爱的”（〈大胜双喜双身毗那夜迦天形象品仪轨〉）。此双身修法像置于曼荼罗中央，面对馨锤峰，是在向居于磬锤峰的“大自在天”致敬。“大自在天”在印度最早被专指为男性生殖器。双身交媾状，又可解释为压服“林伽”神，以示密法战胜自然之神。

藏传佛教“双身修法”，借助“大欲”的代表女性力量，通过“修身”以阴阳两性结合所象征的“大乐人定”，调伏消解“林伽”（男性器，实指所有的人）的痴迷执著，达到修心成佛的目的。这里明显反映出藏传佛教中的女性崇拜因素。

女性崇拜也表现在给男婴取名上。藏族很多男性都取名女保护神保护的××。如普毛才让(请金刚亥母保护长寿),周茂(母龙)顿珠(事成意园),卓玛杰卜(度母护佑),拉嘉(仙母女般广大),甚至有的直接取名女性名字以求得女性福运的呵护。

在地名上也表现有女性崇拜。

西藏尼木县就是母性崇拜的一个典型。

"尼"在藏语中是青稞,而"木"则是雌性,母性。为什么取名为"尼木"呢?是源于高藏人认为青稞有雌雄之分,这一地方的青稞认定为母青稞,特别肥美,尤其普巴豁卡产白青稞,蛋白质含量较高,磨出的糌粑特别好吃。历史上,这儿产的青稞专供达赖喇嘛贵族食用。

从性崇拜、女性崇拜,如何发展到婚姻的呢?这也脱不开神话故事。尤其关于族内婚形式,在远古藏人的神话中有较清晰的脉络,较详细的交代。传说在很早以前,有一位名叫南喀东丹却松的国王,拥有五种本原物质。赤杰曲巴法师从他那里把这五种本原物质集中起来,放入体内,轻轻地一呵,风就开始吹起来了。当风以轮的形式旋转起来时,就出现了火。于是,风急火旺,火的热量和风的凉气相遇而出现了露珠,在露珠上又出现了微粒,这些微粒被风刮在一起而聚集成了山。世界就是这样由赤杰曲巴法师创造出来的。从风、火、露珠、微粒和山这五种本原物质中又产生出一个发亮的卵和一个黑色的卵。发亮的卵是立方体形状,如一头牦牛那么大;黑色的卵是圆锥形的,像一头公牛那么大。赤杰曲巴法师用一个光轮来敲击发亮的卵,产生了火花,向上散开的火花形成了托塞神(霹雳神),向下飞去的火花形成了达塞神(箭神)。在卵的中心产生了什巴桑波奔赤,他是一个有着青色头发的白人,是现实世界的国王。这时,赤杰曲巴法师的对手梅本那波使黑色的卵在黑暗的王国里爆炸,黑光上升,产生了愚昧和迷惑,黑光向下则产生了迟钝和疯狂。从黑卵中心跳出一个带有黑光的人,他的名字叫做门巴塞敦那波,他是虚幻世界的国王。这两个国王分别是神和恶魔的法师。

雨和雾也从上述的五种本原物质中产生出来,形成了海洋。当风吹拂过海面的时候,一个青蓝色的女人在破碎的发光卵中出现了,什巴桑波奔赤给她取名为曲坚木杰莫。他们没有点头，也没有触对方的鼻子，结合后，生出野兽、畜类和鸟类。什巴桑波奔赤和曲坚木杰莫点点头，又用鼻子触对方的鼻子，于是生下了九兄弟、九姐妹。

什巴桑波奔赤给每个孩子都安排了一个角色，并由九兄弟分别分身出一个女人作为他们的妻子，九姐妹分别分身出一个男人做她们的丈夫。在九个兄弟中，老大、老二、老三这兄弟三个通常被尊为恰什贵松（掌教三尊）。其中，老大什杰章噶的任务是确保世界延续。他也有九个儿子，称为天界九神；也有九个女儿，称为天界九女神。天界九神被看成穆部落最早的祖先。这九位神也称天界九梵神（东巴辛饶自认为是这个部落的后裔）。老二贵杰章喀则受命以相生相克原则来安排世界。例如，恶魔散布疾病是为了对付人的，而医药是为了治疗疾病的。贵杰章喀有八个儿子，被称为地界八神，并有八个女儿，称为地界八女神。

和所有远古民族一样，藏族的婚姻也从蒙昧混浊时期的群婚制走来，在神话故事中就有姐弟成婚的传说。据说洪水泛滥，淹没了田地、山川和人类，只剩下姐弟两人钻进牛皮筒里，漂流了七天七夜后，水才退了。他们活了下来，姐弟二人在不得已的情况下，结为夫妻，繁衍了人类。它反映了原始社会血缘内婚制的情况。

云南、四川、西藏的不少神话故事中都有关于世界毁灭之际，为繁殖人类，兄妹不得不结为夫妇的传说。说明藏人记录了自己祖先走过的这段婚姻路子。

生殖崇拜还表现在藏人的节日习俗之中。

在青藏高原东部的舟曲博峪地区，自古有着一个传统的节日叫采花节。每年当地 15 岁以上、30 岁以下的女子都要在五月四日这天上山采花。第二天一早人们下山。姑娘们沿途边采花边歌舞，用采来的花装扮自己。

采花归来的队伍进村时，等侯在村口的人们会鸣火枪致礼欢呼。父母亲捧着节日的服饰在等待，孩子们提着干粮跑去迎接，采花队伍被前拥后簇边走边唱，由全村人送进一座公用大厅里，人们拿来青稞酒为他们洗尘。

歌舞结束，采花归来的姑娘们开始分头去向全村寨的人家馈赠从山上采来的枇杷花。一般先去无儿女之家，祝愿他们生育花一般的儿女。按照习俗，接花的人家先闭门，留寨的人与采花姑娘隔门对唱。采花人先要在门外唱“千花万花都送到你家中，祝福儿女多如花”。门内的则多般盘问，考察送花人的知识和品德，看是否是一腔诚意，诸如“门上门下有着啥？”“门是怎样制作的？”等等，实际上是让送花者把吉祥祝福的词儿一串一串地抖出抖尽，落个皆大欢喜。门开后，接花人家要用酒食酬谢采花送花人。

送完花，全寨人携花来到寨中广场，开始女舞男歌，围绕山花对“花歌”，问什么花开在什么地方，是什么样子，开什么颜色，结不结果等等，尽情欢舞放歌，很晚才收场。

采花节的主题实质是对花的繁殖特性的崇拜。姑娘们去采花，又把采来的枇杷去馈赠给无儿女之人家，在歌舞之中，进行有关花的知识的对歌等形式，本意都是祈祷祝福子孙兴旺，后代繁衍，通过花来折射性崇拜取向。

走向完善的家庭观

由于地理环境的复杂，生产形式的多样，男女生产地位的置换不同，在青藏高原，我们很难严格划分出母系社会和父系社会的进程及阶段。实际上，藏族社会的家庭结构是以父权制为主流，但母权制痕迹依然浓重，是一种混合交叉型家庭。

不管是父权制还是母权制，从早期起，藏人家庭观就开始对健康生育、优生优育有所探索，不断积累，总结经验，提炼一条正确、科学的路子。他们注意脱离血缘婚姻，逐步走到十分严厉地摒弃血缘内婚的地步，包括交错从表婚。不管是父系，还是母系，或者五服以上，只要沾亲带故，就必须禁绝性生活和婚姻生活。严格规定了婚姻的范畴。随着社会的进步，人们认识水平的提高，藏人的婚姻组合走上了严格化、纯净化、优化结合的道路。不仅不允许族内婚，也严禁“交错从表婚”——即姑舅表婚。生理遗传上，藏族把父系称作骨系（锐杰），把母亲认作血系或肉系（契杰、夏杰），不管是骨系还是血系，都不能结婚成家。一旦违背，就认为是乱伦，会受到没收财产、逐出部落、永远不得回乡的惩处。

藏人家庭的主体是父权制，讲究的是骨系。骨头喻指父系。藏族认为儿女肉体的骨架是父亲给的，血肉是母亲的，因此根系是骨系。这就说，藏族社会以父系为标志，骨系指同一祖先的嗣系群。骨系关系在婚姻方面特别严格，禁婚是骨系的主要体现。同骨系的人不论隔了多少代，严禁通婚，也严禁发生性关系。

有姻亲关系的人，特别是同骨系的人禁止通婚是铁定的原则。他们认为，这是关系伦理的大事大非，是牵涉到子孙后代健康发育、家族体质、智力兴旺发达的根本大计，必须作为严肃原则问题对待，绝不允许糊涂。若同骨系发生婚姻关系或两性关系，社会舆论会谴责鞭挞为：这种人踏过的草，草长不出来；跨过的水，水很脏，不能喝；这种人生的孩子会长尾巴；发生这种事情会有雪灾。在西藏，旧社会最低贱的等级是猎人、吃雪猪的人，而亲属间发生两性关系的人，认为比吃雪猪的人还要脏，还要贱，人们的碗都不能让他们碰。

母系亲族和娣妹的后代，即姑舅亲、姨表亲，其通婚和发生性关系的范围也很严格。不管过了多少代，只要知道互相是亲戚，就不能通婚。都在禁婚、禁止性关系之列。若果违犯，则会视为禽兽不如。人们认为这种人婚后会全身变黑，成为黑人黑骨头；影子照在谁身上，谁就会生病；不准这种人靠近自己；死了只能抛尸旷野而不准送往天葬场，怕邪气玷污天葬场；还认为他们生下的小孩会是傻瓜、畸型儿，甚至返祖长尾巴。

这种婚姻观念形成于何时，至今未见任何文字纪录；是什么文化背景铸造的，也未见有人定论。但透过现象，是否可以从游牧文化中找到影子。

牧业生产给人的启迪中，重要的一条是牲畜繁殖必须走杂交这一途径。惟有远亲（最好不要沾亲）杂交才能培育优良畜种，才能得到优质的畜产品，获取丰富的物质财富。比如在高原牛类中，犏牛是杂交而生，其产肉量、产毛量、产奶量就要比黄牛、“都力”（犏力巴）高，生命力也顽强，且体格高大健壮，力量也强，还适应粗饲、耐长途驮运。为了提高牛的素质，有的藏区还设法把野牦牛赶进母牦牛群交配，提高牛的素质。马也如此，在以马为主要交通工具、以骑兵为主要军种的远古时代，谁的乘马质差谁就要挨打。因此，改良马品种，提高马的素质成为牧业经济重要的内容之一。而这一切只有通过优种交配才能得以实现。

藏人祖先从自己的经济生活中也看到了近亲结婚的恶果，由此感悟到亲缘对婚姻的负面影响，认识到不沾亲婚姻的根本优越。他们把这一法则运用到了自己的婚姻生活中，以使婚姻健康圆满。这样，就出现了藏区性生活较自由、较宽容、婚姻可自主竞争，只要不存在血缘关系就可以自由相爱、自由结合的开明环境。

从人类学的角度来认识，藏族人头脑健全、骨骼发育完善、心态开朗明净、极少痴呆和先天性畸型、身体素质也较强较好，恐怕都得益于牧业经济对婚姻生活的深刻启示。

正是基于这种动物生理遗传的特殊规律借鉴，藏人的婚姻观才有了质的飞跃，树立起了“优生学”的观念和习俗，出现了鲜明的对立统一现象。对立表现在一方面恋爱较自由，性生活较开放，另一方面又对血缘内婚十分严格、苛刻，甚至绝对化。而这一对立又是为了追求美满、健康、幸福的婚姻结合。无论是父系，还是母系，只要知道是同一祖先的后代，就绝对严禁通婚。既使姑表、姨表、舅表、堂兄弟、堂姐妹等十代八代远亦严禁通婚。若出现有违者，舆论斥责他们为有罪之人，备受歧视，全社会都将谴责其为不耻于人类的狗屎堆。

这是经济法则给藏人的启示，也是藏人完善自己、提高生理素质的自觉行为。

这种观点，符合人类遗传科学的轨迹，是大智大觉、先知先觉、为民族的繁衍健康高度负责的行为，也是文明达到相当高度的折射。

在藏区，同骨系及母系亲族之间联姻或发生性关系几乎难以耳闻，如此健康的婚姻环境是如何而来？究其原因，一则人们认识到了其中利害关系，较自觉地规范自己的行为；二则舆论一致并强大，阻止了此种非念产生和实践的途径；三则性生活开放，较自由、较宽松，不存在性压抑的生理障碍、心理障碍。

严禁血缘内联姻的观念，还得自于藏族社会从远古以来就是部落联盟结构，而不是以血缘为贯穿线的血缘社会。部落联盟是地缘政治，地理决定了人的生存方式、生活内容、社会组织。

在高原游牧生活中，人们面临的主要对手并不是人类组成的敌对集团，或者什么异姓异族，而是自然界的猛禽恶兽。高原人争夺的主要目标是食品，是生存空间！

严酷的自然环境，给人类提供的生存空间极其有限。与人类竞争生存空间的又是一些适应高原地理、具有顽强生命力的动物，尤其是那些凶悍威猛、狡猾敏捷的猛兽，如虎、豹、熊、狼、野牛、野驴、野猪等等。要想制服它们，人类不仅要比它们更勇猛、更强悍，还要特别团结。最重要的是必须采取群体行动，从综合气势力量智慧方面战胜对方。在当时的历史环境下，唯有群策群力才是人类唯一的希望。

一个或者几个、十几个氏族通过联盟来实现集体自卫、集体生产、共同发展，这就产生了以氏族联盟为特征的部落社会结构。

牧业经济一方面存在私有财产，诸如生产工具、牧畜、畜产品等等；另一方面又存在比重很大、涉及面很广的共有的自然资源。如草场、河流、森林等等。尤其在雪域牧区，草场广阔、植被单薄，只能以量抵质。高原海拔落差悬殊又很大，草场必须按季节轮转使用。大自然铁的法则排除了个体经营牧场的可能性，使人们只能采取草场等资源公有制的形式来维持共同生存，求得共同发展。而这些资源只能由部落统一管理，计划使用。除此之外，藏民族的先祖通过游牧、狩猎的生产实践活动，认识到只有部落联盟才能凝聚成一股强大的力量以抵制大自然的淫威，也能对付其他部族对自己部落的侵略掠夺，或者拓展自己部落的生存空间，征服其他部落。这种对智和力的需求，已不是血缘氏族所能满足、所能提供的。客观环境逼使各个氏族部落要扩延家族部落，把邻近的、具有共同地域共同利益的其他家族部落吸引过来，组合成联盟。

通过盟誓、规范行为利益均衡等方式，部落联盟制成为行之有效的社会独立单位。

生产力使落后的牧业经济的运行也是集体性的。如搬帐圈，一家的辎重需载在牛背上，这就得依靠众多人力同时行动，没有部落其他成员参加则困难重重。狩猎或晚上守圈防兽，部落仇杀，草山纠纷，均须庞大的队伍参加。一个人的力量在原始的生产形式和严酷的自然环境中显得十分微弱、渺小，这也是这种社会组织能够存活下去的另一因素。

部落联盟制的社会组织，也带来了一定的活力，表现在社会生活中自由民主、相互补充、相得益彰的气氛。尊重智慧、广开言路、实行民主，给每个人提供了宽松、自主、和谐团结的心态氛围。

部落联盟制还为每个成员提供了安全感，提供了平等竞争的机会。部落公有财产在公平的原则下由部落议会分配；血族仇杀和草山纠纷由部落联盟负责组织调解；个人伤亡损失由部落联盟抚恤赔偿；丧葬及喜庆开支的不足部分也由部落负责补偿；牧民的正常生活可依赖部落资助维持最低水平。这种从政治到经济、到日常生活一竿子插到底的社会组织，之所以能维持上千年，与人民群众的直接利益有着联系有直接原因。

既然部落联盟的功能要比血缘社会优越、健全、完善，那人们对婚姻的眼光就不是血缘家庭内部，而是其他氏族和部落了，不需要在家族内部解决婚姻问题，客观上造成了摒弃血缘内婚的社会风尚。正是基于上述主客观两方面的因素，藏族的婚姻很早就抛弃了血缘族内婚，严格了血缘禁婚，有了优生优育的家庭观。

从神话中走来的最早婚俗

西藏目前残留的一本《兄妹分财与祈神》书中，叙述了西藏婚姻梗概。虽然该书叙述的是人与女神的婚姻，时代界限也模糊，看上去是近代人追忆先民生活的，但是，神话的产生是同人们生活中的观念、生活方式、向往……分不开的。换句话说，神话是人们对社会生活一种升华式的想象。它的基础，它所叙述的内容都不能不以人世间的“存在”作为参照物。由于这本书所述及的是高层的婚姻仪式，并不具有普遍性，但是从中却能了解到西藏最早婚姻仪式同西藏苯教文化传统的关系。它也折射了史前社会后期，人们的婚姻观、价值观、世界观及社会形态。

该书梗概如下：

“有一个女神，名叫什坚木楚嫫且，她是索迥（又名桑波赤奔）和他的妻子朗赞玛（曲坚本杰嫫）的女儿。其兄名拉塞涓巴（又名什杰章喀）。嘉地方的领主林噶惊羡什坚木楚嫫且美丽，向索迥询问，他是否能同其女儿结婚？索迥回答说：‘我的女儿是从神到神，不是为你们这些黑头凡人而生的，这正像太阳和月亮都是在天空中升起和降落的一样，你什么时候见到过它们降落在草原上？我们是天上的神，而你，请不要忘记只是一个黑头凡人。’林噶说：‘我想娶什坚木楚嫫且为妻，并不是奢望，因为我是广袤大地的主人，是整个家族的首脑，有了我，人畜不断地增长，我的才能和地位需要我娶一个出身高贵的妻子。如果你能应允这门婚事，人和神就能走到一起来了，那么，人就会崇拜神，请求神保佑自己，人和神也会更友好地相处。这正像太阳和月亮在空中发光，它们的光芒能普照大地，而从大地散发出的温暖湿气会一直升到天空，形成云一样，说明神和人是彼此相通的。因此，我请求你将你的女儿——美丽的什坚木楚嫫且许配给我吧！’林噶的一席话说服了索迥，他赞赏林噶的才智和志向，同意这门婚事。为此，他向林噶提出，要以黄金、绿松耳石、头饰和服饰、牦牛、马、羊以及一支箭等各种各样物品作为聘礼。七位骑着白马的迎婚使者（新郎的男性亲属）将聘礼带到神的国土，迎娶新娘。在女神什坚木楚嫫且启程离开神的国土到林噶的领地以前，她同其兄拉塞涓巴用掷骰子的方式分配了父母给他们的财产。祭司拉奉托噶主持了这次财产分配仪式。其兄拉塞涓巴是这样掷骰子的，他的战术是：从右边掷顶之男性保护神的骰子；从左边掷格拉战神的骰子；从前面掷索拉生命之神的骰子；从后面掷域拉地方之神的骰子；这样就掷出一个作为父亲继承人的格局。他取得了成功，如愿以偿地取得了父母给其儿女财产总数的三分之二。然而其妹什坚木楚嫫且，却不愿承认这一难以挽回的定局，想依靠侥幸取胜，打破这一定局，获得父母给予他们财产总数的二分之一。她拿起骰子来时，把七粒蓝色的青稞粒撒向天空，祈祷道：'如果我有一个神，他今天就一定会保佑我获胜，玛拉母亲或女性之神，掷这枚神圣的骰子吧！让格拉年波来做这次胜利的见证吧！'她满怀信心掷了骰子，但是：事与愿违，只掷了一个单数，什坚木楚嫫且输了。

当什坚木楚嫫且随迎婚使启程到男家时，其父索迥送给她一支箭作为分别纪念，而她的母亲朗赞玛则送给她一支纺锤，她的哥哥拉塞涓巴送给了她一块美丽的绿松石。分别的时候到了，什坚木楚嫫且向众神、祭司、父母双亲，以及哥哥致谢告别。担任迎婚使者的七位新郎的亲属在新娘的衣裙右边系上了一个白丝绒球，把她带到尘世间，来到了林噶的领地。祭司托木拉噶在主神门前举行了招福仪式。"

这个神话的后半部分叙述了招福仪式和祈神等婚礼项目。招福仪式被认为是十分重要的。在新郎的房前举行这一仪式，意味着新娘将会给他带来财富，并为这个家庭繁衍更多的子孙，这种向往富贵昌盛的希望，使招福仪式具有了神圣的色彩。在藏语中，"央"一词可作为"吉祥福运"的解释，招福仪式也就是希望新娘将"央"带入新郎家。这种愿望从心理上去分析，将会揭示宗教产生、发展的深层原因。

婚礼的另一个重要仪式是祈神，这是婚礼的中心部分。在举行这一仪式时，将羊毛捻成的一种称为"穆"的线粘在新郎的前额，而将一根蓝色的称为"吉祥"的绳粘在新娘的前额。新郎手握一支箭，给五位主神供奉青稞酒和"朵玛"供奉食品；而新娘手拿一只纺锤，供上奶酪和"细玛"（糌粑和奶油的混合物）。接着，祭司送给新郎一件首饰（或戒指，或耳环），称作为"拉色尔"（神赐的黄金），送给新娘的是一块绿松石，称作为"拉玉"（神赐的美玉）。然后，新郎、新娘同坐在一块白色毡毯上，上面放着拼成"卍"字形的青稞粒，祭司和新婚夫妇一同吟唱。

唱词是这样：

新郎的拉色尔，新娘的拉玉，

当他们最初降生的时候，他们是单独降生的。

而后他们各自成长起来，最后他们结成一体，让我们把他们托付给众神。

新朗的“穆”绳和新娘的吉祥绳，

当他们最初降生的时候，他们是单独降生的，

而后他们结成一体，让我们把他们托付给众神。

新朗的镶嵌宝石的生命箭，新娘的带有玉叶的金纺缍，

当他们最初降生的时候，他们是单独降生的，而后他们各自生长起来，让我们把他们托付给众神。

男子的生命依赖于箭，

女子的生命依赖于纺锤，我们把他们托付给众神，

让箭和纺锤永远不分离。让我们把‘穆’绳和吉祥绳手托付给众神。让它们永远联在一起。我们两个男人和女人，

已经成了湖和湖中女神。让人和神永远不分开，

让太阳和月亮永远在天上。让人和神永远在天上，

让人和神永远不分开，让雪狮威武地生活在雪山上，

让人和神永远不分开，让老虎生活在密林中，

祝愿男子生命的金柱长存，祝愿女子生命的绿松石永翠。

在婚礼的这一仪式中，箭、纺锤、“穆”绳和吉祥绳这四件物品，所具有的象征意义，不仅表现了社会的分工，而且体现了西藏进入父系氏族社会以后的一些观念。在这四件物品中，箭是男子的标志，纺锤是女子的标志，“穆”绳代表了藏族统治者的来源。

有关箭、纺锤、“穆”绳和吉祥绳的传说，在苯教中显得绚丽多彩。为了使人更容易了解古代藏族对这四种物品所寄予的内涵，下面这样一段叙述，或许能进一步予以说明。

“在天上的一条峡谷里，一个名叫恰冈央扎的男子和一位名叫贝东桑玛的女子结合，生出了三个神奇的卵。从金卵的裂口处，出现了一支带有孔雀绿羽毛尾翼的金色的箭，据说这就是箭最早的模式，以后成了男子的标志。从青绿色的卵的裂口处，出现了一支带有金色羽毛尾翼的青绿色的箭，这是新娘的金光闪闪的箭。从白色的卵的裂口处，出现了一只纺锤，从天空的日光和大海的蒸气中产生了一块白色的物质（在苯教中，这块白色物质被视为十分神圣），它被风拉长，纺织

成线，又被缠绕在一棵树上，这些线被称作为“穆”绳和吉祥绳。

在另一个传说中，认为婚礼上所用的三支箭：那支白色羽毛尾翼的箭，是七位迎婚使者带来的聘礼的一部分，上面附颇拉、格拉、索拉、玛拉和尚拉五位主神，另一支有双重花环的箭是生命箭，是新郎作为男子的象征；第三支箭是一支金光闪闪的箭，这是女子随迎婚使离开父母时，父亲送给女儿的礼物。

在安多地区的某些地方，不少家庭的男子都有一支两尺多长的箭，箭的上面系着五种颜色不同的丝绸经幡，还有一面银镜子和一块绿松石。一个男孩降生时，他的舅舅就会送给他一支箭，并被供奉在家庭的神龛中。这种风俗渊源深远，苯教经文中得到，当妻子生了儿子时，应当在枕边插上一支箭，如果生女儿，就应该放一个纺锤。

贡楚仁波且在他著作的《迎娶博伦多康哇之夫人至康区德格时插箭的故事》中，曾以诗的形式，对箭在婚姻关系上所象征的意义作了十分生动的描述。他还叙述了婚礼的八个仪式：

一、请神灵来到新娘身边驱魔；

二、祓除污秽不祥；

三、为新娘铺地毯（请新娘进家）；

四、送给新娘三种奶制食品；

五、给新娘取一个新名子；

六、祈求众神保佑；

七、招福；

八、颂祝吉祥。

远古藏区的婚姻形式有多样，婚俗也各地不一，但大致的审美情趣和价值取向却是一致的。就似上面所述之神话和风俗中反映的“箭”、“纺锤”、“穆”等象征物均在广泛统一运用。婚姻实质是健康的。

上述故事告诉了我们什么？起码有三点：一则婚姻从神圣的殿堂开始进入民众之中，人神结合便是明证。婚姻的神秘纱布已经揭开，人们认识到人神（大自然）结合到一块，这个世界才会和谐、升平、安宁、祥和。男女婚姻结合符合历史的规律，事物的辩证法，是人类生活中必然之一环。

二则婚姻是十分严肃、隆重的人生大事，除了庆典祈福，还要请神灵护佑走过人生的泥泞，新郎新娘都有自己祈求托靠的保护神，都有自己的象征物，各自的象征物又有着实质内容，代表着各自在家庭中担负的职责、分工、约定俗成为婚姻的标志之一。

三则说明经过漫长的婚姻历程，婚姻已从母系为主体发展为父系为主体，女人们被男方迎娶到夫家，新郎手握箭表示手掌家庭内外大权，而新娘手拿纺锤，则意味从属家务劳动。诵词中也进一步点明："男人的生命依赖于箭，女子的生命依赖于纺锤。"指出男人和女人的结合是神的意愿，从而道出了远古男女婚姻结合的最早模式，阐述了最初家庭观的雏形。

第五章　历史积淀的家庭婚姻观

历史遗传的藏族婚姻，记录了史前社会到今天社会的整个婚姻里程碑，母权、男权混合型，以父权为指导，母权痕迹严重，构成婚姻风情线——习惯法网罗了保护妇女儿童的权益，买卖婚姻成为过街老鼠，爱情浪漫曲弥漫了风雪高原——男女操劳各司其责，明确分工，谱写家庭和谐和美的交响乐。

在藏族文学中，特别是民间文学中，最早最全面反映游牧社会型态的莫过于英雄史诗《格萨尔王传》。

“史诗”是指用诗歌语言记叙与一个民族的命运有着决定性影响的重大历史事件，歌颂在这一重大事件中起有决定作用的民族英雄。史诗是民间叙事长诗中风格最为庄严、规模最为宏大的古老体裁。恩格斯在《家庭：私有制和国家的起源》中指出，史诗是人类“由野蛮时代带入文明时代的主要遗产”。马克思在谈到希腊的荷马史诗时也精辟地指出，史诗这种“具有重大意义的艺术形式”只能孕育在“历史上的人类的童年时代”。

这就是说，史诗从神话脱胎而出，演变成为新的文学形式，实质上反映了人类从膜拜自然到利用和改造自然的这一历史进程。可以说，史诗是一个民族在蒙昧初开时对恶劣环境进行艰苦斗争并取得初步胜利的文学记录。正如高尔基所说的：“征服大自然的最初胜利唤起了他们的安全感，自豪心和对新胜利的希望，并激发他们去创作英雄史诗。”俄罗斯著名评论家别尔斯基评析史诗这一文学形式时说道：史诗是“刚刚觉醒的民族意识在诗歌方面作出的第一个成熟的果实”。史诗只能产生在“一个民族从混沌状态中觉醒过来并有力量去创作自己的世界的时代，它的繁荣也只能由民族生活的活力来决定”。

这就道明了史诗是一个民族在它刚刚崛起时的产物，它伴随着民族形成的历史同生长，并以民族叙事长诗的特殊形式直接或间接地反映着该民族的历史发展过程，成为该民族引以为荣的古老神圣的民族“根谱”。

史前时代是人类的童年时期，而不是成熟时期，理性时代。由于是童年，自然稚嫩、懵沌；自然感情为上，喜怒哀乐任凭自己感觉。因此战争的频繁程度也就可想而知。在频繁的战争之中，有的部族因胜利而不断壮大强盛，有的则因失败而衰落下去，或融进其他部族之中。部族间的战争成败关系到一个民族的存亡，影响并决定着每一个民族成员的命运。对自己民族的生存发展是否有利便成为那个时期价值的取向，是非的标准。为部族利益而能征战被视为至高无上的美德。战争的胜利成为全民族永远值得回忆的光荣，史诗也就自然应运而生。

还有，全世界所有的史诗反映的史前社会，都不是以阶级斗争为主线，而是集中表达民族形成过程的部族间的斗争。它所体现的是当时全民族统一的思想意志，是人类的英雄时代，是“古代的原始民主制”之中，人类拥有统一的民族精神和民族的情感。车尔尼雪夫斯基断言道：“史诗是在一个民族的智慧生活缺乏深刻的区别，又同宗法社会生活风习最紧密地联结在一起的情势下产生的。”也就是说史诗主要产生于人类社会由野蛮时代的高级阶段向文明时代过度，即原始社会解体到阶级社会产生的转折时期。

《格萨尔》时代是私有制萌芽时期，部落头人已由普选制走向半选举半血缘继承的转型阶段。其婚姻家庭也有了私有制的特色。是一夫一妻、一夫多妻。父权制初步确立。它的家庭轮廓及家庭观在《格萨尔王传》“贵德分章本”中显现得较为明白。不仅仅是格萨尔各分部头，从藏区习惯法、生产方式、生活模式，我们都能观赏到游牧生活积淀的家庭观之方方面面。

尊重女性 母权制痕迹浓重

洋洋二十余万字的《贵德分章本》，综观全篇，反映了岭方面格萨尔大王的机智勇敢，除了“坏叔叔”超同的阴险凶狠，除了与格萨尔较量的魔王君臣、霍尔王将，及双方较量的情节外，女性占的比例在全书中很突出。对女性进行了立体的、多侧面的艺术反映，即是对同一个人物，也从人性的“善”与“恶”来解剖。女性在各重要环节和重大事件中起着举足轻重的作用。这就使我们对格萨尔时代社会形态的另一侧面——家庭结构、家庭观念有了大致的印象。即分章本虽然有社会向父权制转型的标志，但女性的影响及作用力却十分突出，如如何拯救人类这种重大事情，白梵天王得和妃子绷迥拉毛商量。“商量的结果，决定派遣一位能降妖伏魔的天神下界”，从这看出绷迥拉毛的地位、决定权与白梵天王是同等的。书中又是绷迥拉毛施展“法力”，让格萨尔化作鸟儿下凡探查。格萨尔下界前提具体条件时，开口闭口称呼是“爸爸和妈妈”。两者等同并举，这说明在其心目中，爸爸和妈妈的权威、影响及事物决定权是同等的，地位是同等的，说明了格萨尔时代两种权制同时并存。

格萨尔临下界时，请求跟随他、辅助他的是姑母巩闷姐毛，也是女性，虽然他有两个哥哥，也不乏叔伯兄辈，但他选中的却只有“巩闷姐毛”。说明女性在他心目中占的位置。这也使我们看到女性的“力量”、“影响”是那样的根深蒂固，在人们心目中又是多么的显要。

在表达投生下界降魔的决心时，格萨尔喊出的表达威猛、用来降伏妖魔的咒词用语“呸”时，说他“第一个呸是爸爸”，“第二个呸是妈妈”，“第三呸就是孩儿我，这样的呸声谁不怕”。母系的力量、作用、地位在这里点得十分明确！

格萨尔在凡间是有“生父”的，但不论是胎间还是孩提时候，分章本中几乎只字不提阿爸，从始至终反映的只是其母亲尕察拉毛遭受的磨难，以及由此引起的心理冲撞，衷心地歌颂了母性的伟大，同时也鞭挞了那提闷的卑鄙无耻、造谣中伤、险恶用心，分章本的镜头主要对准了女性，说明女性在当时社会中点据的主要地位。

格萨尔变成鸟儿下界寻求投生之地，飞到岭尕尔众多头人中的“君王塔的长子”僧唐惹达的妻子尕察拉毛帐前。尕察拉毛年过半百，膝下仍无半男一女，想供上一点东西，手头又不便，就把自己的奶挤了又挤，居然挤出一点奶来，向鸟儿洒去。鸟儿吃到这一滴奶，就想：“这就是我将来下界投生的妈妈呀。”袒露出古代藏人“以德取人”、“以德报德”的审美观。那以后，在僧唐惹达二妾那提闷的嫉妒陷害下，胎中的格萨尔和其母尕察拉毛过着贫病交集、饥寒交迫的“讨饭”日子，门第可谓贫贱！生活可谓艰辛！但格萨尔并没有因此另找高贵门户投胎。他“问世”以后，阿妈连坐月的食品都没有，格萨尔又是“宰神牛”，又是去北方打猎，历尽艰险，备尝风霜，受到欺凌，但没有产生改换门庭的想法，没有认为贫穷就是低贱、就是耻辱的念头，而是母子相依，共度难关。而他的贫贱地位，也未影响他以后登基称王。人们也不以贫穷低贱出身来非难他、阻挠他成王。这说明格萨尔时代还未形成完全意义上的“王权”世袭制度，统治形式也未进入血缘传承的阶段。还未产生唯有奴隶制、封建制才有的“血统论”和门弟观念。

根据姑母巩闷姐毛的“指令”暗示，格萨尔要动身去北方灭魔，这本是一件神圣不可动摇的大事，是“上天命意”，但珠牡阻挠梅萨给格萨尔报信，致使梅萨被魔王禄东赞抢去。当格萨尔要去降魔时，珠牡又竟敢“暗暗在酒里放上迷忘事的药”，使雄狮王“不提远征降魔、搭救梅萨之事了”。而过后，她也未受到“天神”、“地皇”的惩治和社会舆论的谴责。这在剥削制度的旧礼教社会中是绝对不可想象的，但在那个时代，却看起来是天经地义、无可非议的。经过姑母巩闷姐毛再三催促，格萨尔再次下定决心北地降魔，珠牡不仅阻拦不已，还追了好长路程，最后靠了天母使“法”从中“变出一条大河”，“把赤兔马变成一棵檀香树”，“把格萨尔变成一个喇嘛”，才使珠牡灰心丧气返转回家。再如梅萨在魔国，也使同样的手法，使格萨尔忘却岭尕尔，忘却叔伯妻妃，在魔地逗留九年之久。可见女性在那个时代具有左右形势的力量，人格独立、地位平等。也让我们看到了妇女在那个时代拥有的自主权，对生活、对爱情大胆追求而又受到社会保护、社会承认的实际状况，母权制社会的痕迹多么鲜明！

这种现象反映的是什么社会型态呢？一般来说，不管是什么国家、什么地域、什么种族，只要是产生于剥削制度基础上的道德规范，均是以父权为核心的种种礼教。而格萨尔时代由于处于游牧原始社会末期的部落联盟制，所以在道德规范上明显地透射出母权制社会的种种表迹。如格萨尔去降魔，霍尔兵马前来侵掠岭国，欲抢王后珠牡，战争风云弥漫岭尕尔。在这一保国保民保族重大斗争面前，按照世俗观念，长兄为父，这场反侵略战争理应由格萨尔同父异母的哥哥甲察协尕尔领导，但分章本中写的却是格萨尔的妃子珠牡。珠牡运筹帷幄，统帅三军主持军务，机智勇敢地抗击了三年，使霍尔百万人马受到严重挫伤，一个高大的、智勇双全的巾帼英雄跃然屹立人们面前。这一重大反映，让我们看到了在原始社会后期女性事实上发挥的“中枢”作用，妇女社会地位的突出。格萨尔去魔地前召集岭国百姓讲话时唱道：“今日我要把国事来交代，王妃珠牡你要来接受”。把国事交给王妃来主持，而不是叔伯，也不是哥哥甲察协尕尔，这说明这一现象在原始部落联盟时期的人类道德观念中是正常的。对于这种安排、这种位置，谁也不曾提出异议和非难。不管是格萨尔的叔叔们，还是侄甥们，不管是八大英雄，还是众多百姓，都对珠牡由衷的尊敬。一个个俯首贴耳，领取指示，服从命令。这也让我们嗅出了一点气味：即那个历史时期，妻子和丈夫的地位、权势，对财产的保管权、分配权、继承权都是同等的，只要有妻子，任何血缘亲属都无权染指。贞节观念还未产生也是史前社会藏区婚姻的时代特征之一。

贞节思想是母权制被父权制代替之后，妇女成为男人的附庸品，成为剥削阶级的私有财产的产物。是除王权、神权外，产生的夫权，使妇女局部或整个失去了人格尊严而出现的一种腐朽思想，但在格萨尔时代，这种腐朽思想还未萌发，分章本里看不见这些表现。

格萨尔时代允许婚姻自由，允许“毁婚”和自由结合。

岭国小头人夹罗顿巴的大女儿珠牡，才貌超群，智慧过人，是绝代佳人。她本来早已许配给了举世闻名的“大食财王”，只等吉日迎聘结亲。但当她遇见格萨尔后,发现格萨尔是一个神秘莫测而又神通广大、无所不能的“神人”,便产生爱慕之情。用其独有的聪明,委婉地使大食财王自动解除了婚约。而格萨尔王通过“法力”达到了缔结婚约的目的。这种作法,并没有受到社会的不满及家族的阻拦,说明远古时期婚姻的主动权是掌握在女性手中,婚姻是以女性为中心的。

不以二婚或生下私生子而被夫主抛弃、受到全社会的歧视,也是没有贞节观念的佐证。

珠牡在霍尔国与黄霍王生下一孩子,格萨尔在战胜霍尔王后并不因珠牡失去贞节,生有黄霍尔的儿子而诛杀她、抛弃地。作为“国王”的他仍一如情深的领她返回岭国。可见在格萨尔的头脑中根本不存在贞节观念。既然身为“大王”的格萨尔都不计较,那百姓自然更没有贞节观念。史前时代妇女的人格和尊严是很独立的。

家资贫乏　人人忙于劳作

格萨尔时代生产力十分低下,物质贫乏,上自君臣,下至奴婢,都为维持生存,获取食品而劳作忙碌。

岭尕尔众多头人中的“君王塔的长子僧唐惹达”,听说自己第一个妻子尕察拉毛有了身孕,很是高兴。他的二妾那提闷建议道:“这是天大的喜事。我们有了孩子,应该大摆酒肉宴席,让岭国的老百姓共同庆贺。但是,酥油糌粑自己能做,野兽的肉却没有,你应该领着叔叔,到远方去打野牛去。”堂堂的“君主继承人”与“亲王”们,由于缺少肉类,没有足够一顿宴席的食品,只得“一同起身前往打猎去”。可以看出:格萨尔所处的时代不管是君主,还是平民,都只有微薄的生活资料和生产资料,物资十分贫乏,生存环境十分艰难。僧唐惹达和原配夫人尕察拉毛分居时,分给的财产也只有“一个又窄小,又破烂,四面挡不住风的帐篷,给了一匹十岁开外的瘦骒马,给了一头瞎了眼睛的奶牛,给了一只瘸腿的老母狗”。

格萨尔王虽然是天子下界,具有非凡的“神通”,但处于那样低下的生产力的社会，如何为身虚体弱、刚刚生养下他的母亲寻点食品充饥养身却成了重大难题。他几乎使尽了浑身的解数："从当天开始，就身穿一件难看的黑山羊皮袄，脚上穿一双难看的红腰子破马靴，腰上扎一条难看的结六个疙瘩的麻绳作腰带，头上戴一顶难看的鹰翅膀一样的尖尖帽，背后插了个小旗儿，骑上小马驹，跑遍上沟下沟一切地方，去寻找吃的东西，找来找去，什么东西也没有找到，妈妈已经饿得起不来了"，无可奈何，他只好把"叔叔的神牦牛，牵来了一头杀了，接着又牵来一头神羊，也杀了给妈妈吃了，这以后，又远走北方，打来了一只野牛，这只野牛可大啦，肉呀、油呀，把帐户都堆满了，以前衰弱枯瘦的身体渐渐胖了起来，气色也红润起来"，这使我们看到，当时食品来源主要依靠狩猎。人类生存环境的好劣，主要依赖于大自然提供的原始资源如何。格萨尔母子为了生存，连对神的畏惧也忘却了，铤而走险把叔叔的"神牛"、"神羊"(祭给山神的牛羊，或者是将自己牛羊供奉给山神，成为山神的财产的，均称作神羊、神牛)给宰了，这还不够，又孤身独影远去北方狩猎打野牛，才算维持了生命，使妈妈康复了元气，在这里，什么信仰、什么伦理、什么神灵，全让位于生存条件了。

作为占据了"黄金宝座"的格萨尔王，其娶妻纳妃理应是十分庄重、十分豪华、十分铺张的事，理应要讲究"门户"，但他要娶的妻子不过是"住在岭国一个深山沟里、名叫夹罗顿巴的小头人的女儿珠牡。去接迎珠牡完婚时，派去的亲使也只有叔父尕雷公琼一人一骑。既没有浩浩荡荡的随从，也没有盛大的酒宴，更不见金银珠宝、珍奇玩物的礼品，对方也是冷冷清清、孤孤寂寂，一送了事，这不能不使我们对格萨尔时代物资十分贫乏而感到缺憾，心底不由滋生丝丝悲凉，但这正是史前社会物资水准的真实写照。像格萨尔这样"天子下凡""投生人界"的大王，虽然有千般"神力"，万种"法宝"，众多"黑头人"拥护，但生产力低下的客观而严酷的局限，使他也不得不过清贫匮乏的日子，为食物而奔波辛劳。他的十二妃子得到的物资待遇，也不过是"各自有一个帐房，各自有一个火灶"罢了，说穿了就是只具备单独做饭、居住的简陋条件而已。整个岭尕尔"国的财产和奴婢也不过是四个城堡"、"十四马童"、"三婢女"而已。

他登基称王后，虽号称世界无敌制宝雄狮大王，但为了生存，还得去放牧，“把马群放牧在沟的右边，把骡群放牧在沟的左边，把牛啊羊啊放牧在沟中间”，“他就在蕨麻海边，把头放在右袖筒，把脚放在左袖筒……，甜睡在那儿”，格萨尔的父亲僧唐惹达的三妻妾，也每天都要挤奶、放牛、烧茶去（这种现象在分章本中比比皆是）。

财产分配和继承有习惯法

史前社会进入游牧部落阶段，牲畜和部分生产资料的私有化已经初见端倪，财产与家庭被拧在一块无法分割，财产的继承已进入家庭观念之中并烙下深印，这些在《格萨尔》故事中有所反映。

《格萨尔》中有两份重要遗嘱，它有利于我们研究藏族部落的家庭财产继承问题。霍岭战争前期，岭部落失利，贾察决心与霍尔军决一死战，上阵前给妻子留下遗嘱：

把朝城内外所有财物，平均分为三大份，

一份交给弟弟格萨尔，请为我消除生前的罪孽；

一份交给神族部众，为我补偿往昔的过失；

一份留给你母子，作为今后的生活费用。

另一份遗嘱是岭部落大将夏庆噶玛所立。在木岭战争中夏庆噶玛身负重伤，临终对将士说：

家中的财产与珠宝，请把它分成三等份。

一份送给去阿里朝圣的高僧，请他为我回向发愿心。

三份财产的第二份，施舍给乞丐讨饭人。

所剩财产另一份，留给父母作养老金。

通过上述两份遗嘱可以看出，在家庭财产继承中，其财产分割主持人的确定、继承范围的划分、遗产的用途等等，无不与血缘亲疏相关。

只有家庭财产分配权的掌握者才可立遗嘱。换言之，有权立遗嘱者，表明他有家庭财产分配权。显而易见，主持财产分配的人是从本家庭成员中产生的。在史诗和近代藏族部落中都有外人主持某个家庭财产分割的现象，但这只是在家庭财产分割出现分歧时应邀而参与的，而且也只是按照其主要成员或大多数成员的意愿行事。从史诗看，夏庆的父母健在并与他一起生活。他们家的财产分配由作为儿子的夏庆主持，这说明在同一家庭中究竟由谁来充当财产分割的主持人，并不完全由辈份的高低和年龄的大小来决定。如果某一成员在社会上有较大的影响和较高的地位，那么其家庭地位也不会低，相当程度上由他说了算。夏庆噶玛是岭部落的一员名将，临终立遗嘱由他决定处置家产也就合乎情理了。

"另立门户"者是指与父母不在同一家庭中生活的人。属于这种情况，家庭财产继承关系首先应在自己家庭中。如果在本家庭中确实没有合法继承人，继承人的范围才向外扩大，此时其父母才有权继承儿子的遗产。贾察的父母早已和他分居独立生活，他们所共有的财产已经有过一次分割，而夏庆噶玛的父母尚与他一起生活，其共有财产还没作过分割。可见，即使是父子关系，在财产分割时还要看是否在同一个家庭中生活，若一起生活就有财产继承优先权，否则不能直接相互继承。这从另一方面反映了远古人朴素的财产拥有观念，即只有共同参与了家庭财产的创造和积累，才有资格参加财产分割。不劳动者不得食。劳动者都有一份。它让我们看出远古藏人家庭财产的共同继承原则和平均原则。贾察的妻子、孩子，夏庆噶玛的父亲、母亲，共同继承其遗产。在继承人之间无先后可言，所继承的财产也没有量的差异。史诗有这样一个情节：经格萨尔撮合，尼玛赤尊王把女儿达萨许配给了岭部落总管王的幼子昂琼王达。不久，达萨骑着白骡，佩戴松石宝冠、珍珠华冠和玛瑙瓔珞，带着侍婢前来岭部完婚。尽管这桩婚姻最终未能实现，但这女子满身的珠光宝气和带来的奴婢乘骑，都是以嫁妆的形式从父母那里继承来的，这反映了女子对父母的继承关系。人类社会的早期，夫妻、父女之间是不能相互继承的，但史诗反映的继承关系表明，此时的藏族部落早已发展到他们之间可以继承的阶段。

贾察的遗嘱说，财产的三分之一送给格萨尔，为他消除生前罪孽；

夏庆噶玛则要求将财产的三分之一送给去阿里朝圣的喇嘛，让他为死者回向发愿，三分之一施舍给乞丐。布施和献赠遗产是一种特殊殉葬，按藏区部落民众的传统观念解释，这部分财产说到底还应算留给了自己。

贾察把三分之一的遗产留给了"神族"。"神族"指的是敦氏氏族，贾察是敦氏后裔，因此将部分财产留给了本氏族。摩尔根的研究结果表明，人类最早的遗产分配是在死亡者所属的氏族成员之间进行的，即氏族共同继承遗产。贾察给本族人员留下一部分遗产，就是早期氏族财产继承的一种痕迹。

综合以上现象，我们对《格萨尔》所反映的财产继承习惯法可以作这样的概括：一般情况下，财产由家庭全体成员共同占有。若家庭中某一地位比较高的人不久于人世，往往以遗嘱形式对财产作适当的分配。首先将一部分财产留作操办后事之用或者布施给寺院、僧人，有时还将一部分财产留给其族人。其余部分由家人继承，这时便出现财产继承关系。财产继承主要在以共同生活为标志的家庭内部进行，同一家庭内部的各继承人之间没有顺序先后之分，往往是全体继承人共同继承，平均占有；夫妻之间可以相互继承，未成年女子则以嫁妆形式继承父母财产的一部分。如果家庭内部没有继承人，继承范围可以扩大，此时，不与自己共同生活的其他直系亲属也可以继承。

这些案例，告诉我们的是：藏族社会从最早的部落联盟历史时期，家庭观中就有着积极、进步的成份，那就是生命平等，珍惜生命，每个家庭成员都是人格平等，生活事实的平等，都享有家庭财产的平等享有权。而不是某些民族中存在的严重等级制，男女有别、长幼有别，实施歧视和剥削，家庭观中就掺杂有腐朽、不公因素。

部落社会中，还有着婚姻习惯法，内容广泛且全面，几乎涉及到家庭生活的方方面面，折射了部落社会的家庭观。

藏族传统的习惯法，对爱情对婚姻的态度是积极向上的，心态是健康的。采取了鼓励自由恋爱，保护妇女儿童权益，提倡一夫一妻的方针，制定的条例也较全面、具体。主要内容包括以下：

关于通婚范围的规定；

允许和承认的婚姻模式；

办理结婚和离婚的程序、仪规；

关于复婚或再婚的规定；

关于私奔、婚外婚、遗弃、不履行婚约、抢婚等婚姻纠纷的处理；

对于私生子、招女婿社会地位的认定；

社会等级对婚姻的限制；

离婚时子女的归属与抚养；

夫妇及子女财产继承顺序和份额厚薄；

寡妇再嫁时处理财产的办法；

鳏寡并家时处理财产的办法；

……

若男方有错而导致离婚，则——

女方带走娘家所赔物畜的半数和全数。

除带走娘家所赔全部物畜外，带走婆家的部分财物。

按进门年限折成工价，付给报酬。

除去该户承担的债务外，分给应得财产（按人均等分配）。也享受部落成员的一切福利及惠顾。如果这样分配财产，其仍为该部落成员，要承担部落内的一切差务事宜。也享受部落成员的一切福利惠顾。

在果洛等很多牧区，离婚被认为是正常的事情，没有什么成文的法律手续，但离婚都要经部落头人裁决。男女双方若感情不合，均可以提出离婚。离婚前，先要向头人交一定数量的财物作裁决费，经头人调解无效，方可正式分离。离婚时，财产按当时家庭所有人口人均一份，未成年的孩子为半份来继承。祖辈的财产不能分。家里的枪马归男子所有，也不能分。

男子入赘，在家庭中地位与其他成员平等。过去头人招婿，主要是为了密切部落之间的联合。寡妇可以转房与其亡夫的兄弟或叔侄结婚，也可以改嫁到他家，但娶方须给原夫家赠送聘礼。

凡是非婚生子女，一般均随女方，男方需给女方一定数量的抚养费。非婚生子女在社会上不受歧视。他们享受财产继承权，与婚生子女一样，参加社会生产，参加公共活动等，男孩一样能入寺为僧。母亲出嫁，随娘到夫家的孩子也不受歧视。

像果洛地区的部落习惯法，其中规定在发生纠纷械斗赔偿命价时，不行折扣。“女性命价上中下三等，分别为男性同等之半数。”

“夺妇则付身价。凡婚姻败离，争夺未嫁之女，婚外私生，分家析产皆据此律。”

“除官家贵族之女，通常视其夫贵贱确定拆散该婚姻出妇女身价之上中下三等，分别与前之血价同等相对。”

“因未婚之女争风斗殴罚悔罪之额一支枪，因已婚之女争风斗殴罚罪半锭白银(一锭为50两)及枪马各一。”

“凡致私生则付抚养之用。未婚女之私生视家主根基高低，付额在一匹马至一头雌牦牛之间；已婚女之私生抚养与此同额，尚需另加悔罪之额。”

“若定立婚约者失约，其女之身价与前‘活付’上中下对等。”

“夫妻失和，官佐设法让之和好，仍不能和好则夫妇何方过失及其大小判离，并分其子女家产。若双方过失相当，便以子归父，女归母分之；财产除去纳税之本，父母各得双份，儿女各得一份，婴儿幼女得半份，官佐亦可视情扣除适当审理之酬。若其中一方过失罪责重大，则判其无财产份额。无需调解或无争执自愿离婚者，谓之‘拆除补钉’，各取原先已有财产分离。”

在果洛的书面法规《天之准绳》中还这样规定：

“女人命价，上等三品(每品为一锭，一锭为银五十两——编者注)，中等二品，下等一品。”

“男女二人因互相抛弃而致人命，除不与承继之份外，尚须赔偿女命，上等一品，中等半品，下等四分之一品赔偿之。”

康区玉树的习惯法特别提出：

“夫妻自愿离婚，财产各半。

夫妻离婚，孩子尚小，尤其是婴儿，财产都留给抚养婴儿的一方。

夫妻离异，如系一方行为不轨，将之驱逐出门，财产归贞洁一方。

离婚时，如果一方不同意，提出离婚，一方要承担一定量的遗弃补偿费，补偿牲畜数量由头人决定。”

私生子不受社会歧视，但男方必须给女方抚养费，其数量有下列两种：(1)1头怀犊乳牛，1只怀羔母羊，1只怀羔山羊。此外，还负担孕妇分娩期间的费用；(2)给女方3头牛、3只山羊、3只绵羊和抚养费。抚养费区别两种情形：第一种，属民与头人女子发生性关系所生孩子，除交抚养费以外，还受法律制裁；第二种，部落头人、牧主与部落属民女子发生性关系导致私生，一般不予抚养费（属民不敢告发）。

“未婚得子，较之一般少女出嫁难。如果有人娶，女方需交付数量较高的财产作为陪嫁，并将女方所乘坐骑配鞍送至男方家，孩子留在父母处。

女方招婿，女婿在家庭中的地位近同儿子，不受歧视，有财产继承权。

子女分家，另立门户，按人头分配财产，父母双亲各2份，子女各1份。

继承财产，不重血统，无子，女儿可继承，无子无女户其财产由亲属交由寺院。”

青海湖环海八大部落中的千卜录部落，还具体规定了女方彩礼的多寡及招女婿的婚礼规格：

“送财礼贫富不同，富户一般送羊300只，马20匹，牛10头，银元1000块；贫户只送一头牛或4～5只绵羊和女方的穿戴（衣物、银发饰、颈珠）。

部落头人嫁娶，全部落属民都要贺喜送礼，富的送一个‘仓拉’（羊后腰以下的肉），送不起仓拉也得送‘土吾’（藏式糕点），最穷也要送条哈达。

招女婿不送财礼，女婿的衣物全部由女方负责。招婿那天，女方家要举行盛大宴席，举行结婚仪式，请人‘祝福’唱赞歌颂曲。婚礼毕，男方送亲人走时，女方家长要给女婿的父亲敬酒，并赠送马一匹或犏牛一头。”

对私生子、养子的观念也是生命平等，没有高低贵贱尊卑之偏见。

私生子在藏区并不算个别现象，但不管是已婚妇生的，还是未婚女生的，社会都不歧视不排斥，舆论也不非议，认为生命平等，每个私生子都有生存生活的正当权利，如果有差错，那也是其父母的过错，与小生命没有关系。独身女有生育权，谁也不能干涉，这是全社会的共识。

这也是藏传佛教对生命根本态度影响下整个社会道德的反映。事实上，由于出家为僧的男人偏多，男女性别失衡，私生子必然成为普遍现象。社会不用贞节观、处女观等禁欲思想束缚女性，允许性自由又是私生子有了土壤与空间。

私生子的社会地位与一般孩子一样，既可继承家庭财产，也可当家长，还可选为部落头人。

在藏族社会中，收养养子的现象也比较普遍。养子有一生下就送了的；有说好要的，即按君子协定履行诺言的，还有上了年纪仍未生育，从亲属中过继延续香火的。也有绝嗣户从部落多子妇女家庭中过继儿女的。不管是何种情况，养子养女都不是遗弃儿，而是光明正大给予或收养的。收养和生育的，双方家长都相识，并见面商议有关事项甚至举行仪式后向社会明了这层关系。通常收养方还会给养儿养女的父母一定的馈赠钱物，以谢养儿生育之恩。过继后，不需要改换名字、也可和亲生父母来往，但他的氏族之名却得成为收养一方。

养儿养女在养父母的家庭中，享有和亲生儿女一样的权利，既使养父母后来生下不少子女，养儿养女的家庭地位依然不变，都有财产继承权。藏族社会摒弃血统继产的做法，但养父母老了以后，养儿养女负有瞻养老人的义务，不能“吃里扒外”，更不能返回亲生父母处，否则将被耻笑，社会不承认其后来的位置，还将谴责其忘恩负义的行为。

不正当的男女关系，习惯法也是反对的，但由于两性关系比较自由，在这一方面习惯法就成为官样文章，仅做做样子而已，不会去追究查办的。非婚生子男归男方女归女方抚养（事实上都是女方抚养），男方必须明里暗里给一定的抚养费用，还将承认其父亲之身份。只在发生三角纠纷斗殴的情况下，要受罚款和皮鞭的惩处。强奸或破坏别人夫妻关系，被控属实的要重罚，罚金视被告人财产而定。

家庭分工明确

牧业社会中的私有制，体现在牲畜和生产工具上，家庭是标志。作为社会组织的生产单元，家庭成员中男女主要成员分工明确，而且约定俗成，被社会认可并做为一种家庭地位的衡量标准去对待。

在外放牧、轮牧牲畜、让牛羊上膘或保膘，是男人的活计。除非家中没有成年男人，不然女人出外干放牧活计，其男性成员会被全社会耻笑。男人的活计还有剪羊毛拔牛绒、宰杀食畜、煮肉灌各种香肠；搬移帐圈时捆绑驮驮子，扎帐篷；跑运输搞社会交际活动；随部落集体狩猎或个人出猎都是男人的事。有关集体安全、家庭安全、牲畜安全均是男人义不容辞的责任。驰骋沙场、征战攻伐，男人无法推卸，应视为荣誉对待。祭祀礼仪、煨桑插箭等宗教活动也是男人的专利。还有一项与世界大多数民族不相同的是裁剪缝织行当，由男人承担，包括揉皮张，缝织藏靴、帽子、皮袄、单衣衫等。还有生活、生产所需的毛织品、皮制品等等。

女人们更不轻松。

从青草泛绿到草芽变黄的六、七个月期间，牧妇们两头不见太阳，披星戴月、废寝忘食地挤奶，打酥油，做奶酪。为了能让牛羊吃上露水草，早起膘多起膘，牧妇们三更天起铺，挤 20～50 头母牛的奶。当晨曦初露时得把母牛和牛犊解档去吃青。中午赶回母牛，又得挤 2～3 个时辰，又匆匆放开去牧。有的地方，晚上还得挤奶，一日车轮般转个不停。其中的空挡时间，还得熬牛奶打酥油晒奶酪，赶拾牛粪晾牛粪饼，还要烧茶手磨糌粑，真是忙得不亦乐乎。

挤奶也是一门学问。母畜诧生人，不熟悉的人去挤奶，不出奶。动作节奏及幅度不合适，它也拒绝给奶，只有自家的牧妇去挤，它才温顺乐意，出奶量丰盛。所以牧女既使有头疼脑热等中小病，也得强撑精神去挤，不然一耽搁两三日，乳牛的乳头萎缩了，牛奶便干涸，挤不出来牛奶也就没了。

打酥油是妇女们的一项技能性气力性都强的活计，是女人入夏后的主要活路。几乎天天都要打一次酥油。专供打酥油的桶高一米左右，圆盖，盖中心的圆孔内插一根三尺来长的木柄，木柄下端安装一十字木架。将奶汁稍加热后，再加进一碗酸奶，搅匀后倒入酥油桶内，然后双手紧握木柄，慢慢地抽上来，再重重地打下去，使木柄下端的装置物在奶汁中来回撞击抽动，促使油水分离。这样来回捣动三个小时左右后，一桶酥油就算打好了。揭开桶盖，一层黄澄澄的酥油便已经浮在奶水上面。她们捧起酥油，先用手搓，继而往一块儿捏，挤掉水分，将酥油团成球状，放入凉水桶里泡上大半天，然后捞出来，装入羊皮袋或羊兜里储食。

分离出酥油后，乘下的汁水称为达拉水，牧人们不会将其倒掉，而是继续深加工。达拉水倒入锅中熬煮，并用勺子不断舀出锅里的清水，至到锅中剩下豆渣样白色块状物为止。然后摊在布（或氆氇等）上晒干为奶渣，可长期保存食用；另一种是将熬到一定程度的达拉水倒入毛袋中，吊在高处，使酸奶水控尽，然后倒出袋中的湿奶渣晾晒干。

酸奶和鲜奶混合打出的酥油量多，这又是牧妇们在畜产品食物加工中的重要发现，也是生产即“曲拉”（奶酪）能力的展示。她们总结出单用鲜奶出酥油少，故多混合打酥油。一般情况下，七斤鲜奶可出一斤酥油。技术好的妇女一天可以打两大桶酥油，技术差的也能打一大桶。

酿制酸奶是女人的功夫活。在有鲜奶的季节，主妇每天得酿制酸奶一桶或几桶供家人、来客饮食。

酸奶是另一种富有藏家风味的小吃。牧人酿制酸奶时，通常先把鲜奶煮热，晾至微温，加酸奶引子，然后盛到特制的酸奶桶里，盖上桶盖，用皮袍或棉被包严，使奶子保持恒温，放上五、六个小时即可食用。酿制酸奶颇不容易。鲜奶煮热、放酸奶酵子的时机都必须恰到好处。放得过早（奶子较热），酿制的酸奶酸涩难吃；放得过晚（奶子过凉），酿出的酸奶稀汤状很不好吃。酿得好的酸奶洁白如脂，像鲜嫩的豆腐脑儿，吃起来清凉、微酸，且略带酒香。牧人家大都各有专门酿制酸奶的酸奶桶。大的酸奶桶可盛十余斤酸奶。酸奶随吃随做，放的时间越长越酸。一般于头天晚上加工酸奶，第二天即可食用。酸奶不仅消热、解渴、充饥，还有催眠作用。吃多了有微醉之感，轻松爽快之昏昏欲睡，很快催人进入梦乡。酸奶与酥油一样，也是一种医疗食品。酸奶中含有大量维生素，具有活血、舒筋、补肾、消食、健胃等效用。病后体弱及神经衰弱者，常食酸奶对恢复精力与体力机能有很好的效果。

奶茶是牧人饮食中不可缺少的内容之一。奶茶是牧区一日三餐中必备之饮，富多种的养份，甜润绵香的口味，把牧人的身躯滋养，藏区流传有这样一句口头禅："宁可三日无粮，不可一日无茶。"灶中的火整天燃着，奶茶一直熬滚，可随到随喝，随时解渴，但辛苦了主妇，从早到晚都得操心，不时添火加水加奶。除了肉食、奶食、糌粑是藏人，尤其是牧人的主要食品，每天的早点、午饭和晚饭，大都以糌粑为主。有一个顺口溜总结道："早上舔，中午拌，晚上吃顿糊糊面。"

三顿饭基本离不开糌粑，而磨糌粑有独特的技艺，首先须将青稞炒熟。炒青稞得用砂子。先将锅里的砂子烧烫，然后撒入青稞，端起锅迅速上下左右掀动，将青稞与砂子混匀。滚烫的砂子烘得青稞噼哩啪拉爆成青稞花。青稞炒熟后，再端着锅轻轻簸动，砂子因沉重而沉锅底，青稞则浮在面上。牧人斜提着锅轻轻抖出青稞，砂子仍留锅中。这样炒出的青稞又酥又香，磨出的糌粑芬芳扑鼻。牧人们家家都置有小手磨，几天磨一次，以保持糌粑的新鲜。而磨糌粑的任务，落在妇女身上，从筛选、炒、熟、磨制青稞成糌粑的一条龙生产，都由主妇来完成。

日常饮食，招待宾客就餐，更不用说是主妇的事了。

制作燃料，即捡、晒羊粪，牛粪也是妇女的活计。

牧业生活中离不开燃料。牧人搬迁到新牧场，第一件事就是砌灶搭锅生火。游牧生活中燃料更是首要条件。雪域高原的燃料是什么？在哪儿？

在广袤的旷野，在雪域高原的牧场农寨里，到处布有燃料，燃料便是牛粪。在雪域高原，牛粪不被视为污秽之物，也不被人当肥料抛撒在田野里，而是牧人赖以生存的燃料。

作为燃料，牛粪有煤和木柴比不上的许多优点。牛粪易捡，草原上俯拾皆是，半天时间捡上两三麻袋，就够一星期的燃料了；牛粪易燃，一不用抽风灶，二不用鼓风机，随便找一把干草，很快就能点燃起来；牛粪虽不像煤那样具有持久的燃烧力，但火力比煤不相差上下，二十分钟即可烧开一壶水，半个小时足能保证你吃上热饭热菜。对于牧民来说，牛粪是唯一的、必不可少的燃料。“逐水草而居”，一年四季迁徙不定，在茫茫无际的草原上除了草还是草，很难找可供烧水做饭的柴木等燃料。即使有也不可能专用一些牦牛来驮运木柴四季游牧。而牛粪一不用驮运，二不用加工，无论走到哪里，牦牛都可以生产出足够使用的牛粪，用时随手捡来，由于牛粪系草食的随产品，所以较干净、无污秽之气，和上肥浇灌长成的庄稼秸杆一样，与食肉动物的粪便完全是两回事。筛羊粪、捡拾牛粪、晾晒牛粪均是妇女的事。

在生活实践中，牧妇总结有许多烧牛粪的经验。牛粪火易燃易熄。为使其持续不断的燃烧，她们创造了并世代沿用着一种其状如船的“船形灶”。这种“船形灶”，藏语叫“塔夸”。灶呈长方形，高约六十厘米，长约一米。后面有一专供放案板的平台，前面中部有一灶膛，灶膛前后备有一储放牛粪的深仓。牛粪仓与灶膛连接处，有一斜坡状缺口，用时可自动往灶膛里拨牛粪。在“塔夸”的灶眼前面，另有一灰池，专供储放牛粪灰，并可利用其余热烤火取暖。每当迁移到一个新牧地，牧人就地捡些石块，和点泥巴，不到两个小时即把“船形灶”垒砌起来了，走时原地留下(也有把当灶壁的石板拆下驮走)。

为了使牛粪火不致熄灭，保持帐内一定温度，牧人还常趁牛粪火燃烧得正旺时，在上面压一层厚厚的碎牛粪。这样，上面冒烟，下面一层一层地燃烧，不断地散发热量。待碎牛粪燃烧到一定程度时，下面的热量冲破厚压，灶膛里便“呼呼”地冒起火焰。如此反复地封上几次，夜里也就不致挨冻了。若出远行遇上阴雨天气，只能烧湿牛粪时，大都使用火皮袋，藏语叫“库毛”。这种火皮袋，是在一张完整的山羊皮筒上固定一截三十厘米长短的铁(钢)管。用时煽动皮袋，通过钢管把风吹入灶膛内。牧人煽动火皮袋时，盘腿而坐，双臂一张一合，皮袋一鼓一瘪“呼呼”风起。即使再湿的牛粪，也会很快燃烧起来。此外，牧人为了储存牛粪，还常用拍制的湿牛粪饼垒砌“牛粪墙”，有的垒至半人高，有的甚至垒砌近两米。这种“牛粪墙”在冬季牧场最为常见。它既储存了牛粪，同时又是牛羊的圈墙。“牛粪墙”烧不完时，留于原地，待来年重返牧地，或后来人迁徙到这里时，不愁无干牛粪可烧了。

羊粪也是好燃料，尤其在密封好的铁皮炉子中，它的火力强，热能多，燃点低，取暖煮沸功能突出，是牧人离不开的燃料之一。

在船形灶中，它和牛粪混拌使用，同样燃烧功能大。

羊粪得在羊圈内清扫成堆，然后筛出牛粪蛋（破碎的很难燃烧）再摊开晒干才能使用。这也是一件苦活、重活。主妇们忙完挤奶、煮奶、打出牛群、打完酥油，便去清扫已出圈的空羊圈。晚上羊群回圈前，得把晒干的羊粪蛋背到帐角的燃料堆上。还未干的，则堆在羊圈的不易践踏的旮旯里，等第二天天气好了再摊晒。

青藏高原多雨雪，常常是上午晴空万里，下午就暴雨倾盆，风雪更是家常便饭，因此，收拾牛羊粪成为随气候变化而见机应事的活，一日里往往要翻复好几遍，折腾得很厉害。

给牧人自卫、放牧的好伙伴藏獒喂食的活也是妇女的事。春秋挖蕨麻、采“然布”籽磨制成糌粑，补充各种淀粉，维生素食品的活计也由妇女来承担。野生的“蕨麻”和“然布”，是牧人发现并开掘的野生植物。蕨麻即可与大米一起吃，也可单独煮着吃或磨成粉来吃。而“然布”掺合进糌粑中，作为混合糌粑粉拌着吃，是补充性食物。

什么是蕨麻呢？蕨麻是一种“属蔷薇科委陵菜属，学名叫鹅绒委陵菜……，形同纺垂形，块茎肥大，味美甘甜。呈黄褐色，含蛋白质6.19％，脂肪1.1％，维持素87.9－297.2毫克/100克，营养丰富，是一种很好的甜食辅料，素有人生果之称。可食用，入药酿酒，有收敛止血，生津止渴、补血益气之效……”，藏人很早就掌握了其“好处”，知道了其营养价值，蕨麻成为游牧藏人不可缺少的锅中餐，成为岁岁都要积蓄的植物类食品。每年草芽返青和秋冬交季，除了成年男人得放牧，牧妇和小孩举家去有蕨麻的河滩采集开掘。技术好又会找地方（老鼠采掘储备的人参果），一年少说也能采集到百八十斤。家丁兴旺的则更可观，盛蕨麻的毛口袋都有好几条。

“然布”是一种结籽的野草，含有一定的营养成份，一般长在高山斜坡的草场。初秋，牧人们边牧畜，边采然布，妇女们也到草坡上采“然布”籽，妇女们把“然布”籽采晾干，然后磨成粉揉合进糌粑中。它较之蕨麻逊色，但同样能充饥有营养，补充了人体需要的部分维生素。

每年开冻后的春天，结冻前的秋天，妇女们成群结伙地来到河滩平地挖蕨蔴。把挖来的蕨蔴去土洗净晾干，装进皮袋放在阴凉之处，随用随取。

牧业经济是自给自足的经济，基本的生活必需品和生产资料都需要自己生产，如：擀毡、织毛线、织褐衫、捻线等，均分工女人去干。冬春之季，还有夏秋空暇，牧妇们基本忙碌于这些活计。

有些牧活季节性很强，需男女双方通力合作才能完成，它没有明确分工。如冬春的接羔育羔，四季轮牧，储备冬肉，割储秋草等等，举家不分男女老幼齐心协力上阵，尽力做好才行。

接羔育幼是畜群增殖的关键环节。

母畜临产前，在帐房附近放牧，夜间有专人照料，主人每夜得查看三四次。羊临产的先兆是叫唤、时起时卧、不吃草、乱跑，或到小羊身旁边嗅边看。牛在临产前两天滴奶汁、动耳、不吃草。羊、牛难产时，可以人工助产。幼畜生下来后，要引导母畜认羔（犊、驹）、幼畜认母，特别是初次生育的母畜更要注意关照这个问题。母畜生产后，应在帐房附近吃草、休息。刚生小牛犊的母牛，三天内不能挤奶，以保证小牛能吃到足够的奶水。小羊生下后，每天由母羊喂奶两次。

小牛刚生下，牧妇得用毡、毛或是牛粪灰擦干身上的羊水、用毡片包好，或抱进帐篷烤火，防止受冻。母牛第一次生小牛时，小牛嘴上有一层浆膜，接胎者要用手将其除去。

小羊出生后，除擦干羊水外，还要采用以下四种保暖措施：把小羊放进备好的接生袋中；放在铺有毛毡的炕上；在干牛粪堆中掏个洞，把小羊放在洞内；把小羊抱在人的怀里保暖。给幼畜搭的棚圈，底部要垫干羊粪沫，棚不宜过大，以放 8～13 只小羊为好。棚内每过三五天要清扫一次。在小羊刚生下时，牧民还把母羊的黄奶挤出，不让小羊吃，因小羊吃了这种初乳会拉肚子，容易死。

小马驹生下后除了采取类似保暖措施外，还要用一小块酥油涂在马驹的嘴唇边，因为小马驹初生时不会吃奶，涂了酥油就会吃奶了。

幼畜毛干了之后，可以和母畜处在一起，但只能让母畜在帐篷附近吃草。幼畜出生不久,很容易拉肚子。让幼畜和母畜一起跑一跑,活动一下,可以防止拉肚子。若幼畜拉肚子,则用较柔软的东西装温水,给幼畜暖肚子,还可用针刺幼畜的上唇,出点血就不拉肚子了。据说用幼畜未吃东西前排的第一次粪煮汤喂食,对治疗拉肚子很有效。除此之外,还有不少民间验方是治疗幼畜拉肚子的。

这些活很敏感很累人,得时时刻刻盯着,注意势态变化。它没有时间性,也无规律,得身心全力以赴去操持。不分白天黑夜跟群守圈护理。

四季轮牧也很辛苦,得夫妇俩人出动,有机配合,同甘共苦,才有望牲畜不减损,并得到繁衍发展。

青藏高原地理海拔落差悬殊大,有的地方高山与平谷海拔相差达二千米左右。这使高山草场只适宜于夏天放牧。而有的沼泽草甸又只能冬天干旱结冰时游牧,夏天容易陷进泥滩或牲畜患肠胃寄生虫病。海拔、风力、日照、草质,先天地决定了雪域的畜牧业只能是真正的游牧,草场只能是四季轮牧,走圈游牧。游牧待征在雪域高原特别鲜明、突出。

每个部落的草场,大致按季节切分成片,得因势利导有计划地去放牧。草场宽裕的部落,把牧场分为四季牧场;畜多草场紧张的部落,则只分冬、夏草场。大多数地区是冬、夏、秋三季牧场。冬季草场叫冬窝子,夏季草场则是夏窝子。牧人们把游牧生活总结为一条谚语:“夏季放牧上高山,春秋返回山腰间,冬季赶畜去平川。”草场轮牧是完全随着气候走,由冷渐暖,畜群由低处往高处移动。如一句谚语告诉的:“夏天上山,人赶着雪跑,冬天下山,雪赶着人跑。”

牧场搬迁时间十分严格。各地根据当地的气候条件,大都有历史上沿袭下来的固定迁移时间。实行三季轮牧的地区,一般五月下旬至六月初迁入“夏窝子”,八月底至九月初迁入“秋窝子”,十月上旬迁入“冬窝子”。部落时代,各季牧场的迁移时间均由部落开会,最后由部落头人决定。而且,具体日期还要请僧人算卦,择定吉日进行。统一迁移是牧业部落的一项法规,任何人不得违犯。到了现代化的今天,迁场时间由政府统一规定,而且都明确有具体日期,在同一天内统一搬迁。

牧人四季搬迁的时间安排是颇有科学性的。特别是由“夏窝子”迁入“冬窝子”的时间，安排得恰到好处。搬早了势必影响牲畜在“冬窝子”的采草量；迁迟了则易遭风雪所阻，因此迁移要准确及时。民谚说：“春天到了，黑泥水往路上流，牛粪墙自己倒了，出‘冬窝子’的时间到了”。也就是说，每到藏历五月下旬以后，天气转暖，冰雪融化，正是迁入“夏窝子”的时机。若搬得过早，牧畜采不到青草，反而会消耗体力；若搬得过晚，则会贻误牧畜采食青草的时间，影响牲畜恢复膘情。

一年之中，牧人在各季牧场上不停地迁移着。一片草滩放牧完了，再移动到另一片草滩上；一季牧场放牧完了，再移动到另一季牧场，过的是游弋不定的迁徙生活。搬迁中，从“秋窝子”迁往“冬窝子”的行程，大多牧区是距离最远、时间最长的一次“远征”。近的数天，远的需半月以上。作为家庭主要生产者的男女家长，得两个车轮般赶着牧群运转走动。

割储冬草同样是件辛劳的累活，青藏高原漫长的冬春时节，牧草对牲畜来说至关重要。没有了储藏的饲草，一旦大风雪劈天盖地扑向人和牲畜，十几天，一个月，牲畜弹尽粮绝，大雪还是白茫茫遮盖终日的牧场，那人畜只有死路一条。因此，在霜杀牧草黄而第一场大雪还未降临之前，得抓紧割储牧草备冬，不然雪一压下，则压伏牧草割不到，割到也是雪粒冰碴搅和的牧草，牲畜吃了会患病。因此，割储冬草也成了一场与老天爷争分夺秒的战斗，是攻克一座高地。妇女们拼力割草，男人们加油摊晒，捆绑运输，都忙得不亦乐乎。

上述这些分工都是属于物质生产、生活方面的内容，至于精神生活方面的分工，主要集中于宗教信仰上。对家中佛龛的供养，男性负责捏塑酥油花，朵玛（布施供食），与请来的僧侣一起念诵祈祷经，而女性负责给佛像龛中的佛换洗供碗，点燃酥油灯或不时添油，把新鲜食品、鲜花、水果供奉。社会上的宗教祭祀活动一般由男性成年人出头露面，但家中无男人或因故不能到场，成年女性亦可代表家庭出席，不会受到歧视和排斥。在部落社会议事活动中，男女均为一票，机会和权利平等。

第六章　藏人的爱情观

一切上层建筑都源自经济基础。藏人的家园青藏高原，是以游牧经济为主体的社会，作为上层建筑意识形态中的爱情观、家庭观，就必然以游牧经济为主体所孕育、积淀形成一定的价值观和行为准则。

游牧经济给藏人的提示、警示、规范是多方面的，表现在婚姻爱情、家庭结构、生活情趣、价值取向方面，则是：

第一，远离血缘姻亲，以杂交、远交、情爱自由为基本前提。

远交、杂交是远古藏人经验教训的积累，是生存方式的筛选、抉择，后来逐渐变成了整个社会对人种前途方向的追求和风尚。结果，藏民族人种就有了自由选择的空间，摒弃了人种的退化，避免了族群的衰落，有利于氏族、部落、部族的繁衍发达，增强了生存能力和战斗活力。游牧生活提供的这一真谛，把高原藏人的婚姻生活从野蛮阶段飞跃到文明阶段；从兽性的情欲冲动升华到情感世界；从单纯的追求愉悦快感之生理需求，升华到理性选择配偶，达到长期、稳定幸福生活的阶段。

第二，谁也离不开谁，唯有稳健的家庭才有生存发展的前景。在高原严酷的自然环境面前，生存第一。要生存就得依赖畜牧业。以游牧经济为主的雪域经济具有较强程序链条，一环套有一环循序渐进，环环利害相关。任何一个链条的脱落伤害，都将关系到整个牲畜的命运。而牲畜既是牧民的生产资料，又是生活资料，与人类生存发展息息相关，唇齿相依。牲畜成为牧人的命根子，掌握命根子的除了大自然便是家庭主要成员——婚姻双方。游牧经济生产方式的特点，是双方齐心协力通力合作，保持生产链条的平稳均匀有序地运转。这种特殊的生产方式造就了谁也离不开谁的家庭稳定框架，妇女成了牧业经济必不可少的粘合剂。牧业经济对家庭的依赖性，家庭支撑牧业经济的关键性，促使婚姻的结合基本是情感的结合，利益的结合，是自愿自主的。而共同的劳动，相互之关怀则互为作用，又进一步增强了感情，使双方融为一体，家庭结构得到了稳定巩固。

第三，天人合一观念浇铸和谐家庭的意识。

与高原大自然漫长的相处，开导了藏人先祖。只有天人合一，和大自然和谐共处，人类才有希望在这块世界屋脊上生存繁衍共存共荣，而家庭作为独立的最小的社会单元，只有和睦和谐和气，才能在严酷的雪域自然环境下生存发展，这是雪域高原，也是人类在这方自然之下生存的法则。它告诉藏人先民，只有和谐家庭才能抵御这严酷恶劣的自然环境；只有精诚合作才能获取财富维持生命，求得生存条件；只有心心相印，亲近一致，才能克服高寒寂寥，风天雪地，地广人稀带来的特质和精神上的灾难危害。总之，唯有“和”、“合”才是雪域人类的前途、光明、希望。环境使人类增强内聚力、向心力。藏人远祖不能不从根本利害出发，努力筑建温馨、和顺、和谐的家庭暖巢，以利于自己的生存发展，这也成了每个人的价值取向、人生座标。自由和利益是他们的出发基点，也是婚姻观、家庭观的支撑点。

第四，藏传佛教的传入普及、缓冲了人与人的对立，淡化了阶级冲突，把高原藏人的价值取向推入到了趋善祛恶、谋求和谐、和平、宽容、宽大、宽恕的境界，人与人的关系在“亲和”、“和好”、“和睦”的轨迹上前进运转，进而使人的襟怀坦荡、心地善良、眼光远大、严于律已、宽于待人、利他利众，摒弃贪、瞋、欲，成为思想境界较高，文明修养较高，人格较为完善的人。正是这种观念意识的催生，加之上述前三条原因，婚姻自由成为必然趋势，成为组成家庭的主流取向。

受上述四种原因所致藏人的择偶方向较自由，一般不受信仰、肤色、民族、门弟等偏见和狭隘偏激情绪的影响和左右，以情感相投否，双方生活需要否，有无结合后长久相处的可能等等为前提，理智抉择，而不是人为地设置等级、对不同民族间排斥，因信仰差异而禁止婚姻交流、家庭组合等门槛。藏人健康的婚姻理念带来了男女双方健康的心理、健康的体魄、健康的家庭结构。

游牧社会的爱情观首先体现在男女交际的自由。

把性行为界定为“天赋人权”，人类成年后正常的生理行为，因此，性生活受到尊重和宽容。青年男女恋爱时发生性关系也认为是正当权利，或势在必然。其原因在于藏人对性关系看得淡泊，基本上是从生理需要、男女情爱上想得多，把其作为对男人忠贞与否标志高度去看待的较少。尤其在牧区，除非是配偶（大多是丈夫）与插足者发生争执外，社会不予过多指责处罚。妇女对性生活的追求较自由，回旋空间较宽广。其观念得到社会承认，除了藏区男女性别比例因一部分男性入寺为僧禁婚之外，主要是本土苯教和藏传佛教教义都反对性与色欲是原罪的邪说，认定性欲是人生之具有的权利，男女平等。其中有古印度对性、对妇女的科学认识论。这一切构成了藏族的立体、多侧面的婚姻观，成为藏族鲜明个性的婚姻观。

藏族婚姻观的长处，还在于它严格区分性生活与婚姻家庭的界限，视为不同性质的事物看待。家庭视为生活中很重要的稳定因素，而性生活则往往视为私生活范畴，视为生理、情感宣泄的方式。从而减少了摩擦、分离等不稳定因素产生。

由于性关系的宽松，还有经济的贫穷，藏族的婚姻形式和家庭组合出现了多样化。其模式以一夫一妻为基础，兼有极少量的多偶制家庭。但它不完全是私有制下的买卖婚姻，不是性奴隶，而是爱情的畸形果实。东部藏区不少地方，每年藏历正月初三这天，家庭要为成年的姑娘佩带头饰，举行成年礼。藏语把这个仪式称作戴“欧敦”（银盘首饰）。当到场的亲戚女眷们为姑娘更换新袍、系起紧腰彩带后，母亲解开姑娘头上的童式双辫，给她梳理出满头几十条的细辫，并在她的后背披上一条缀有许多银盘的饰带。这种做为饰物的银盘，藏语称作“欧敦”。改变发式，背负“欧敦”，这就是姑娘成年的标志。正月初四、初五这两天、在至爱亲朋的邀请下，姑娘骑马去各家做客，穿戴一新的她光艳照人，像一枝含苞待放的花朵，显示青春的娇美。戴“欧敦”以后，她不仅已被公认脱离了大人的监护，自立成人，是社会的正式成员之一，而且也用这种信号语言向所有的小伙子宣告：她可以谈情说爱了。

爱情浪漫曲

当姑娘有了男友，倘若彼此真正倾心，小伙子也要到姑娘家去拜访，他将受到姑娘家的热情招待。在藏区有一种饶有趣味的习俗：小伙子第一次到女友家的帐房做客，姑娘的母亲要请他啃羊脖子。羊脖子上不仅仅是好吃的嫩肉，更多的是凹凸不平的骨节环环相抱，说白了，难啃的骨头最多，而且一节套着一节，每一节的三面皆有突出的骨头。要把羊脖子上的肉啃净，是一件很不容易的事情。这是姑娘的母亲用羊脖子这种物为信号，考察未来的女婿是否是个会吃肉会剔骨的名符其实的真正牧人。在藏区，尤其是牧区，连羊脖子都啃不干净的小伙，任何人家都不会欢迎。当然，没有哪个小伙子会在羊脖子面前败阵，任何一个小伙子都能显示出他食肉的“造诣”来。他会把那环环相扣的颈椎骨不慌不忙地一一卸开，把每块骨头上的肉用小刀刮得一丝不剩。就像这些骨头上从来没有长过肉一样。

这也是一种赞赏。羊肩胛骨上的肉最细嫩爽滑，藏语称这个部位的肉为“苏花”。“苏花”是肉食中的美味，吃“苏花”肉也有些讲究。“苏花”通常留给那些牙口不好的老年人吃，倘若某个小伙子在他的女朋友家获得赞赏、捞到“苏花”的份儿，他会欣喜若狂。因为，这是姑娘的父母在用无声的语言通知他，他已获得长者的欢心，老俩口已经同意把他们的爱女嫁给他了。

男女相识，除了一个村或者近邻常在生产和生产交际中认识交往、建立起感情之外，地广人稀、居住分散、信息闭塞、交通不便的青藏高原，青年男女相互交流感情的渠道主要是吉庆节日的聚会，歌谣便成了主要的情感双向流动的渠道。

在东部藏区，情歌叫“拉伊”，意即在野外唱的歌，即避开血缘亲属，男女青少年聚会或单独幽会时表达情意的歌。它和“谐”是同义，不过“拉伊”是完整意义的情歌，而“谐”要广泛得多。在西藏，“谐”同样承担着传递爱情信息、寄托情思、了解并产生爱情的重大使命。“谐”几乎是一对一的秘密幽会交流。

藏区的“拉伊”对歌，还有着宣泄情感、艺术娱乐的实用价值。唱“拉伊”并不全是寻找爱人、结成夫妇，而是一种爱的情感的歌咏游戏，是有才华青年男女的表演，是增加生活情趣、调节情感心态的娱乐活动。但绝大多数情况下，它依然是爱情的载体。

情感变化是有过程的，是循序渐进的。当你在空旷草原上听青年牧人唱“谐”情歌；当你在森林草坪上听青年山民猎人（避开血缘关系的同龄人）聚在一起；当你在新结识的朋友家中参加“拉伊”晚会，你观赏、聆听到的肯定是全过程。

拉伊的歌头往往如下面唱的：

1. 百鸟本来巢居各方，今天一道飞落山顶。
一起和鸣高唱三曲，是我们共同的愿望；
朋友本来居住各方，今天一道欢聚村里。
一起嬉戏笑语三句，是我们共同的愿望。

2. 上部卫藏的寺院，有千万经卷藏经库。
请打开你的经库门，诵佛经的僧童来了；
下部大庄里的姑娘，有万首情歌藏心里。
请敞开你的歌库门，唱情歌的小伙来了。

3. 不要说素不相识，蓝天和大地原本不相识。
可雷声一响认识了，可雨点一落交心了。
这样相识是世间的规律。
不要说素不相识，小伙和姑娘原来是生人。
可开口三句后相识了，可情歌三首后交心了。
这样相识是人间的规律。

相互搭上腔后，便开始倾吐爱慕之情。

我是遥远的他乡人

我是遥远的他乡人，到拉萨朝拜佛祖圣殿，
若不是为得到佛的护佑，我哪能许下这神圣宏愿。
我是千里迢迢的异乡人，到这里相会心爱的姑娘，
若不是心里牵挂着你，我哪能到这陌生地方。

只要打动姑娘的心

去赛马会的人们啊，不管有没有马骑，一块走吧，
有马的和对手比个高低，没马的为骑手助威呐喊，
其实欢乐心情都一样；
去小河边的人们啊，不管有无情侣，一块走吧，
有话的说几句实心话，没话的唱一支相见的歌，
其实打动姑娘的心都一样。

我真愿变成银奶钩

清冽香甜的山泉水，是供养我生命的食糖。
我真愿变成一棵小草呀，日夜生活在你的近旁；
心灵手巧的万玛措，是寄托我爱情的姑娘；
我真愿变成一只银奶钩呀，时刻悬挂在你的腰上。

当你从山头走来时

当你从山凹走来时，我弹洒了三桶甘露。
它可曾飘向你一方？我想会洒落在你身上；
当你从山头走来时，我献上了洁白的哈达，
它可曾飘到你一方？我想会落在你手上。
当你从山麓走来时，我倾诉了心中的烦恼，
话儿你可曾听详细？我想会印记在你心上。

在内心表白之后，相互便试探能否有望相交相恋成为情侣的底儿。

年幼情深的朋友

在神圣青海湖里，自由漂游的金眼鱼，
你愿游到湖边来吗？你要是愿游到湖边，
我绕也要绕到湖边来；
像酥油凝成的村庄里，少年情深的朋友，

你愿和我交朋友吗？你要是愿与我交朋友，
我绕也要绕到村边来。

别人的眼波没有你的多情

可爱的布谷鸟哟，要是没有你，
我就辨不清冬夏，并非事上再无报春鸟，
只是它们的歌喉没有你甜润；
可爱的枣溜马哟，要是没有你，
我就难以登越高山，并非事上再无骏马，
只是它们的走手没有你稳健；
心爱的姑娘哟，要是没有你，
我就无法欢度一生，并非事上再无美丽的姑娘，
她们的眼波没有你多情。

我赶羊经过巍峨的山前

我赶羊经过巍峨的山前，凌云的雄鹰在头顶飞旋，
它身上虽无闪光的羽毛，但它那扫云掠雾的翅膀，
却使我由衷地不住赞叹；
我背水来到清凉的河边，纵马的少年走过我面前，
他身上虽无华贵的锦缎，但那威武潇洒的模样，
却早已使我的心房充满倾慕。

虽然一见钟情，情投意合，但若没有山盟海誓来表达忠贞不一的感情，爱情就变得有点苍白。所以，海枯石烂的誓言是必不可少的，它也是“拉伊”的高潮。

我旭日刚刚冒出山尖，乌云就从左边来挡遮，
白云就从右边来拦道，挡者不少可谁也挡不住。
要是冲不开云彩升起来，那我就不是宇宙的太阳，
那太阳就谈不上有什么力量。
我刚从村里出来到村边，父母就从左边来挡道，
童友就从右边来拦路，拦我者不少可谁拦不住。
要是不能跨出家门来，那我就不是情深的朋友，
那就谈不上感情有多深厚。

感情反而更深

姑娘你恰似琉璃灯，少年我好像油灯的灯芯。
狂风刮来想吹灭它，不仅未吹灭，灯光反更明；
姑娘你是舅舅的好甥女，少年我是阿爹的好儿子。
有人想用流言蜚语把我们拆散，不但拆不散，感情反更深。

还不如让流言蜚语传扬

玉色准星的钢枪，背着它是造孽的种子，
不背它却是生命的护卫，与其让生命当活靶，
还不如让它去造孽；
齿洁如玉的姑娘，交上她是流言的种子，
离开她是情份难舍，与其离开心爱的姑娘，
还不如让流言蜚语传扬。

我心里绝不会把你遗忘

天上的太阳像亲爱的父母，为世界发射着慈爱的金光，
虽然乌云遮盖了它的光芒，但我心中绝不会把太阳遗忘；
心爱的姑娘像我跳跃的心脏，你的恩爱给我带来了温暖，
虽然闲话把我俩阻挡，但我心中决不会把你遗忘。

她和我谈得情投意合

恩重的活佛说了，不要背枪，不要射鹿。
活佛的话说得没有错，不过枪还是得背挎，
因为它是我护身的保镖；鹿还是要射的，
因为鹿茸太值钱。要我照活佛的话办实在难。
恩重的父母说了：不要找朋友，不要谈情说爱。
父母的话说得倒是对，不过朋友还是得找，
因为她和我情投意合；情话还是得说，
因为它是我结交的臂膀。要我听父母的话实在难。

相会是短暂的，离别却是长期的；团聚是幸福的，但思念却是痛苦的。他（她）们唱出了如此的揪心思念曲：

1. 蓝天无法架梯子，要是能架起梯子，
   我要爬到梯子顶上，从水晶的望远镜里，

看看我的情人；鹫鹰不懂人的话，要是能懂人的话，
我要在全纸银纸上，用乌金写上字句，
寄给我的情人。

2. 杜鹃啊，我们虽相隔千里，可你不要灰心丧气，
金宝瓶虽出在北京城里，孔雀翎却出在我们藏地，
纵有千山万水的阻隔，仍能在佛殿供桌上相会；
情人啊，我们虽相隔万里，可你不要灰心丧气，
锦缎虽出在北京城里，羔皮却出在我们藏地，
纵有万里迢迢的阻隔，终能在裁缝的手里相会。

3. 我可爱的马儿走不动了，可它仍是我心头的美饰，
自从被丢在遥远的路旁，我的心像碎了一样疼痛，
想念马儿的心情像漫天大雪，覆盖了地上天上；
与心爱的情人成不了亲，可她仍是我生命的宝饰，
自从被仇敌抢去郁闷成疾，我在这世界失去了知音，
柔肠寸断的情思像弥天大雾，弥漫了茫茫群山和苍穹。

4. 说起我布谷心上的忧愁，我不愁二月的冷风吹得猛，
也不愁六月的暴雨下得凶，只恨那寒冷的冬天，
隔断了我和草原的友情；
说起小伙我心上的忧愁，我不愁情敌的刀剑锋利，
也不愁父母的家教严厉，只恨那恶意的闲话，
割断了我和姑娘的真情。

年轻人的爱情是炽烈的，但年青人的心理却是浮躁的，故产生矛盾、误会，相互分手也是普遍的，如这首“拉伊”唱的：

在上面红色的山岩上，我交上了好运气，
打来了一只好花鹿，看来有一架好鹿茸，
忙托人背到市场换氆氇，谁知道是架干鹿角，
早知道干鹿角没鹿茸，悔不该跑这冤枉路。

在下面欢乐的村子上，我碰上了好福气，
爱上了一个多情人，看来她是知心人，
我急忙许下相爱的心愿，谁知道她是薄情人，
早知道她薄情无诚意，我何必独自寻愁烦！

在男女情恋中，通过唱情歌真正结下永恒情义的毕竟是少数，因为它毕竟是表象的，但它又是公开的透明的，是心灵的渠道，是感情的真白，爱情的平台，起到了牵线搭台，自由交流，加深了解的关键作用。当然其中也有着娱乐，宣泄的作用，尤其在青年人的歌会上。实际生活中，择偶有着明确的、坚定的标准，是看一个人的行为和德行，而不是看夸夸其谈，自由表白。歌会结束时，双方都情意绵绵地唱“扎西”(吉祥圆满)曲，祝福彼此健康幸福，友谊久长，来日有缘再团圆欢聚。

卫藏、康区的谐体情感则更是直率热烈、纯朴真挚、简单明了，直面情感世界，切入爱情本质，没有虚饰没有客套，完全是震撼心灵的自由呐喊。在表达形式上也是简短而明确，有比喻有主题，甚至直截了当、一针见血、一目了然、透彻鲜明，是地地道道的爱情妙音。欣赏“谐”体民歌中下面这些有关爱情的歌谣，你会感到饮了一口清凉质朴的山泉般沁人心脾。

日夜爱恋的情人，如能成终身伴侣，
哪怕是海底珍宝，我也要把她捞上岸。

戴着戒指的小手，偷偷藏在袖中，
每回洗手之际，就想起送戒指的人。

黑字写的盟誓，雨水一湿就漫灭了；
没写出的心中情意，谁也擦它不掉。

妈妈说的话，一点也不差；
白天做的靴子，都被我夜里踏破啦。

在蓝蓝的拉萨河畔，传来画眉鸟的叫声；

像谁在吹奏金唢呐，声声牵动我的心。

常想的上师面孔，怎样也闪现不在心头；
未想的心上人之容颜，却时时出现在面前。

姑娘的脸蛋跟什么一样？姑娘的脸蛋跟月儿一样，
明月升起，黑暗全消，世界变得多么美好；
姑娘的辫子跟什么一样？姑娘的辫子跟麦苗一样，
辫子一甩，忧愁全消，世界变得多么美好；
姑娘的肩膀跟什么一样？姑娘的肩膀跟山鹰一样，
山鹰展翅，阴云全消，世界变得多么美好！

下山的流水翻起浪花，是为了看看雄伟的雪山；
小伙子边走边回头张望，是姑娘把他的心儿紧拴。

你住在河对岸的山后面，我住在河这面的山前边；
没人见时你来到山顶上面，没有人见时我来到云朵中间；
当云层和山顶会合时，我俩就安然地相见。

野马跑到山上，可用绳子捉拿；
变了心的情人，神仙也抓不住他。

有了这样的环境氛围，有了这样坦荡、宽松、平等的交流平台，藏人的婚姻就有了较坚实的情感基础，双方有了较全面的了解，结婚后的家庭纽带就结实多了，家庭暴虐、婚姻破裂也就成为极个别的现象。这是在说事物的本质和主流。但从辩证法角度来说，事物总有两重性，表现有多样性，藏族的婚姻观、爱情观并不是单一的，也呈现出两重性、多样性。

从真正意义上说，私有制的出现才使家庭成为一种实体，而私有制又使婚姻、家庭蒙上了铜臭味，有了买卖婚姻现象，家庭不再单纯地是异性情感世界的结合，血缘的传承也有财产在其中开始作祟。但藏族家庭受父权制和私有制浸淫并不严重，婚姻仍较自由，在家庭地位中，男女还是比较平等的，都有发言权、支配权。究其原因，这还是归功于游牧经济中妇女的出色才能和突出作用。

话虽这样说，但在社会生活中，人作为社会的组成细胞，不可能不受阶级地位、财富拥有的影响和左右，因此，它依然呈现出讲究阶级内婚、血缘外婚的倾向，形成自主婚姻为主的多样性婚姻观。

阶级内婚制使藏区婚姻普遍讲究门当户对，出现尽量在本阶层内通婚的风气。但传统文化又使男女交往并不严格限制。血缘关系外的禁条松散和佛教众生平等、人格自由的教义，导致了婚前的性自由以及婚后、婚外性关系的宽松。宽松又使人们对于已有的和自己没有血缘关系的私生子也能同样对待，社会予以认可，私生子不受社会排斥，产生私生子的行为同样不受社会的歧视。

但毋须避讳，在藏区，也存在着腐朽的卖买婚姻的暗流，但它并未成主流。“媒妁之言，父母之命”，并没有多少市场。在藏区社会中，卖买婚姻、爱情不自由是受到舆论的强烈谴责的，道义上处于孤立地位，不少叙事长诗的故事内容就是鞭挞这一丑恶现象的。

爱情悲剧性的叙事长诗，藏语称“茹吞”，也就是心心相印的意思。这类长诗有着厚实广大的群众基础，深受民众欢迎，在青年男女之中口耳传承，广泛流传，经久不衰，如：《益西卓玛》《不幸的察瓦绒》《拉萨怨》等。

《益西卓玛》是一部批判卖买婚姻工作，姑娘益西上吊殉情，恋人顿珠嘉洛从拉萨朝圣归来得知真情也跳崖自杀。益西卓玛化作仙鹤搭救，共同上天成仙，成为幸福的伴侣。

这些流传在民间的叙事长诗，都透溢出了藏人家庭观中的价值取向和审美情趣，展示了婚姻家庭方面的道德座标，说明了藏族家庭观追求的是情感自由，人格独立，富有尊严的相亲相爱、平等互利的家庭关系，而不是物质第一，践踏情感，蔑视人尊严的买卖婚姻。家庭组成的风尚和起点是健康的、情调是高尚的。它为家庭的文明建设打下了良好的基础，它也是历史积淀、传习到今天的家庭婚姻观。

第七章　婚姻形式与各地婚俗

宽松的人文环境，发育出多种的婚姻形式，不管理解与否，他都起着稳定家庭、稳定社会，推动和谐文明的作用，婚姻程度以健康的爱情观为前提，以男女幸福美满为轴心，相恋相亲是婚姻的主题歌，游牧社会的婚姻虽然多姿多样，但都是沿袭着藏人的价值观、审美观轨迹行进。

婚姻形式

藏区本土宗教苯教也好，后来的藏传佛教也好，在婚姻家庭方面，男女性生活方面，都是抱着比较客观、辩证态度去认识、去看待的。孕育了很多健康的婚姻准则。这些准则大致体现在这些方面：

男女交际自由，性生活也不受大的限制；婚姻很少受到经济条件、部落隶属、地域环境的影响，这就为健康的婚姻创造了良性循环的环境。而人格平等、生命平等，又为男婚女嫁和招赘上门扫除了观念方面的障碍。也导致了赘婿及私生子不受社会的歧视，男女社会地位平等，经济权力平等，寡妇老姑娘不受社会舆论非议等健康观念。

藏人的婚姻形式大致有两种：

第一种是自由婚姻。一般劳动人民家庭，都允许青年男女自由恋爱，只要对方老实本分、勤劳节俭、尊敬老人、精明能干，家族没有恶疾(狐臭、颠狂等传染、遗传病)；没有不良传统(偷盗行为、谎言诳骗等)，就有了成婚的基础，就会被社会和双方家长认可。感情成熟后，经过求婚、定婚、付彩礼等程序，便可成婚，举行婚礼。这是主流，代表了绝大多数人的婚姻趋势。

第二种是包办婚姻。这大都是民主改革之前的卫藏存在较多，是官僚、贵族、封建主之间为政治利益而进行的联姻现象。其特点是，以家长包办为主，讲究门当户对，父母之命，媒妁之言等封建礼俗。先由男方家长通过媒人向女方家长提亲，双方同意便定亲商量好彩礼。请活佛和高僧择定盲目婚配。包办婚姻大多盛行于上层家庭和“有脸面”人户中。这些上流阶层均讲究等级、权势、财富、声誉、血统贵贱的对等，婚姻贴上了封建买卖的标签。

婚姻制度中，一夫一妻是婚姻的主体，是基本形式。

一夫一妻现象大致有这样几种情况：

媳妇娶进门。这种形式在一夫一妻中占绝大多数。

上门入赘。这种情况多见于女方家中无子，没有男人当家，通过招赘由招赘夫婿来顶门立户、继承产业。姐妹多的只能一女招赘，或长女或最小者。一般是父母舍不得让离开的姑娘，或是能力有限难于去人家做儿媳妇，难于独立支撑一家门面的姑娘。而入赘的小伙，大多也是家中兄弟较多而经济困难，无法娶妇另立帐户的人家，同时本人才能平平，难于开创业绩另立门户。当然，其中不乏两人热恋，自愿上门入赘的痴情男人。

第三种形式是结婚后男女双方离开各自的家庭，组建起自己的家庭。

多偶制在一些地区，个别人家中也存在，但我们不应理解其为群婚制的残余，而应看作社会、经济、情感等综合因素下的复杂现象，具体事物具体分析。其中很少是性自由的原因，而是为了维护、维持家庭的存在发展，维护子女的成长环境。这在旧西藏的农区和多康地区的游牧腹心，文化不发达地区残存较多。尤其在西藏，由于噶厦政府的税收以户为单位（差巴），即老百姓所说的冒烟烟囱为计算，纳税民众为减少税赋和差役，往往采用一夫多妻，一妻多夫，兄弟共妻，姐妹共夫的办法来应付政府。它的基点不完全是解决性生活问题。多偶制可分为一妻多夫和一夫多妻两种类型。民主改革后，这种多偶制婚姻基本绝迹。

一妻多夫多有如下现象：

主仆共妻。牧主和女牧工结婚，女牧工又与男牧工走到一起，生下小孩，形成事实上的婚姻，得到牧主的认可后，成为主仆共妻家庭。还有，主人已有妻子，但少子嗣，或忙于游牧打猎经常出门不在；或丈夫性功能不强，不能满足妻子的需要，在遇到后来人后，双方结合。后来人又落户在该家参与生产生活，得到主人的认可，成为共妻家庭。还有，家里缺乏劳动力，男主人和妻子事先商议，招人上门共同组成共妻家庭。以上这一切都是从实际出发，从维护家庭凝聚力出发。它有利于发展生产，有利于维护妇女的正当权益，因此，不应该简单否定或非议。

还有一种现象是朋友共妻。因朋友关系非常密切，来往频繁，朋友遂与主妇有了深厚情谊，而主人也采取了宽容、配合态度，遂形成朋友共妻现象，其中不乏是经商者朋友，但仍以原丈夫为户主。

兄弟共妻现象虽然很鲜见，但仍有存在，它大致是这样几类情况：

(1)兄弟各娶一妻，建立了一妻一夫家庭，后来兄弟中一人丧偶，基于经济困难、子女拖累，无法续弦，或兄弟感情难于分割，于是兄弟共妻，女方也同意，形成一妻多夫家庭；

(2)为了家中可怜的财产不致分割，或怕子女多了养不起，所以不去建立一妻一夫家庭，而采取兄弟共妻的形式，生活在同一家庭内。一般是兄长先娶，弟弟长大后共同生活于一个家庭，建立了事实上的一妻多夫、兄弟共妻关系，也得到社会的默认。认为兄弟生活一起，没有妯娌纠纷，一家和睦，财产得到最大利用和节约。但这种现象通常不举行正规婚礼，弟弟在外也可以有情人，以弥补性生活和情感的不足；

(3)躲避旧制度下地方政府的差役赋税，保护不多的家资。藏区旧政府的传统法规是以冒烟的烟囱为一纳税支差单位，若兄弟不分家，则视为一户，故以兄弟共妻的婚姻形式来躲避沉重的税赋和无穷无尽乌拉差役的也不少。

这类婚姻都是由长子出面娶妻，然后让弟弟加入。老妇少夫的现象较突出。生下的孩子管主娶者叫爸爸，其他的称叔叔。

在过去传统社会，不少群众认为这是一妻多夫中较好的婚姻形式，可以保证家庭的延续发展。人们把媳妇比喻为石磨的磨心，有了她，石磨才能顺利推动，赞美道：

熊熊燃烧的
幸福的草坯火三兄弟
使炊烟像五色的彩虹
袅袅升上了房椽。
（注：架草坯烧火时要三块搭在一起。）

兄弟分家被认为是败家，人们编词惋惜道：

额头呈现白色（意为倒霉了）
大户分成两小户
即使家有一大袋糌粑
却连一小袋（吃一餐的量）也分不到
好似将酸奶水做了奶渣（吃光算数）
就在这一代里败干净。

藏族社会里也有为利益驱动，自己坚持从大户中分出来，和心上人自立门户，却要求他的儿子们合娶一个妻子，不愿意让他们分家。这是一妻多夫形态产生的特殊现象，但由于社会理解，存有宽容一妻多夫的具体环境，也客观上使这种婚姻形式有了存在的土壤。

一妻多夫家庭中，财政经济大权一般掌在妻子手中。平常一个丈夫在家，其余的外出做生意或去远方游牧、支差。如果丈夫们都在，也会共同协商制定陪伴妻子的专人和时间表，不值班的则会自动离去寻找情人过夜。

一妻多夫现象在很多民族中都存在，它是历史的产物，但在有的民族中它是隐性的，不公开不张扬，升华为一种贞节来对待。谁有婚外情，则作为违背道德、伦理的丑恶行为或隐瞒，或采取极端残忍的形式处理。而藏族对此却是公开的。虽然它畸型不雅观，但符合“人性”，尊重人的“性生活”，尊重异性双向选择，视为正当权益、正当行为，无可非议，全社会都承认。这是婚姻问题上藏人独特的价值取向。

一夫多妻家庭分为非亲属女人共夫和亲属共夫两类。

各家的具体情况不一，但非亲属女人共夫往往产生于经济条件较殷实的人家，或有权势、社会地位较高者。它带有买卖性质，是性专制行径，是剥削阶级夫权思想的集中表现。他先娶一妻，又继续娶第二妻，甚至第三、四妻。有的共同生活于一个家庭，有的分散于各地，但有婚姻缔约，女方不能再嫁。这一类除了占有妇女，养活她们，还认为妻子多了，干活的人手多了，繁衍的子孙便多了。实质上是一种婚姻买卖的变相体现。社会虽然不干涉，但舆论谴责还是有的。当然，也有妻子不生育，或有病不能劳动，不能过家庭性生活，便再娶一妻，不致绝后。这一类，社会则是同情的。

亲属女人共夫家庭一般姐妹共夫为主，其他则是极个别、极偶然、极特殊现象。

姐妹共夫通常是姐姐招赘后，姐夫与成年后的妹妹在交往中发生感情，造成共夫事实。也有姐出嫁后，因各种原因妹妹长大后来到姐姐家一起生活，形成共夫现象。姐妹共夫家庭，一般都是先娶者操持家务，掌管财务，后来者从事农牧粗活，只管生产和内外琐细活计。但由于一般男人多喜爱年轻的妹妹，所以姐妹的家庭地位没有定数，视情况而定。通常两个妻子各居一室，丈夫轮流与其居住。姐妹共夫家庭所生的孩子，依照母亲亲属关系称谓，对非生母称姨母。姐妹共夫家庭在藏区并不看作耻辱，社会认可。

一夫多妻现象还有着更深层的社会原因。即藏传佛教的广泛信奉，格鲁派的戒欲禁婚准则，使大量男性入寺当了僧侣，无法承担组建家庭、生儿育女的社会责任，这就使社会男女比例失调，婚龄女性剩余，一部分女性性生活无法得到满足，找不到合适的男性伴侣，从而导致了一夫多妻婚姻畸型现象的出现，一直延续难以消弥。它也是社会规则的必然，是特殊社会结构下出现的特殊婚姻形式。社会也只能网开一面，道德地允许并承认多种婚姻形式的存在。

这一隐性因素往往被人忽视，而恰恰是这一原因导致了藏区畸形婚姻的大量存在，在夫妇生活中，“供不应求”是产生多种婚姻形式的土壤和温床之一。

综观全局，一夫一妻仍然是藏区的主要婚姻形式。

还有一个是人们往往忽视的原因，那就是雪域高原，地广人稀，游牧生活又往往居住分散，社会交际很不方便，使年青人相互接触的机会很少，而藏人在伦理方面禁忌很严苛，只能就近解决性生活和婚姻问题。

把婚姻与性生活辩证地统一起来，在认识论领域内两者既有联系又有区别：家庭侧重于和谐凝聚，共存共荣，以情感为纽带，以共同利益为根本基础，以自由自愿为前提，以繁荣发展为奋斗方向；而性生活则为青年男女相互倾慕亲近为基础，以生理需要性欲冲动为前提，以达到身心愉悦、快感为目的，以相互了解、情感交流为纽带。它不强求组成家庭，情感交流为主要目的。由于这种辩证、客观的认识论，在藏人的爱情观、婚姻观中就很坚决很彻底地抛弃了贞节观，贞节没有存在的空间，更没有“三从四德”、“从一而终”、“守节”等等意识。我们可以说，藏族家庭观的基本要素是“自由”。

根据中国国内普遍使用的家庭分类标准，家庭一般有五种类型：

1. 单身家庭（单独一人的家庭）。
2. 核心家庭（由一对夫妻及其未婚子女组成）。
3. 主干家庭（有两代人以上，每代只有一对夫妻）。
4. 联合家庭（至少同一代中有两对夫妻）。
5. 其他家庭（以上四种类型以外的家庭）。

西藏那曲地区社会历史调查组撰写的《藏北牧民》一书中，刊载了他们对藏北安多县多玛区布曲乡家庭结构的调查情况。其中：核心家庭占 44.2％，主干家庭为 27％，其他家庭为 18.2％，三者共为89.4％，第一类和第四类仅占 10.9％，尤其第四类的联合家庭只占 1％，而且是个例外情况。

不管是牧区和农区，在藏区最理想和最普遍的家庭结构是三代同堂，其构成是一对老年夫妇，一对中年夫妇，几个小孩。

西藏历史调查组 1958 年在日喀则地区拉孜县柳溪卡调查的情况，也反映了藏区的家庭结构：柳溪卡的居民中一夫一妻婚姻形式占了 61％，兄弟共妻占了 25％，姐妹共夫只占 1.6％。

一夫一妻的家庭在差巴(中户)中占49%,在堆穷中占到了89.3%(差巴为拥有官府的土地文书,可以继承祖业土地的世袭农奴。堆穷则是溪卡的佣人,担负各种劳役——编者注)。这一切说明,普通人家中一夫一妻为绝大多数。

藏人家庭儿女成年后,不分长幼,不分男女,大多只留一个在家,其余的或出嫁、或出赘或去寺院当僧人。为什么会采取这种极端形式呢?共同的认识为:儿女结婚后应该单独立家另居,兄弟、妯娌等在一起生活,容易引起摩擦吵架、产生不团结,结果伤了感情,都活得不自在,心情不愉快。与其如此,迟分不如早分,因此从家庭结构为契机提供并实施分居制。

西藏山南是农业区,平均家庭人口均在四至五人之间。经济生活在中等以上的家庭、平均每户在六人以上,而贫穷家庭,平均在四人左右。小手工业者、小商人的家庭,平均四五人。农区讲究几世同堂,双老健在,但社会不提倡妯娌共居一家,以免伤了和气影响整体团结。这里依然是一对年轻夫妇留家,其余分家居住,单门生产。

一夫一妻制三种形式中,不管男性娶妻,女子招赘,还是单独另立新居,都是根据各自家庭实际而相机结构,一切都是为了保持稳定的生活秩序,为了老有所养,为了血缘内部和睦亲近,为了防患于未然。儿女多的家庭,一般不分男女只留一人在家。不管留谁,留在家的儿女,往往是父母觉得孝顺、听话,又比较能干的。但也有因生理缺陷嫁不出去,或单门独户有能力困难的,父母不放心让其出走,得靠父母跟在身边帮助指导。究竟女儿出嫁,还是儿子娶妻,并无一定定规,全凭个人意愿和家庭客观情况,一切按实际行事。独生子女一般都要留在家中,以照顾老人安度晚年,也为了不让烟囱绝火(断了根嗣),是独女则招婿,是独子便娶妻。无论是赘婿还是儿媳妇,父母亲都要待如自己的儿女,他(她)对家庭事物有发言权。拥有家庭财产的一份子,不得歧视排斥。老人去世后赘婿可以充任家长,顶门立户。单另立户的,有的是一结婚就由父母操办让另扎帐篷或修起房院,有的则是先入赘,慢慢再分开居住。

在家庭中,最尊者是老人,但传统上老人不理钱财不务家政不掌实权。活到六十岁，老人要把家权交给儿子或女婿或女儿，总之是下一代年青人。这是久远的统一习俗，不需要举行仪式，也勿需公示，顺理成章，按程序口头交待就行了。

各地婚俗

多味婚礼是民俗文化的精萃，折射了雪域藏族从远古走来的历程，家庭价值观的演绎衍变，地理环境、经济生产搭建了婚礼的舞台，审美情趣、理想追求浓涂重彩地予婚礼鲜明地域气息、民族色彩、时代特征，多味婚礼展示的不仅仅是民俗，更多的是雪域藏民族斑烂绚烂、深遽厚实的文化万花筒。

婚俗体现和积淀了家庭观的精萃。在众多民俗中，婚礼是最具特色、最有气息的民俗景观，它不仅折射出一个民族、一个地域、一个集团的价值取向、审美情趣、艺术才华、集体精神；还洋溢出民俗的集体性、传承性、扩布性、稳定性，以及它与时俱进的变异性。同时它还反映出一个民族、一个地域文化积淀的厚重与否。在家庭观上，它是一面镜子。婚礼反映了家庭每个成员的地位，他们从事的经济方式、生活模式、家族结构、对生活的态度、审美情趣、家庭的社会影响等等。

作为一个古老的民族，藏民族的文化积淀是厚实的、博大的、深邃的；它的文化是广远、大覆盖、大辐射的；作为藏传佛教弥漫的世界第三极，它的婚俗是开放的、自由的、吸纳了多种文化的，是乐天的、利他利己的；作为怀抱雪山旷野，莽林深谷，有着牧业、农业、半农半牧、林业、狩猎等多种不同地域、不同生活方式的藏区，它的婚俗又是多姿多样、绚丽烂漫的。

为了全方位地欣赏藏族文化中这一朵瑰美绮丽的花卉，领略各地的婚俗景观风情，除了上一章有简要的采撷，作者在这一章里选择了不同地域的婚俗，用较为详细的篇幅予以介绍，以飨读者。

藏人的婚姻既然以自由恋爱为主，那么，它的程序也就是相恋、提亲、定婚、成婚。由于地域辽阔，思想控制比较松散，所以相恋提亲等程序也各地有各地的习俗，没有一定的成规。

在藏族的观念中，男女异性青年相互追求、相互结合被看作是天经地义、理所当然的正常行为；看作必然的事物，是天赋人权，值得鼓励、值得称赞的好事。谁家娶妻或赘婿，都必须主动上门提亲。

男女成年后可自由谈情说爱，不会遭到父母的反对和社会舆论的非议。

除了劳动生活中相互了解，在娱乐场所，尤其通过情歌对唱来交流情感，在藏区较为流行。当然真正意义上的婚姻，通过情歌来结成美妙姻缘的并不多，大多仅仅以情歌来搭桥修路，相互进一步深入了解，最终予以双向选择。

在大多地区，男方看准女方，便会告诉父母谁为意中人。父母便会去了解女方底细。底细是有准则的，首先不是看男方家社会地位的贵贱，经济生活的穷富，而是从优生学的角度看其家族有无致命性的遗传病、传染病，特别是麻风病、颠痫病、狐臭等危害公众的病。二是道德底线，品行端正否，待人厚道不，言行一致不等等，其次是劳动态度，勤俭持家等等。骨头要干净(指无遗传性传染病)、门风要好。若大致可以，而儿子执意要娶那家姑娘，则请活佛、高僧算卦。若卦意不反对，便会请媒人去说媒提亲。媒人带上哈达、茶叶、酒等前去说亲。好多地方酒瓶口要用红枣封住，以图吉利；瓶颈要缠哈达，表示心意纯挚。如果女方家长同意这门亲事，则会启开红枣，与媒人同饮送来的青稞酒。反之，则拒不接受礼品，悉数退回。在这一点上，各地也很不一致，在后面的篇幅中我们还将翔实展示。

提亲同意后，媒人按商订的时间，带来商议具体婚事的酒肉等佳肴，以及要送给女方的衣物首饰，与女方家父母及主要亲戚共议娶亲婚事。

聘礼的多寡，视家境面议，一般不过于苛求。虽然商定时娘家会狮子大张口，但经过媒人讲实情，论道理，讲小俩口未来的生活，反复讨价还价，最终会达成协议，皆大欢喜。但传统习俗是，姑娘必要的首饰和衣物是必送无疑的。给女方父亲送乘马一匹，给女方母亲送奶牛一头，也是定规，象征丈人丈母娘辛勤养育姑娘的报酬。彩礼太少，女方家也不会答应的，觉得掉价丢面子，姑娘太不值钱，在村落里抬不起头来。所以，彩礼在某个地域某个阶层中，都有习惯的筹码，双方都不能脱离社会这一等码。

婚礼的前一天，媒人陪同新郎，骑马前往娶亲。是夜，女方家会设婚宴，请来男女歌手、亲朋好友，通宵达旦唱歌跳舞狂欢。婚日清晨，女家派人送亲，男方派出迎亲的人带酒在途中接迎，向亲家敬酒献歌赞美，如此二三批，行同样礼仪。临到男家，新娘下马，由迎亲的姑娘们簇拥，搀扶着缓步进门，新人双双向佛像和父母叩拜。然后，新娘手捧一碗用哈达裹缠、碗沿缀有三点新酥油的奶茶，向公婆敬茶敬酒，礼毕，便举行正式婚礼。主宾吃着佳肴，对着酒曲，相互敬酒，互致婚礼祝词；男家给新郎系腰带（一种象征男人立户、有主心骨的仪式）等等程序。

青海湖周边的婚俗

青海省兴海县牧区民主改革前的婚俗，显示出青海湖环海南州地区的婚俗，颇有代表性。

女子通常十五、六岁结婚，还有十三、四岁就结婚的。男子结婚的年龄，一般在二十岁左右。订婚、结婚，先要请活佛算卦，断定双方生辰相合时，男方请媒人带马一匹，缎子七、八方，酒十斤和现金一百元，作为礼品，到女方家去求亲。女方家长征求亲戚意见和请示部落头人批准后，即议订“彩礼”。一般女方要的东西有：背饰银盾二十四个，银盒一个，“罗赛”（腰上银带环）一个，耳环一对；罩袍一件，羔皮袄一件，氆氇褐衫一件，狐皮帽一顶，靴子一双，马具（鞍、钗等）一套。男方将这些“彩礼”送齐了，再去算卦择吉日举行结婚典礼。

结婚时，女方要有四、五十人送亲，都要骑上马。男方派人带上酒肉，到三里以外的地方迎亲。新娘接到帐房门口时，男方要向女方献“哈达”，请新娘下马。举行结婚仪式时，请来的宁玛派高僧念经“祝福”，头人坐上席主持婚礼，请子女多的富裕户主妇敬茶、祝“贺词”。婚礼一毕，送亲的人要走时，男方家长要向他们吃咒盟誓，细说家底，说明自己家里有多少牲畜，然后送亲人就到畜圈挑选牲畜。一般女方父亲要一匹马，小舅子要一匹马，头人要一匹马。此外，还要十五头牛，三十到四十只羊。逢到穷人家的可以少要，逢到富人家可以多要。最穷的人娶妻，也要给女方三头牛。送亲人走时，新娘也要随着回去，以后由女方家长请新郎来领。新郎来领新娘时需要有二十多人相陪。女方家里要给新郎置备、馈赠缎衣一件，腰带一条，狐皮帽一顶，靴子一双，有的还给马一匹。新娘第二次去夫家时，娘家给她送一些牲畜，牲畜量一般相当于取自男方牲畜量的三分之一。

婚礼当天不落夫家，带有母权制的残余影响，是母系社会对父系社会的抵制和保留，这说明藏族婚俗中还保存有母系社会婚姻关系、婚姻形式的遗风。

头人及其家庭成员嫁、娶，全部落的牧民都要送一只囫囵羊（剥了皮，尾端留毛）。送不起的也要给一个“仓拉”（羊后腰以下的肉）。“仓拉”也送不起的，就要送藏点（用好面、酥油、糖等做成，重十二斤），最穷的人也要送一条哈达。

玉树地区的婚俗

青海玉树（康区上部）的婚俗，则是贫苦农牧民家庭的青年男女婚前社交比较自由，一般不存在父母包办和买卖婚姻。即使是双方父母撮合，事前也要征得男女双方的同意，并不强迫成婚。每年的藏历新年、赛马会、寺庙法会等喜庆佳节，便是男女青年聚会相恋、谈情说爱的好机会。表达爱情的方式往往是对唱“拉伊”（山歌）。“拉伊”以比兴手法，或运用比喻，或用对偶，或用唱腔等形式表达男女之情爱。如：(1)我这棵檀香之树/三伏烈日晒不枯/三九严寒难冻死/若无锋利的板斧/仍是千年树一株；我这小时的伴侣/流言蜚语吹不散/父母虽挡也枉然/若无阴间阎罗王/白首偕老永相伴。有的“拉伊”第一段的比喻和第二段的本意对偶。如：(1)可爱的布谷鸟啊/愿你在林中长寿/锦鸡树上吉祥/如果你吉祥长寿/祝咱俩永栖树头。(2)年轻可爱的姑娘/愿你在家中长寿/父母膝下吉祥/如果你吉祥长寿/祝咱俩共枕同床。拉伊的类别主要有选择情侣类、情意不合类、情投意合类、情侣相思类、情侣初会类、争夺情侣类、催情问意类、情侣相崩类、拒不相识类、放弃情侣类、敬请回避类、离别情人类、尽欢辞别类等。

“拉伊”仅仅是搭桥相识，是爱情、婚姻的第一步。

婚姻是人生大事，第一步自然是卜卦。主要卜卦男女双方生辰是否相合，卜择结婚的良辰吉日，卜算迎亲的美好时辰等。

卜定结婚之日后，结婚那天，新娘穿戴一新，由其舅舅和兄弟并约定一至几个品行兼优、能说会唱善辩的婚使（藏语叫“业执”）以及伴娘陪送。行途中如果遇见背水、背牛粪的人，则认为吉利，主人会很高兴地送点东西，甚至献哈达致谢。如果遇见背空桶的人则认为不吉利。在离家门不太远的地方送亲人与迎亲人相会后，举行敬酒仪式，藏语叫“穹却”，娘家人在此送婚礼陪嫁。新娘一般必须在日出前赶到婆家，象征未来生活会朝阳般蓬勃向上。婆家大门上插有柏枝，地上铺白毡，中间有用青稞籽或糌粑绘撒表示吉祥的“卍”“雍仲”图案（雍仲为万福之意，在佛教中表示永恒、坚固、吉利）。新娘下马时脚必须踩在“雍仲”上。进门时，要和婆婆一起提回早已在门口准备好的盛满鲜乳的奶桶，或者提一满口袋牛粪。送亲者进入院中后，新郎新娘捧吉祥物，绕煨桑台顺转三圈，众人高呼“拉甲啰”欢呼神胜利，并有专人点桑。刚到家，先吃面食或蕨麻，藏语叫“咖卓”，之后进入正式婚宴。还要展示嫁妆，进行婚说，但这已是第二天的事了。

玉树地区的嫁妆视家境而定，达官贵人和大户人家十分讲究，以骏马、织绵缎、上等冰糖、肥羊肉等为标准的“九九婚礼”，谓“阁层”，意为“九层选摞”。他们往往陪送昂贵的服装首饰、大量的土地牛羊。而贫苦人家能缝制一二件新衣服做陪嫁就不错了。

果洛地区的婚俗

以游牧为主体的藏民族，它的古老传统婚俗，在黄河源头的青海省果洛牧区和西藏藏北的那曲牧区那儿积淀得最雄厚，保留的也比较鲜明丰富。果洛藏区的婚姻概貌大致如下：

（一）相恋

青年男女之间表达爱情的方式很多。一般是男子主动追求，在放牧时唱“拉伊”（情歌）向女子表达爱慕之情。情歌有问有答，歌声娓娓动听，情意缠绵。然后两人接近，吐露衷肠，进一步增进感情。

不善唱山歌的男女，则用其他的方式来巧妙沟通情感。如男方对女方有意，便投一块牛粪于女子怀中。当地藏语牛粪发音，与藏语

“来”音相近，即暗示要求与女方约会。女方如果无反应，则表示不同意；若以纸团或者木棍回投于男方，即表示同意与他约会，因“纸”和“请”在藏语中发音很相近。还有一些地方，男青年以一种粗犷的方式向意中的姑娘表示爱情：抢姑娘的帽子。如姑娘本人或托人讨还帽子，则是不愿相好的表示；如果默不作声，则表示愿意与之相好。

男女青年婚前的性自由是不受非议的，如果婚后出现与第三者插足类似的情况，一般会受到众人非议、被人瞧不起。

对于青年人来说，择偶条件大同小异。一般是：男的要身体强健，英俊勇敢，在牧业劳动上会计划，善经营；女的则要人长得漂亮，善理家务，脾气温柔。此外，男女双方都极重对方的人品，人品不好，也会被对方看不起。

结婚找对象，都有一个严格的限制，不可逾越的分界线，即同骨系禁婚。

父母包办的婚姻，极重门第，讲求对方姓氏之贵贱、财产的多寡，要门当户对。民主改革之前，分属两个部落的男女如要通婚，除两家的父母外，还要求得双方部落头人的许可。一般只允许在友好部落之中通婚。而长期闹纠纷，有世仇的两个部落是决不允许民间通婚的。这也是部落封建社会给婚姻设下的樊篱，是人身依附的一种表现。

（二）订婚

提亲时，男方先请人向女方父母索要女孩的“生辰八字”。然后请人占卜推算，认为男女八字相合，得了吉兆，婚姻便可以成立，于是请人带上礼物前去提亲。礼物一般是哈达、狐皮、锦缎、氆氇等，也有送马匹、犏牛、钱物的。家境不好的，最低限度也要送上哈达和狐皮。

女方家收纳了礼物，亲事就算成为定局，男女双方都不可变卦。退婚被视为反常，如男女一方坚决不娶或不嫁，可以退婚，但必须给另一方以经济赔偿。

定亲之后，男女双方家庭要商定彩礼，“玛索尔”及陪嫁的数额。

“玛索尔”即母乳钱，即母亲哺乳女儿长大的抚育报酬，由求亲者送付。富裕人家会送骒马一匹，稍差的送犏牛一头，最差的也讲究送一头牦母牛。

彩礼，分开始、正式、结尾三个阶段，由求亲者送发。富裕人家以金银、锦缎、氆氇为主，有的人家还送数目不等的马匹及牛羊。

嫁妆，是出嫁女子或出赘男子家庭陪送的财物，其数量和品种要与彩礼相适应，也分开始、正式、结尾三个阶段陪送。陪送的东西有金银、绵缎、氆氇以及马匹等。家境不好的，可免送彩礼，但必须送“玛索尔”及陪嫁的东西。

过去，青海牧区大部落头人家子女婚嫁，一般是与同等部落的头人联姻。不论女子出嫁、或男子出赘，除将各自的一份财产带走外，还要带去一部分牧户作为“随嫁”。如昂欠本头人多杰南结的女儿华毛出嫁，不但带走了属于她的一份财产，还带走了数户牧民。四川色达瓦虚部落的曲姜宫入赘到昂欠多巴为婿时，带来了相当一部分牧民，后来成为红科部落所属的一个小部落。

（三）婚礼

定亲后，一般过几个月，就请活佛择吉日举行婚礼。青年男女结婚，一般是同龄人，但男大于女或女大于男也都无妨，社会和男女双方都持无所谓态度，关键是要“八字”相合。

娶亲时，结婚男女双方都要请活佛高僧举行招福、祈祷等仪式。男方还要备置福禄彩箭。

娶亲的人员可以较女方送亲人员少一些。送亲人数可以是3、5、7、9以至数十人不等，但须是单数。男方家要给送亲的人以备礼品，除哈达外，有锦缎、氆氇等，还要给亲家送相应的礼物。

新娘出嫁临行前，要举行梳发筵席。发辫梳好后，以多种饰物装饰。琥珀垫是新娘发饰中的重要装饰品，其上有数颗珊瑚压顶的大琥珀，缎垫上下有各种珍宝串成的珠网。新娘颈上有玛瑙、珊瑚、璁玉等制成的长短不等的串珠项链，耳上带镶有珠宝的金银耳环，手上有象牙手镯和嵌有宝石的金银戒指。

新娘上路后，往往有抢新娘帽子、薰鼻子、给鼻子上抹酸奶等闹婚的习俗。新娘在路上被迎亲人抢走的帽子，送亲者要想方设法找寻回来，否则要受人讥笑。

新娘到新郎家门，一定要从铺好的毛毡上走，新郎家会给“压门”

钱。富裕人家，要给予以新娘“命名”的马匹。在新娘经过的地方，要烧牛粪火，路旁右边要燃起柏枝的“桑烟”。

结婚典礼上，新娘和新郎都有伴娘和伴郎，他（她）们也穿着漂亮的服装，戴着各种装饰品。婚宴可根据各家的财力举行，规模有大有小。赴宴时，男方的席位在右，上席为活佛、高僧及来宾，以下按尊卑长幼排列；女方的席位在左，也依次按尊卑长幼排列。无论有无坐毡，男性是盘腿半跌坐，女性是跪姿。

宴会开始时，男女双方邀请客人高诵婚宴祝辞，唱酒曲或作游戏，一片欢歌笑语，人人喜气洋洋。宴席上有肉食、糕点等十余种吃食。

男女双方如得不到双方父母同意，可能会乘黑夜抢夺成婚，不举行宴席，但这种情况为数极少。

藏北牧区婚俗

藏北牧区，它的婚姻结构和程序与果洛又差异较大，有着自己独特地域、生产生活、心理素质酿造的特色。

藏北牧区青年男女婚前恋爱交友的方式多种多样，“打狗”恋是其中的一种，当地牧民称为“乞董”。按当地传统习惯，成年后就开始“打狗”活动。“打狗”的含义在于姑娘家的牧犬晚上是放开锁链，自由游弋于畜圈周围守圈防盗贼，来约会的小伙首先会遭到牧羊犬的阻拦撕咬，只有用打狗棒打退牧犬的进攻防卫，进入姑娘的寝室，约会才能成功。故草原上的人把男女情人相会戏称为“打狗”。“打狗”的方式有两种：一种是男女在放牧时或其它场合事先约定，晚上男子骑马到女子家去，女子事先作好准备，有时就睡在帐篷外面守羊群，等待男子的到来；另一种是姑娘（特别是接羔育幼期间）睡在帐篷外守护牛羊，小伙子未经事先约定，临时骑马去找姑娘。这种“打狗”小伙子往往要带上一块肉，到了姑娘家扔给狗吃，以免狗叫惊动姑娘家人，故名“打狗”。

节日和赛马等集会的晚上，更是青年们“打狗”的大好机会。到时各地青年男女聚集一地，唱歌跳舞。这时互相挑逗暗示，眉目传情。若是姑娘有意，小伙子则瞅准时机，带着姑娘走向没人的野地。这种求爱方式姑娘的父母一般都是默许的。有的小伙子去“打狗”时，还带上一两个十岁出头的小孩当掩护，这些小孩似懂非懂，出于好奇，也骑马跟着去玩，人困马乏，十分疲倦，小孩们在野地里倒头便睡。到天快亮时，才被小伙子叫醒，骑马回家。这显然是一种“打狗”习俗的传授方式。

青年男女通过“打狗”接触，从中选择满意的情侣，逐渐加深感情，慢慢确立婚姻关系。双方互许终身后，男方送给女方糖果、擦脸油等东西作为礼物，女方送男方藏靴、鞭子等，然后找机会告诉各自的父母。若此时女子怀孕，以至生育，这种情况只要双方互不抛弃，特别是男方不抛弃女方，订婚后照常举行婚礼，也得到社会的承认。“打狗”一般只限于未婚男女之间，如果婚后还去“打狗”，则会受到社会舆论的谴责。

“打狗”只是人们恋爱相识的一种方式，离婚姻的缔结还有很大距离。婚姻是人生大事，比起“打狗”来就慎重多了。婚姻缔结的方式，通常有以自己的意志为主和以父母意志为主两种。前者在一般的牧民家庭出现较多，后者则多出现在富裕的家庭或头人的家庭。

自己选择配偶，一般都是青年男女通过“打狗”接触后，两厢情愿，将自己的想法告知各自的父母。大多是男子告诉父亲，女子告诉母亲，征得双亲同意后，准备举行婚礼。这种情况，父母一般都尊重儿女的意愿。谚语说：“屎尿国王不禁，情爱父母不拦。”

父母包办的婚姻则有两种，一种是男女青年通过“打狗”相识后，将准备结婚的打算告知父母，遭到父母反对，由父母为之另选配偶；另一种则是靠媒人说合。这种婚姻往往是男方父母看中女方的家庭和姑娘后请人做媒。媒人做媒时要互通双方的生辰年月，并请僧人打卦，看婚姻是否相合，并由媒人送给女方一条哈达。如果女方同意，则收下哈达，反之则不收。在牧区没有专门的媒人，一般都是男方的亲友、熟人临时应任。

配偶的选择。首先，从年青人的角度看，大多以对方的条件为主，兼及家庭条件。都希望找一位健康、漂亮、英俊的人。但对同样一个人，甲认为很漂亮，乙则可能认为平常，没有完全一致的标准。对此，藏族有谚语说：“是否漂亮众眼不一，是否香甜众口不一。”其次，还得看对方的知识、能耐、本事。男人主要表现在搬迁牧场、捻绳子、放牧、家庭生活的计划、打猎、屠宰、做买卖等方面；女子则主要表现在挤奶、做酸奶、放牧、织氆氇、捻绳子等方面。第三，还要看对方的品德。

父母为儿女择偶，大多从经济条件和社会地位方面考虑，兼及个人的条件，有的也兼及儿女的感情。这种选择，往往是阶层内婚，即富人、头人之间联姻；穷人与穷人联姻。大多从实际出发，考虑未来生活，讲求门当户对。

由于婚姻的缔结形式有自由恋爱和父母包办两类，这两类不同的缔结婚姻方式，使得青年男女以及双方家庭在婚礼前的交往有所差异。

经自由恋爱的婚姻取得父母的同意后，两家开始正式往来。从此男女常到对方家庭去玩耍，帮着做一些事情，有时也带点礼物、食品等东西送给对方或对方的家庭。双方的父母也带上礼物互相串门。这种串门，带有订亲、亲家的性质。

经过一段时间（短则三四天，长则几月乃至于一年半载）的来往后，择吉日举行婚礼。举行婚礼前还要请高僧或法师看手相或属相，如果手相或属相不合，则不能结婚，担心婚后带来灾难或家里有人会死亡。

父母包办的婚姻，往往是提亲后还有较为正式的订婚礼。订婚礼藏语叫“隆羌”。订婚礼时，男方要给女方一定的财物，财物的多少因人而异。另外，还要给女方的母亲一头奶牛，作为“奶水钱”（哺育费）。

藏北那曲一带，有的人家订婚还有婚帖，当地称“您邑”。一经订婚，男女双方不得轻易变卦。如果是男方退婚，则送给女方的财物不得索回，还要再补贴一些，有时还会引起争吵；如果是女方退婚，则须退还男方所给财物，同样还须再补贴一些才能息事宁人。订婚以后过几个月就请活佛或高僧择吉日举行婚礼。

结婚有娶妻、入赘和单独立帐蓬成家三种。单独立帐蓬成家的，婚礼大多仍然是在男方或女方家举行。婚后一个月、几个月或一年后，由双方家庭出牛毛，为新婚夫妇编织帐蓬，使其成为一个独立的家庭，称为“坝普”，意为支起了一顶新帐蓬，从此就是新的门户。娶妻或入赘的婚礼程序均相同，仅仅只有男方筹办或女方筹办的差别。娶妻婚礼程序如下：

举行婚礼前，男方家里要打扫干净室内外，准备各种待客食物，如“推”（藏式酪糕，用酥油、奶渣、人参果粉、糖等熔合后冷凝而成）、酥油茶、奶茶、手抓肉、人参果、青稞、糌粑、酸奶等。有条件的家庭要在帐内四周铺上卡垫，摆上长条矮几饭桌，上面摆满佳肴食品。还要把家里的衣物等收拾整齐，用氆氇盖好。比较富裕的家庭会在帐蓬内柱、帐壁挂上唐卡佛像。不管家庭贫富，均要用一个盆或碗装满糌粑。在糌粑上放一个酥油做的圆椎形物金刚杵型，插上一根竹筷（竹筷上缠有红、绿、蓝、黄、白五色布条），这是临时代用的“切玛”，是表示吉祥的摆设食物。

结婚时，新郎、新娘均穿上漂亮的服装，戴上各种装饰品，打扮得漂漂亮亮，才举行婚礼。

举行婚礼前一天或几天（依路程远近而定），男方家要派人到女方家迎亲，迎亲人多少均可，一般三四人（新郎不去），其中至少得有一位能说会道的人代表男方家族去应酬。迎亲人带着为新娘准备的马和缀有珠宝的彩箭，骑马前往新娘家。到达新娘家门口时，对方主人便会端着酒在迎亲人下马处献酒。迎亲人则边喝边唱诵歌，进帐篷时要在门口挂哈达，进门后分别要向佛台和炉灶献哈达，然后坐在客位，喝酒吃饭。

第二天，迎亲人、送亲人、新娘一同骑马出发。有的地方新娘离家时，母亲要从新娘身上解下一些银首饰，意为留下财气，不要把自家的财运带到男家。新娘还要与自己的父母行碰头礼，兄弟姊妹及亲戚则向新娘献哈达。男方的迎亲人将带来的彩箭挂在新娘腰上，迎亲人、送亲人一起高唱诵歌，启程上路。

女方家的送亲人称为“吉堪”，一般是新娘的兄弟、舅父或至亲好友，有的地方送亲者中还有一位女伴娘，这位女伴娘不论婚否皆可。新娘到男家后，主人家将“切玛”递给送亲人，由送亲人中的一位接住，手捏一把糌粑往天上撒三下，再往自已头上放一点，嘴唇上放一点，意为祝愿上苍保佑新郎新娘吉祥如意。另外有一人向新娘奉上酸奶，让新娘喝。

在那曲安多多玛部落，送亲的人还要依次在男方家的帐篷入口处、炉灶上、帐篷内的佛台上各献上一条哈达，分别称之为“果达尔”、“塔达尔”、“普达尔”。献完哈达后，主人客人与新郎新娘才围坐喝酒吃肉。

在那曲等地，新娘进帐后，就座时男右女左。新郎新娘并排而坐，他们的对面坐一至几个僧人，念经祈祷新婚夫妇幸福。新郎新娘的垫子所放方向要经过算卦决定，其他人不能乱坐。垫子下面由未婚男女用青稞粒绘制成一“雍仲”图案。还要给新娘左右肩挂白色海贝，表示此女已婚。

新婚之夜的住宿，各地因地而异，不尽相同。在安多多玛部落，当天晚上，条件好的家庭另立一个小帐篷，让新婚夫妇单独睡；次一点的家庭，让新婚夫妇睡在帐篷的一角；个别条件太差的家庭，则让新婚夫妇在帐篷外露宿，同时看护畜群。而有些地方的新婚之夜，新郎要到野外或别家居住，新娘住在男方父母家里，第二天他们才可圆房。

结婚以后，新娘在男家住七天左右，然后与新郎一起回娘家。讲究的人家回娘家时，路上碰见什么东西都要献哈达，以示庆贺。

在藏北有些地方，结婚的男女双方请人选择婚期的吉祥日子，多在夏秋两季，因为那时候畜产品丰盛，物资较充盈。双方选定日期后，分别置办衣服首饰，杀羊作酒准备吃食。婚期前三天、五天和结婚当天双方都要请两三个僧人念经，祈祷婚礼顺利，不受邪气干扰，婚姻美满。

迎娶方（以娶妻以例，下同）于婚期前一天（路远的要提前几天）选派一个能说会道的亲友充当迎亲人（藏语称“年本”）去迎亲。迎亲人到达女方门口时，对方主人便端着酒迎至下马处献酒，迎亲人边喝边唱祝贺的歌，这叫“酴珍”。进帐篷时在门口挂哈达。进去后先向神位献哈达，把带的弓箭放在神位旁，再在炉灶上和烧火人的身上挂哈达，然后进入客位。入坐前还要说：“没有虎皮垫子不坐，没有奶茶不喝……”之类的话。然后，由送亲人陪同喝酒吃饭，双方各为自己的新郎或新娘夸耀，溢美之辞不断。

次日(即结婚日),迎亲人、送亲人、新娘和新娘的弟兄一同骑马出发,迎亲人把带来的彩箭(藏语为“央尔达”)插到新娘腰带间,顺着铺好的垫子出去上马。新娘上马处放着一个白氆氇垫子,上面用青稞摆上“雍仲”图案。送亲队伍路上如果遇到驮盐的牦牛队,就往牛角和赶牛人的身上挂哈达。送亲人到达迎方门口也举行相同的“酴珍”仪式。新娘在帐篷外接过男方递给的挤奶桶和马嚼子(入赘者则由女方递给一个拴驮牛的绳)。进门后交给公婆。送亲人也如上述的方式献哈达后入坐。这时才把等在另一专门搭的小帐篷内的新郎唤来入坐。

新郎新娘到齐后,念经的僧人将新娘引至门外,端一碗净水念祷语,然后,用右手无名指向天空弹一点水,再把净水从新娘头上浇下来,这是藏传佛教的俗人灌顶仪式,象征着赐给幸福和智慧。新娘回到帐篷内,男女双方的弟兄各在新娘右、左两鬓(栋久的位置上)佩上一个白色六瓣花朵状饰物,表示结了婚(这种饰物在丈夫死后或离婚时要取掉)。接着由一个能说会道的人颂扬吉祥,并向这家父母、新郎新娘、迎娶人、送亲人、僧人、亲友送哈达、扬糌粑祝福。其他客人也依次向每个参加婚礼的献哈达,婚礼仪式就算结束了。接下来便请客人们吃饭、喝酒、唱歌。吃喝结束后新郎新娘由亲人陪同去小帐篷。

婚后第二天,新娘左手端着盛满糌粑、上放“切玛”和“打搭”,箭杆上扎着哈达、绸条、鸡翎的盘子,右手提挤奶桶敬神祈求神灵赐予财富和平安。敬完神后开始挤牛奶。

几天后,男方父母陪着新郎新娘回门,称为“让郭”。新人在娘家住一段时间,并访问女方亲友,互赠礼物。

办婚事时,主要通知与自已有来往的亲友,得到通知后亲友也一定要来参加婚礼,并带礼物。亲戚们的礼物分三等:第一等羊肉一腔,奶渣糕一大块,酥油一大块,青稞酒一罐,哈达若干条;第二等除没有羊肉外,其它与上同;第三等无规定,一般得有哈达和酥油、茶叶。送礼的等次依据两家来往的亲疏和贫富状况。关系较密切的还要打一次酥油茶招待其他参加婚礼的人。

参加婚礼的人不能说不吉利的话;被迎来的新人不能带碗。说带碗去像乞讨一样。

亲朋好友送的贺礼。富户结婚时，亲友送大米、青稞、酥油、茶叶等。至亲者会送来最好礼品，包括九种东西，即虎皮、马、牛（公母各一头），青稞一包、茶一包、布一匹、酥油一块、大米、人参果若干。穷户一般送一条哈达，近亲者送一至二只羊。结婚后女的返家，带的礼品会是糖、酥油和奶渣等。回婆家也需要这些礼品。生孩子不论次第，男女都要送一点糌粑，并在上面放点酥油，象征新生命不愁吃穿，健康成长。

甘孜地区的婚俗

位于雪域东南部的康区甘孜藏族自治州，其婚姻形式除自由式、包办式外，还有抢婚式、偷婚式。即年青人情投意合，但凡经媒说合但女方家中不同意，便结合亲友，与姑娘约好，实行抢婚，造成事实后，再去说媒，一般最终会成眷属。但也有无赖恶棍，豪强劣绅，看上姑娘容貌，不经女方同意，实行野蛮抢婚，结果引起纠纷，酿成冤家械斗的。这种抢亲式，在平民中不轻易见到，大都是有钱有势的大小头人。究于抢亲，他们往往由亲戚好友变为相互残杀的冤家对头。

甘孜州藏族婚礼，有自己独特的韵味，饶有风趣。婚日，鸡刚叫头遍，即由新郎家舅舅及亲友数骑至女方家迎新。新娘亦由眷戚女伴数人陪送，送迎马队沿途嬉戏逗趣。男家村邻每家赠送一桶清水，从门前依次排成长龙，最末一只桶旁，主人放置若干茶包，供新娘下马踏用。水桶、茶包之意，为祝福新人生活美满富足。新娘下马后，由送亲人在每个水桶上放一条哈达，对亲友们的祝福表示感谢。新娘进门前，用柏树枝蘸水扬洒。这种仪式是藏人祖先水崇拜的遗风，把对水的敬仰之情淋漓尽致地予以表现。某些地方还有两三人躲在角落，待送亲人和新娘进门时，向其撒麦子，祛魔除邪。至于茶包，更是与藏人的生活紧密相连，须臾难分，因此也就显得特别的珍贵，受到特别的尊崇。入室后，由新郎家长向新娘捧敬一碗牛奶，以祝他们爱情真挚纯洁。主婚人将一条哈达抛挂中柱，讨求吉祥。继由主婚人或口才好的人口念祥词，向新人祝福。然后众人庆贺嬉闹，尽歌酣舞。新人床上通常要铺一洁白毡子，上用青稞、小麦画上卍形“雍仲”吉祥图，表示新婚夫妇爱情永恒，幸福长久。新娘在男家住一日或三日后返回。有的地方新娘要数月后才到男家，始过夫妻生活。

偷婚式是双方已私订终身，海誓山盟。男女爱情深厚，时间较长，而父母不允许，男女私下约好日子，男方假托媒人向女方求婚，并在外面备马等候，应允则罢了，如遭拒绝，男女相偕乘骑偷跑在外完婚。两三月之后，男方使妻回娘家，探视父母认否，如认则父母分送牛羊与女，作为陪嫁，同意婚事。如不认则分手各自东西，从此不相往来。但多数都会相认。也有个别父母包办买卖，将女儿私自给人，但女方不同意只有同意退婚。

青海海西汪什代部落的婚俗

当地的婚礼规矩是：凡成亲必通过媒人。男方送媒人犍牛一头，以酒肉、哈达送女方为订亲礼，然后约期交送彩礼。交彩礼时男方将所有牲畜全部赶至女方帐房门前，任女方赶多少算多少。一般富户需送羊三百只，牛四、五十头(最富者除上述头只外还得给五十两的银元宝九至十个)。穷人牛五、六头，最少也得给犏乳牛一头。除此以外，如女方家有父亲兄弟姊妹，则各送马一匹，择日取亲那天由男方送去。女方家庭如富裕，父母又心好，则将原收男方财礼全部陪送给女子。大多按女方家庭好坏，父母心愿，将收的礼给姑娘一半作陪嫁，自留一半，还有的除将原礼与女陪去之外，自已再添一些予之。该部落的结婚仪式是：女至婆家，先到帐房里右边(即妇女住在一边)坐在铺好的白毡上，事先找好儿女多家庭好的老阿奶亲手倒茶给新娘喝(意即将来儿孙满堂，家庭富裕，不愁吃穿)，然后再移到另外白布帐房里。到下午时分，僧人念经，新郎新娘先叩头拜佛，次拜父母亲戚。当晚二人分居安眠。次日新娘同娘家人仍回娘家，住三月至半年，再回婆家长期安居。

藏人的婚姻形式，程序，从表象上看是民俗的展示，但实质上表述了家庭观中的价值取向，人生追求，审美情趣，从中我们可以看到生命的平等，人格尊严的重视，宽松的婚姻环境，豁达的心态，特别是对婚姻的科学剖析——当作人生里程碑的隆重庆典，男女青年在情感生活上的皆大欢迎，获得的“双赢”。

西藏山南的婚俗

藏族的发祥地是西藏山南。雅鲁藏布江畔的婚礼是什么风貌呢？

山南扎囊县的婚礼大体上展示了西藏农区婚俗的风彩。

在整个婚礼进行中，有以下这样四位重要人物。“香钦”：直译为男方“尊贵的舅舅”，其实不一定是舅舅，也可是迎亲或送亲的代表。他们熟悉礼仪细节，并且有很好的嗓音，擅长歌舞和吟诵。第二位是“安巴”——宁玛派僧人，他身上有着苯教仪轨的深深烙印，宁玛派积极参与和主持俗人事务，他是婚礼中宗教仪式祝福祈祷的主持者。第三位是“谐本”——领歌和领舞的男子。第四位则是“冲雪玛”：即负责敬酒和唱歌的妇女。

一对青年男女结为夫妇，在双方家庭同意后，大体要经过定亲、迎亲、成亲三个过程。

定亲的仪轨是这样——“香钦”来到女方家，待嫁姑娘必须回避。但起居室里摆着她平时穿戴的衣服、首饰，象征她也参加了这场决定终生大事的礼仪。“香钦”在姑娘的衣袍前献上洁白的哈达，斟满青稞酒和酥油茶，并且撒一些麦粒和糌粑粉以示见了面。然后向姑娘的母亲献哈达和钱币，称为“俄仁”，意即“喂奶钱”。这是对母亲生育、抚养女儿的酬报。如果母亲收下这笔钱，则表示同意将女儿嫁出。双方恭请“安巴”和“毛巴”（卦师）择定吉祥时日举办婚礼，然后一起喝酒唱歌直到深夜。

迎亲的时候，“安巴”高举唐卡佛像图，作为迎亲队伍的前导。在最前面持续不断地诵经祝福，声啜韵味十足，时高时低，就像朗诵一首动情的诗歌。马夫牵着怀驹的母马，这是为新娘准备的坐骑。骡夫赶着驮载彩礼的牲畜，热热闹闹去迎接新娘。

女方派出“谐本”（领歌者）和“冲雪玛”（酒女），在迎亲队伍来的路上设立酒站迎接。“冲雪玛”们打扮华丽，俨然贵妇人着装。她们频频地敬酒，频频地歌舞，一程一程，将迎亲队伍引到新娘门口。门是紧闭着的，这一风俗最早的目的可能是为了防止抢婚者闯进。

迎亲队伍统率者是“香钦”，他头戴有身份的人才能戴的“色金波尔多”（黄色小圆帽），身穿上等氆氇藏袍，足登黑绒靴子，全身上下透露着乡下头面人物的派头。他代表男方，先给女家奉送彩礼，然后送新娘“坚加岗规”，即新娘婚礼上穿戴的藏袍、衬衫、围裙、彩靴、首饰五样服饰，请女家亲友过目。

第二天启明星闪现之时，新娘在女伴帮助下梳洗完毕，亲友拥送出门。“香钦”拿出五色彩箭郑重插在姑娘衣襟上，表示此女已为某家所有，任何人鬼神龙不得侵犯。插箭前，“香钦”要吟唱“达谐”（彩箭赞）：

吉祥五色彩箭，来自扎日（西藏南部一座神山，相传是胜乐金刚的坛城）雪谷，彩箭每一竹节，都有三宝加持。

释迦佛祖用此箭，调伏了空行神女；仑布噶瓦（藏王松赞干布派到长安迎请文成公主的使臣，汉语称禄东赞）用此箭，迎来了文成公主。

日朗头人用箭，强娶朗萨姑娘（藏戏《朗萨姑娘》中的女主角）；

我香钦先生用此箭，找到了无价之宝。

宝贝从此有了主，不能说权高的大官可抢走，

不能说钱多的商人可买去，不能被高明的小偷可偷去。

……

这首歌赞美之余，透溢出时代的婚姻观，即女方从夫家，成为夫家神圣的一员，拥有人格、尊严，不得随意抢夺出卖，她成为夫家的宝贝，在新的家庭中有了自己的角色位置。

插过彩箭后，便拥新娘上马朝男家进发。她的整个头部被氆氇或藏袍紧紧包裹，据说这是防止魔鬼侵犯，也有人认为这是古代抢婚习俗残痕。

队伍在缓缓前进，迎亲队伍在前，送亲队伍在后。打扮得花枝招展的新娘居中，“香钦”和伴娘骑马紧随她的左右。

假如是锄草季节，锄草妇女会涌上来献给新娘一束嫩苗；假如是秋收季节，割麦的姑娘要献一把金穗；队伍经过牧场，挤奶的牧女也会奉送一碗鲜奶。这些习俗非常古老，起源可以追溯到吐蕃时代，其目的都是为了表达祝福。

路边的居民，还按照传统习俗，在各家门外、路边，摆上砖茶、沱茶、干牛粪、旧衣服等，迎亲者一一收下，记下房主姓名，婚礼结束时要进行酬答。这些都是吉祥物，表示新娘沿路的好运气可带到夫家。

沿途遇到白发老者、僧人都是吉兆。“香钦”主动上前，请他为新

娘祝福。碰上背水人、背筐人，如水满、筐满，也是好征兆。

因为婚姻组合，形成新的家庭是个人人生路程中十分重要的一个里程碑，是成熟的标志，是自立于人伙的体现，也是人类走向繁衍幸福的象征，因此，不管相熟否，雪域藏人都觉得是皆大欢喜，值得庆贺之事，所以全西藏民众都会由衷地、自觉地用各种方式表示内心的祝贺。

藏族认为，太阳升起时，是一天的最佳时刻，是阳气上升的最好时辰，如在这时新娘进入男方村寨，最为吉祥；如不能这时赶到而到了午后，便在路边搭帐篷过夜，第二天很早进村。因为过午以后，阴盛阳衰，邪气上升污染新娘，会给婆家带来伤害，因此忌讳午后入夫家。

男家派出歌手和酒女，程程设置欢迎酒站。酒站多少，以男家财力和对婚事的重视程度而定。新娘来到第一道酒站，歌手和酒女载歌载舞，献哈达和青稞酒。新娘会用无名指蘸酒弹洒三次，表示感谢天、地、父母的养育之恩。“香钦”则在马背上吟唱“于谐”（赞美家乡辞），赞美酒女，赞美新娘将要安居的地方。

经过三至五道酒站，迎新队伍到男方门前，新娘踩着青稞、小麦、豌豆、油菜、蚕豆五种粮袋搭的下马台下马，表示新娘将带来五谷丰收。

在门口垒着三个石头堆，白石头代表神的宝座，红石头代表地祇宝座，黑石堆代表魔鬼宝座。

“香钦”吟唱“托谐”（赞歌），给天神宝座献上一丁点酥油，在地祇宝座上用刀绕三个圈，最后要一脚把魔鬼宝座踢翻，表示赶走了一切不吉与不洁之物。有的地方为戏弄“香钦”，隔夜在黑石头上倒大量的水，使之结冰，“香钦”奋力踢去，结果当场滑倒，大出洋相，增添了婚礼的喜气和欢乐。

跟女家一样，男方的大门也是紧闭的。送亲的“香钦”大声吟唱“果谐”（门颂），夸它是金门、银门、海螺门，并在门环上献哈达。男家还是不开门。到一定时辰这位“香钦”佯装生气便高喊：“有耳朵的听着！门后边有人快开门！门后头有狗快躲闪！香钦老爷我，三脚要把门踢开！”说着提腿踢去，果然门被他“踢”开了。

踢开大门，进入院内，新娘在众人拥簇下，登楼入室。上楼梯，唱

"贵谐"(梯赞)";遇房柱,唱"羌杂谐"(柱赞);看到酒器,唱"酒坛赞";坐垫子,唱"卡谐"(垫赞),并一一献哈达,他们把所有物体都看作是有灵魂和生命的。

新娘进入客厅时,新郎和他的父母,只能坐在垫子上微笑欢迎,不能起身迎接,据说这是为了压住男家的福运不让跑掉。他们认为如果稍稍起身,福运就会钻出去,附到女家送亲人身上去了。

主人和客人、迎亲者和送亲者,按一定的例规就坐。男方亲友在右,女方亲友在左,新娘居中,西藏有句谚语:"女人坐头席的运气,一辈子只有一早晨!"就是指新婚这一天。

藏式茶几上摆着茶碗和酒杯。先是"索孜干素",即干牛肉、干糌粑,新郎新娘各吃一点,意味着农牧业的丰收。然后是"土巴擦末",即无盐之面条,象征福寿延绵,新郎新娘各吃半碗,意思到就行了。再吃"朝玛折松"(人参果饭),表示甜蜜无间,相亲相爱。俩人还要各抓几粒,撒向四方,以祭奠神、龙、地祇,感恩天地大自然。

酒女边唱歌,边斟酒。随着银碗轮转,人们情绪趋向热烈、激昂,男方和女方相互对歌,每唱一曲,还要拉开舞步跳上一番。

惯例上嫁妆总是晚于新娘抵达。而嫁妆在私有制社会,在父权制家庭,不仅仅是一种礼仪,而是有着实质性内容。经济是基础,代表着一定的势力,新娘家庭若财大气粗又十分疼爱女儿,则女儿在夫家的地位、发言权就大多了,就不会身心压抑受欺负。故财力是一种社会势力和地位的无声展示。

嫁妆运到,开始第二次典礼。在女方"香钦"率领下,手捧嫁妆的人依次进入客厅,请新郎的父母亲属过目。然后,宾客们送礼。他们列队走过新郎新娘面前,献上哈达和礼品。酒女捧青稞酒和"朝苏切玛"——盛有糌粑、麦粒并插着青稞穗和鸡冠花的吉祥方斗,每个来宾在"切玛"斗内抓少许糌粑,撒向四方,以示祈福谢恩。

送礼完毕后,主客一起登上平顶屋顶,举行插旗、簪玉典礼。四角的香坛,这时燃起了袅袅的神"桑"(烟),中间拉开五色绸幔,幔上系着流苏和铃铛,清风吹过,七彩缤纷,铃声清脆,弥漫着吉庆的欢乐。

妇方"香钦"取出一面小经旗,是从女家专门带出来的,上面写着新娘的生辰属相，把它郑重插在屋顶一角，然后吟唱“搭谐”(经旗赞)，表示新娘不但身子来了，她的保护神也跟来了，请当地乡土神、保护神予以接纳和关照。吟唱完毕，新郎的母亲上前，送给“香钦”一条羊腿、一盘“卡色”(油炸果)、一条哈达，酬谢她送亲的功劳。

男方“香钦”代表新郎父母，在新娘头上簪一块绿色松耳石，表示她已被夫家正式承认为家庭成员，享有应有的权利和义务。从此时此刻起，不管是屋顶的经幡，还是门后的扫帚，都归她掌管。

插旗簪玉，完成了新娘成为夫家成员的手续。歌手们齐声唱起古歌“呗”。一位男子领唱，全村男人应和，并且挥舞长刀和火松配合，情绪庄严、凝重，加深了婚礼的神圣感和隆重意义。歌中把婚姻作为人生新的一页，迈开的新步伐，表达同心同德、争取幸福生活的愿望和决心。

接着，婆婆会把新娘领到厨房，交给他一串钥匙、一只奶桶。领她到炉灶前，象征性地拉三下羊皮风箱，又到牲口圈挤几下牛奶，表示老太太把当家的事务交给了她。象征着家庭分工、职责的明确和角色转换。

夜深了，新房里燃点油灯和松明，歌手、酒女和男女双方的“香钦”拥新郎、新娘入内，迎亲和送亲的宾客，又在新房屋赛歌赛舞，互不相让，直跳得精疲力竭，唱得喉咙嘶哑，醉得东倒西歪方告一段落。

男女伴侍候新郎、新娘躺下，庄重地替他们盖上藏被，“安巴”摇动铃杵，念经祈福，祝他们和睦幸福，生育顺利。酒女捧着装有麦粒和糌粑的彩盒，新郎、新娘各抓少许，抛撒三次，用无名指沾酒，弹酒三次，然后众人退出。

婚礼圆满结束，送亲者返回，男家举行送别仪式。送别时，新郎和他的父母以及刚刚加入这个家庭的新娘，都不能起身送客。他们要坐在垫子上压住夫家原有和新添的福气，防止女家带走。

送亲者出门了，男家派“香钦”、歌手和酒女，跟在后面殷殷送别，并敬酒，献哈达，唱送别歌，互道吉祥珍重。可未走多远，新郎的妈妈出现在屋顶平台，摇晃着手中的羊腿，口中不停地：“古啊！古啊！”意为等吧！等吧！酒女、歌手又迎上去，敬酒欢迎。

这样反复三次，目的是设法让送亲者在男家沾上的福运，统统留下，然后才离去。当新郎妈妈叫第三次时，只有“香钦”一人返回，接过酒碗，仰脖子喝光，然后率领送亲队伍，径直返回家乡。他也不能回头，回头会丢了女家的福运！

帕里地区的婚俗

西藏最高的城镇是帕里，是通往不丹等国家的门户，海拔四千公尺以上，风寒帕里的婚俗与平原河谷农业区又有不同，形成了自己的风格。

帕里不但高，而且冷，盛夏六月有时还会大雪纷飞。这里是边境过往的人员枢纽，聚散的中心，离不丹王国只有二三公里，到印度锡金邦也仅仅一日路程。历史上商人、香客、骡帮、马队及政府官员络绎不绝，给小镇带来了繁荣。

姑娘明天要出嫁了。这天夜晚，同村的小伙子集聚在她家门口，烧起三堆篝火，大家围着火，弹奏六弦琴，唱歌、跳舞。歌词的意思是：姑娘如何如何美丽，性情如何如何温柔，你是和我们一起长大的，你是属于我们的，我们决不能让你出嫁，决不能让你被人抢走……声调悠长而伤感，一种悲哀和愤愤不平的情绪笼罩着夜的村庄，这是挽留姑娘不要远嫁他乡。这时姑娘要从屋里出来，请小伙子们唱酥油茶、喝青稞酒，跟他们逗趣，讲情话，互赠纪念品，围着篝火跳舞狂欢，从黑夜一直闹到黎明，以表示她眷恋乡友、乡土之情，表达安慰之情。

第二天，小伙子们早已埋伏在村口的土墙后、石桥下，有的爬在房顶眺望。当迎亲队伍接近村口时，他们从各个地方喊叫着跑来，挡住去路，质问迎亲者凭什么抢走自己的小伙伴，凭什么抢走自己的心上人。他们甚至抓起石头，抢开棍棒，向迎亲者进攻。迎亲人点头认错，向他们连连道歉，不断地塞钱。当钱塞到一定数目时，这些不请自来、自告奋勇充当新娘“情郎”和“保护人”的“英雄”们便让开一条路，同意迎亲队伍把姑娘接走。

帕里的婚俗告诉了什么？实际上他揭示了远古藏人的婚姻形式从“血缘内婚”到“血缘外婚”的历史转折时期的画面，是历史文化的一种裂痕，一种真实的、活生生的展示。

卓仓地区的婚俗

青海省湟水流域的卓仓藏人，据考证是西藏羊卓雍湖南岸的牧人，吐蕃时期举族被王室征发，作为亦兵亦民的兵团，来到湟水河畔戍守。沧桑岁月，使卓仓人从牧业转变为农业，但他们的服饰、语音未变，家乡的婚俗也保留得较完整。从他们规范而有趣的婚礼，我们可窥探到当年西藏南方牧区婚俗的风彩。

青海卓仓藏区泛指青海海东地区的乐都、平安、民和等县的藏族地区。

说亲——

男方看上了某家的女方，便请与女方家沾亲带故或能说会道有一定威望的"羊卡"(吉祥的嘴口，寓指媒公，又称"外娃")，带上一瓶口上扎有红布条或缠有羊毛绳的酒，还有给姑娘的见面礼(钱或衣物)，去女方家说亲。扎红布是象征祛邪逐鬼，不让喜庆之事受到妖邪冲击。而缠羊毛，特别是白羊毛，则是企望幸福、吉祥、福运。因为白羊在藏人民俗理念中代表着福运和吉利。

"羊卡"来到女方家，说明来意，然后等待女方家主事人(姑娘的父亲或祖父)的态度，若不同意，女方家的主事人便会借故婉言推辞拒绝。"羊卡"见此情状，只好带着说亲礼物离去。若是同意，女方家的主事人便亲手开启那酒瓶，揭了酒瓶上的红布条或羊毛绳，由"羊卡"给女方家的每个成员敬上三杯酒，这叫吃单瓶酒，即意味着女方家同意了这门亲事。同意或不同意，与媒人游说的能力很有关系，能说会道的媒人常能使女方从开头的坚决不同意趋向松动，最终只得同意。

吃过了单瓶酒，说定了亲事后，接下来便是吃双瓶酒——"羊卡"带着男方家准备的两瓶酒和给女方家的定亲钱物，不日去女方家商定彩礼的数额和婚礼的时间等事宜。

这次，女方家要请家族中的所有成员来吃姑娘的定婚双瓶酒。喝双瓶酒时的主要议题是：与"羊卡"商议姑娘彩礼数。场面上双方的"势力"极是悬殊。"羊卡"势孤力单，一张嘴难敌十数舌头。即使这样，"羊卡"仍会讲究策略，言辞婉转，不去惹恼对方。但说理却严丝合缝，句句都能打动人心，他往往采取"哀兵必胜"的战略，说情辩理，姿态低而原则却坚定。双方喝着酒，经过数轮的斗嘴磨舌，姑娘的彩礼，衣、帽、鞋、袜等，嫁妆数及婚娶的时间基本确定下来了。

至此，说亲之事便告结束。

吃过了定亲酒，谈定了定亲彩礼及衣物数，男方家就紧锣密鼓地置备彩礼，缝制衣服及娶亲的各项准备工作。

以男方家境来定的彩礼，大致得给女方10000元不等定数的彩礼。此外，还得置办10来件价值不等的衣服，其中必须有一件水獭皮镶边的氆氇袍，一件绸缎挂面的羔皮袍，还要加上其它的如狐皮帽、靴子、耳坠、辫套头饰等物。

一般选在冬闲或春节前夕举行婚礼，这时，庄稼收割了，农活忙完了，柜里有面，圈里有肥猪肥羊，正是娶亲办婚礼的好时机。

"羊卡"一直没闲着，三天两头地往女方家跑，将男方家筹措的彩礼、衣物随时送到女方家，及时向女方家通报男方家娶亲的准备情况，起到"上情下达"的沟通作用。

送亲——

婚嫁头天下午，女方家又一次将家族的男人请到家里，确定第二天去送亲吃席的人员和人数。送亲吃席的人数包括伴娘一般在8～16个不等，去多去少视男方的家境及自己家族人丁盛衰来定。

送亲吃席的人员确定后，族人们边喝着酒边等待男方家派来娶亲的"达吉"(娶亲人家送来新娘骑的白马的牵马人)。"达吉"的角色一般由年轻小伙子来充当。"达吉"任务有两项：一是送来新娘和伴娘第二天乘骑的马；二是最后一次送来所欠女方家的彩礼及衣服等物。若是送的钱物还有所欠，女方家是不会答应的，"达吉"只得立即返回男方家去取。手续完结他才可坐下来接受女方家的酒食招待。第二天他又得一早离去，向男方家汇报女方家送亲吃席的人数情况，以便做好接待准备。

婚嫁这天，家族的女人们一早来到女方家帮忙。年轻的女人们做送嫁饭，给村庄里来"送嫁"的人们吃，送嫁的人大都是女人，即新娘家的亲戚邻友，新娘的好友、姐妹、长辈等。

男方家若是路途遥远，送亲的人就得早点出发，有时候三更一过就得动身。穿着一新的送亲吃席的男人们牵马备鞍做上路的准备，新娘的母亲和族里上年纪、又子孙满堂，男人在世的女人们给新娘梳洗打扮，嘱咐在婆家的注意事项。

之后，女人们便簇拥着新娘从房里出来，唱起哭嫁歌，哭嫁歌伴着新娘的哭声，悲戚而忧伤，令人心碎。

新娘的父亲手里端着一只盛有羊奶的碗，碗里置放着一支柏枝，柏枝上缠着羊毛。新娘在唱哭嫁歌的女人们簇拥下，跟在父亲的后面，在家院里转绕上三圈。转时，父亲用柏枝蘸着碗里的羊奶向外弹洒，转完三圈，才将新娘引领出大门。蘸羊奶弹洒意味着什么？羊是吉祥、福运的象征，而羊奶又是洁白、醇香的表示，它表达父母亲对女儿的祝福，也表达了女儿对父母、家庭的祝愿。

在大门外，新娘被扶上婆家牵来的马，马背的前鞍头上搭有一个草口袋。被衣领和头巾蒙着脸的新娘趴在草口袋上，一路上不让别人看到其面部。这不仅仅是增添婚姻的神秘神圣，也保留着远古婚俗的遗风——防止新娘半道上被抢去，与别人成婚。上路时，由新娘的弟弟或哥哥牵着新娘的马，一直到婆家。

新娘和伴娘骑的马是从婆家牵来的，新娘的马必须是怀驹的骒马，而且必须是白的。这是为什么？为什么新娘的坐骑必须是婆家牵来，而且必须是怀驹的白骒马？实际上折射了藏人很早就凝聚的价值追求和审美追求，一来表示夫家娶亲的殷殷真情和为今后生活的期望；二来骑白马又表达了新娘纯真善良，融入新家庭的表白；三来表现了游牧藏人对白色的崇拜敬仰。总之，这都象征着新娘将带来人丁兴旺、家道繁荣，也象征着爱情像白马般纯洁真诚。而送亲吃席的男子们骑的马则全得自备。十几、几十匹马组成的送亲队伍浩浩荡荡。

送亲队伍经过的沿途村庄里如果有女方家的亲戚，亲戚得在路边上打“加太”(敬茶灶台)，燃一笼牛粪块火，熬上茶，烫上酒，铺上毡毯摆上桌子，让送亲的人下马喝碗茶、喝杯酒、烤火御御寒。这时候新娘可以下马在伴娘的陪伴下解手方便一下。在这里，新娘是可以不避讳的，因为打“加太”的人是自家的亲戚。此外，如果婆家的村里有女方家的亲戚，也要随婆家的人一起打“加太”的。对女方家来说，打“加太”的人家越多，就越可以显示其“门面”。

娶亲——

娶亲对男方家来说是大喜事，所以男方家最热闹。整天人来人往，全是恭喜的人，而这恭喜的人多是来喝喜酒的男人。当然，送礼的则更多是妇女，有送赶制的鞋袜，也有送布料等的。

娶亲这天，新娘不用做什么事。新郎身上背着十字交叉的“红”(被面或红布)。这些“红”是前来祝贺的男人们搭的。挂“红”的习俗应该说是汉藏交界地区的藏人，接受了汉人婚俗的这种形式，表示庆贺。用红布(绸缎)来祝愿新郎婚后的日子红似火，兴旺蓬勃。新郎身上的“红”卸下一批又搭上一批，他会自得地在院子里悠哉悠哉，受同龄人们诨话的嬉逗。

这天，最忙的要数男方家的族人们，他们是整个席面上的东家，要照应三批客人。

第一批：庄客——村庄里来恭喜的人，这是人数最多的一批客人。

第二批：“什赛”——男方家方方面面的亲戚，这批客人不像“庄客”吃完了走人，而是要吃完三天的席。

第三批：“贵宾”——新娘身后来送亲吃席的人，这是婚礼上的真正客人，要恭敬待之。

朝阳升起时分新娘要迎进门来。

送亲吃席的人到了男方家的门上，男方家先要在门口燃起一堆避邪的大火，铺上一条上面撒着青稞的白毡。烧火堆是藏人信仰中蕴存的火崇拜，认定火能驱邪祛污，赶走晦气。一群陌生人远道来到己家门口，肯定带有对己家发展有影响的晦气和污秽，所以用火来避邪驱秽。至于白毡、青梨则是吉祥象征。这时，送亲的人并不急着从马上下来，等着男方家说唱迎亲辞。给每个送亲人敬上三杯酒，送亲人这才翻身下马，男方家的人则将马牵走。

新娘双手紧捂脸面由送亲的男人们从马背上抱下来。脚踩在包有五谷粮食的包袱上，双脚从包袱上落到白毡上，不沾尘土，这一切与西藏的婚俗大同小异，说明卓仓人的远祖就来自于遥远的西藏，它是婚礼文化的扩延。此时，新娘无论如何不能“露面”。按习惯说法，此时新娘若是露脸叫别人看见，以后会和婆家人不和。为了防止围观看热闹的人强行抢看新娘，伴娘和送亲的人紧紧地围簇着新娘，不让别人靠近。进门时，新娘由伴娘在前面引领着，后面由年轻力壮的送亲男子们保护着，从撒有青稞的白毡上走过。

送亲人进男方家的大门，男方家的族人们手端酒碗分两排在门道里摆出了强大的迎亲阵容——等待着给客人们敬“果羌”(门酒)。男人之后是女人的敬酒歌，这敬酒不单纯敬酒，而是带有戏谑玩笑的味道，不喝便会强行硬灌，客人可以用手遮挡拒绝喝“果羌”，如果拒绝不了，就得挨灌。有些喜欢捉弄人的人甚至将凉水当酒灌给你，即便这样也得受，习惯如此，图的就是吉祥、喜庆、戏谑、热闹的气氛。进了门，男方家婚礼总管会端给送亲人里的长辈一只盛满了青稞的木斗，长辈抱着青稞木斗率领簇拥着新娘的送亲人绕庭院转三圈，以祝愿新娘来了年年粮食丰收，生活幸福。

接下来是拜天地。地上铺白毛毡，新郎新娘面对堂屋并排站在白毡的一端(此时新娘依旧不能出头露面，掩面藏伏在伴娘的背后)，在主婚人指挥下，行拜天地的规矩。拜天地按所拜项目要磕头的，本来磕头是新郎新娘双方的事，但由于新娘不便抛头露面，磕头便成了新郎一个人的事，而这时候新郎新娘的父辈和舅辈要给一对新人散发磕头钱。由于新娘不便抛头露面，丢在白毡上的钱就叫新郎抢进了自己的怀抱，这自然是一种象征。是新郎新娘共为一家不分彼此的表示。

拜完天地，新娘和伴娘便入了“俄康”(新娘房)。新娘进了“俄康”坐在炕上，说明新娘已经成了婆家的人。由于新娘伴娘对婆家情况不熟悉，加上新娘是初来乍到的新人，所以新娘在“俄康”里的生活所需由新郎来照应。在“俄康”里的这两天晚上，新郎新娘是不能同房的。

第二天凌晨时分，新娘在伴娘的陪伴下，得去厨房烧茶端到炕头给婆家的所有成员喝，这也是新娘的初次亮相，是成为家庭成员之一第一次参与家庭生活，开始肩负自己的家庭职责。

吃席——

新娘入了“俄康”后，送亲的人便被男方族人请去入席吃婚宴。坐席的地点通常选在羊圈里（这是卓仓人来自游牧民族的印记，游牧文化的残痕，也表示了对远古游牧生活的纪念，并寓有新人成家，借亲友们带来的福运，祈求牛羊牲畜兴旺），两侧铺着长条白毡，“门”字形的藏式条桌上摆放着肉食、酥油糌粑、油炸面食，以及其他丰盛的食物。

在卓仓藏区，为了活跃双方会亲相处时的气氛，吃席重在讲究吃酒，吃完了一次席，吃席人只说这次酒喝得怎么样，而不说吃得怎么样。主客双方在三天的吃席、陪席中，始终离不了与酒打交道，如果一方将另一方灌醉了，一方便抓了“拉加”（名声）。

吃席的人初到男方家晚上这顿吃席，双方自然免不了一场喝酒较量。入席后，东家先要给客人敬吃敬喝，让吃饱肚子，并行了谢媒的规矩——敬酒献哈达，说唱谢媒辞（由于这场婚事是在“羊卡”的辛苦撮合下而成的，“羊卡”此时成了有功之人，簇拥到和客人一起坐上席）。然后，主客两方规模性的喝酒划拳较量开始了，直到双方酒酣耳热，客人才被东家的族人三三两两请去歇息。到了被请的人家，酒兴未尽的人还要继续喝，直到一醉方休而止。这种习俗应该是地缘社会，部落联盟下才会出现的文化现象，它反映了群体意识、群体利益关系。族内的大事都成为全氏族的责任义务，是群体活动，保留了远古氏族习俗的遗风。

第二天一早，新郎在新娘弟弟的陪同下，手执酒瓶酒杯去那些夜里留宿客人的族人家向客人们敬酒问早安。

卓仓婚礼一般来去三天，而第二天，客人们是不首先到东家去的，而是由东家的族人们请去做客。由于不断移转人家，所以藏语叫“果拉”（转圈子）。客人们在夜里被留宿的人家吃了早饭后，就被统一邀到首请的人家，于是一整天的“果拉”就开始了，直到转遍东家所有族人家为止。

到了晚上，客人们才被请回东家，这时，喝了一天酒的客人们大多差不多醉了。这天晚上，在东家家里要举行热闹的跳舞活动，女人们在庭院里拉成圈儿跳“安卓”舞。安卓歌词以祝福吉祥，颂扬为主，既有程式化的，也有现场编唱的。边跳边唱，并即兴邀请“俄康”里的“俄热玛”（伴娘）来跳舞，如“俄热玛”人大方则接受邀请来跳舞，反之不接受邀请。而男人们则在房里唱酒曲儿。这时候，气氛达到了高潮。

第三天是吃席的最后一天。其实这天不再吃席，客人们在东家吃了丰盛的告别饭后，就动身准备离开了，这顿送亲饭是不大喝酒的，因为客人们要上路。客人们动身时，不仅新娘要一起返回，而且新郎也要随客人一起去亲家家。客人们出门时，要唱“兰羌”（上路酒），但已没了进门喝“果羌”时的强迫性，只是意思意思而已。

打发了客人，东家们要“斗保”——谢东，东家要招待为婚事忙碌了几天的族人们。

“车玛”——

新娘回到娘家，在娘家休息几天后，根据和婆家商定的时间，二次被正式送到婆家。这以后，新娘就成了婆家的人，而这次回返婆家，藏语叫“车玛”。“车玛”是交接新娘之意。一般由新娘的母亲亲自送来，表示正式把姑娘交给了婆家，从此由夫家负责姑娘的一切。送新娘返婆家的人必须是新娘的母亲。而婚礼酒席上，新娘母亲一般是不去的。

新郎随新娘到女方家后，自然成了亲戚，而这时的新娘同样成了亲戚。在新娘回门的期间，曾送亲去男方家做过客吃过席的人，要请一对新人到家里做客，以还男方家吃席做客的人情，并要给一对新人送一双碗，以示小俩口以后和睦相处，在一个碗里吃饭，祝愿好好过日子。

新娘的父母亲送女儿去婆家时，新郎自然也一起回去。新娘的母亲送女儿去婆家，婆家要以高规格招待亲家。而这天晚上，一对新人也可以名正言顺地同房了。

卓仓地区的婚礼并不是单纯的喝酒吃肉，也不是一味地嬉戏逗乐，而是有一头尾呼应、层层递进、全套有序的婚礼歌相伴。婚礼歌把当事人的心理活动，把婚礼程序的内在情感，婚礼场面的热闹红火景况，一览无余，淋漓尽致地张扬了出来，构成一幅生动鲜活、情景交融的风俗画。也折射出这一地域藏人的价值观、审美观，独特的行为、生活模式。

卓仓的婚礼歌大体反映了婚礼全过程，可以分为四个阶段，即：1.哭嫁歌，是新娘辞别父母家人时唱的；2.迎宾歌，是男方迎接新娘和送嫁的宾客时唱的;3.乐宾歌,在二道宴前后,男女双方对唱;4.送宾歌,欢送女方宾客时唱的。藏族诗人伊丹才让整理发表的《婚礼歌》对卓仓藏区婚礼歌收集最完整、最生动。

哭嫁歌包括参拜和加拜。前者是新娘离家前的头一天晚上唱的,所以又叫晚歌。后者是姑娘出嫁的当天早晨唱的,从离家一直唱到十多里以外,又叫早歌。

歌中还有表达血之亲的辞别阿舅、舅妈、阿叔、阿婶、阿哥、阿嫂、弟弟、妹妹和感谢裁缝的歌。内容都是感激、祝愿性的。但是,唯独唱到媒人,却把媒人比做黑乌鸦。其中的含义耐人寻味,是对封建买卖婚姻的抗议和鞭挞。

去年今朝东方发白,我到河边背水去了。

今年今朝东方发白,我就要起程出嫁了。

去年的今朝去背水,蓝羽的布谷呵,歌声嘹亮。

今年的今朝却出嫁,可怜的姑娘呵,满腹忧伤。

雪山的雄狮在吼叫,蓝天上的金龙在吟啸。

红色的山岩颤抖了,黑色的山岩摇晃了。

小牛犊不能任意撒欢了,银打的鼻圈给戴上了。

出嫁的一切准备妥当了,姑娘起程的时候到了。

迎宾歌中还包括迎亲歌、迎亲颂、扬茶歌、茶赞、敬茶歌、献农歌等。

歌中把女方的来客比做金鸟、银鸟、玉鸟。颂扬他们的到来为男家和婚礼增添了光彩。

乐宾歌包括祝愿歌、敬宴歌、邀舞歌、谢媒歌、祝福词等。

伊丹才让先生整理的家乡婚礼歌,其中有很多情趣盎然、幽默诙谐的短歌,如路上唱的歌、拦马歌、进门歌、舅家寄托歌、婆婆交代歌,饮酒嬉戏时相互取笑、斗智歌等等,精彩新奇,令人回味无穷。

不管是西藏,还是康区,或是安多藏区,婚礼上必不可少的是祝福诵词,它是婚礼的调味品,气氛的催火剂,热闹的导火索;又是婚礼的序幕,是酒席上的第一碗酒。它也可以算是祝福歌。婚礼祝福歌不仅仅是一种风俗,它更多的折射出藏人的人生观、幸福观、社会风尚、价值取向、审美情趣、社会人际关系及对新生活的理想框架，是心理素质、心理活动的一面镜子。笔者曾搜集整理了一首有普遍性的婚礼祝福歌，内容大致如下：

一

草原上最美的是金莲花，金莲花一年只开一次；
当甘露轻淋，春风拂面，金莲花便扬起迷人的脸庞。
人世间最甜的是爱情之果，爱情之果一生只结一次；
当蜜情浓酽，心意相投，爱情之果便吐出醉人的芬芳。

今天——花儿艳了，果儿红了，
年轻人最向往的日子来临了！金色的光轮在中天灿笑，
银色的玉龙在云空欢跳；斑烂的星辰在九霄闪烁，
隆隆春雷从地上滚过；五彩鲜花铺满每条山沟，
布谷鸟似山泉流飞鸣啭，喜鹊儿落在帐顶叫个不停。
这真是个难得的好日子！这是吉祥如意的第一天，
这是幸福荟萃的独一天，这是事事成功的头一天；
十万座雪山抖掉了银盔，一千条河川换上了春装，
幸福的朝晖撒满五江十河！
面对这莲花般盛开的喜宴，我胸中的欢歌哟，
波涛般汹涌澎湃；我心中的歌哟，
潮水般奔腾渲泄。我向远道光临的来宾，
向参加盛宴的全体贵客，向筹办喜事的亲家部族，
唱一支酿自心井的祝福歌！
说起今天唱今天，今天这蜜般甜的日子，
今天这画般美的生活，是从九霄云空掉下的吗？
是在野马滩上长出的吗？是白度母菩萨恩赐的吗？
不是哟，不是！这是我们用汗水浇灌的，
这是我们用双手开拓的，这是我们用智慧创造的！
我们的牛羊青草般茂盛，我们的生活春阳般融暖，
我们的家乡鲜花般漂亮！向着太阳升起的方向，

我们越走心情越欢畅！五光十色的云霞在脚下，
太阳永远照在我们头上！

二

唱罢泉源我再唱清溪，我赞美盛满美酒的细瓷碗。
这叫龙飞凤舞的八宝碗：碗面雕有八副金火轮，
碗底画有八朵金莲花，中腰镂刻吉祥八图案。
要问里面盛的啥美酒啊？甘露酒香溢草原！

这是白龙江畔的米果酒，这是东海岸的香谷酒，
这是吐鲁番的葡萄酒，这是卡哇坚（雪域）的青稞酒。
喝下吧，请喝下——这醇香美味的好酒！
这是老人们的益寿酒呀，这是年青人的长智酒！
九十九岁的老人喝了它，会像十九岁的小伙般年轻；
十九岁的小伙喝了它，就像九十岁的老人般聪明；
六十岁的大婶喝了它，唱出的歌儿羞煞百灵鸟；
十五岁的姑娘喝了它，双袖腾起舞到云中去！
大人小孩喝了它，东倒西仰笑不停。
它真是婶嫂们的助兴酒呀，它真是满座贵客的欢乐酒！
高高捧起这又醇又香的美酒，我向父母般的苍天弹洒三滴。
天空运行着日月星辰，有了苍天的阳光雨露，
大地才这样富有生机。
感谢您——苍天，给我们披上十锦的彩衣。
敬罢苍天我再敬云空，云空里驰骋着银色的玉龙，
有了玉龙喷撒的甘露，草原才这样鸟语花香！
感谢您——云空，给我们带来了春华秋果。
第三杯酒我敬奉大地，大地上有丰美的草场。
有了大地无私的哺育，牧人的牲畜才这样繁荣健壮。
感谢您——大地，您的无私使我们家家富康！
敬罢天地日月星辰，我敬远道光临的客人！
日月星辰虽然位置不同，但共聚在万里蓝天之下；

蒙、汉、藏族虽然语言各异，但同住在一片大地之上。
我们有着共同的信仰，我们有着相似的经历。
我们的团结赛过密林，我们的友谊恒如天地。
愿我们的力量像羊毛拧成筋，愿我们的智慧像猛虎添上翼，
愿我们用勤劳的汗水，使生活变得更加美丽。
第五杯呀，我献给，献给上席的父老们。
有了你们的教诲，我们才懂得了爱和恨：
对朋友炭火般热情，对敌人冷霜般严酷。
由于您们的心血浇灌，我们的子孙才青松般坚强，
我们的青年才金鹿般聪慧，我们的民族才翠竹般欣欣向荣！
最后一杯酒啊，请新婚夫妇一饮而尽
幸福的结合啊，就像骏马备上了金鞍，
就像奶茶放进了冰糖，就像快刀加上了钢刃。
给理想插上翅膀吧，生活将会又甜又美。
喝吧，请诸位高举起酒碗，喝下这醉香的美酒！
三十棵螺牙(藏族通常说牙齿为三十颗，并喻为海螺样)啊会更伶俐，
黑亮的眸子啊会更炯锐，灵巧的舌尖啊会更善言，
欢乐的宴席啊会更圆美！

三

听啊，听我把这新帐唱一唱，它用了一百头黑牦牛的肢肩长毛，
它用了一千头白犏牛的肚底细绒，它是鹞臂神力的虎男剪的，
它是贤慧能干的龙嫂织的，它是心灵手巧的裁缝裁的，
它是飞针引线的姑娘缝的。
那帐梁白桦木啊，亮如银、硬如钢，
祝福财富桦木般永恒牢实；那帐门红柏木啊，
吐芬芳，放馨香，祝福牛羊柏木般健康兴旺；
那四角铁橛啊，十头牦牛也拔不起，
愿仇敌橛子般被镇伏；那羊毛帐绳啊，
紧绷绷，拧成筋，祝福小两口白首偕老；
那帐壁上的经纬线啊，交四面，伸八方，

祝福子女经纬般繁衍；那帐顶上的对对纽扣啊，
纽对扣，扣套纽，祝福新郎新娘恩爱始终；
那精美的三足鼎炉啊，抽风利，火焰高，
祝福爱情的烈火越烧越旺！说不尽的祝福化成一句话：
幸福的一对新伴侣啊，请用您的智慧，勇敢和汗水，
开拓出美丽的人间乐园。

四

唱完新帐我再赞新茶，请端起兰龙碗品品这甜奶茶！
这是南方的龙井茶，这是“波密”（西藏一地域）的羊增茶，
这是四川的松州茶（四川省松潘藏区旧称），三样茶虽然产地不一样，
但同下一口黄铜锅里。
舀来山泉甘露化作精髓，烧起红火烈焰催开芬芳，
倒进牛奶乳汁增添香气，抹上金黄酥油装缀碗沿，
缠圈洁白羊毛兆福份，溶进红糖蜂蜜滋生热力。
喝呀，四方光临的来客，请您一饮而尽，不留一滴！
它喝在嘴里会甜透肠胃，它流进肠内会暖融全身。
这又香又甜的奶茶啊，多像小俩口甜蜜爱情！
美好的意愿使心心相印，赤诚的心地使您们亲近。
请记住歌手的这串祝福：尊重和信赖会使命运融合一体，
聪明和勤劳会使日子越过越甜，谦虚和好学能使声誉溢满草原！
祝福啊，幸福的年轻人，愿你俩的爱情像今天的奶茶，
永远洁白浓酽，吐溢芬芳！

五

颂过了美酒香茶，我再把满桌客人赞歌一曲。
请不要责怪嗤笑我呀，我的歌虽然有清有浊，
但他来自心底的湖泊；我的嗓音虽然时高时低，
却流露乳汁般的情意。
在这乌金般的四方帐篷里，上席铺着锦缎垫子，
中席铺着氆氇垫子，下席铺着羊绒垫子，
中间摆着彩虹般的长桌。

甜糖蜜果撒在上面，肥肉佳肴摆在面前，美酒甜茶盛在碗里。
智慧的老人坐在上席，老人是巍峨的雪山，
酒宴是丰美无比的草地，雪山给草原增添无限光辉。
剽悍的骑士坐在席腰。
骑士是牧人心目中的斑虎，酒宴是茂密苍莽的森林，
斑虎给森林带来无比的神威。
心灵手巧的姑娘坐在席尾，姑娘是人间最美的孔雀，
酒宴是秀丽的海子，孔雀给海子镀上了奇彩！

六

祝福吧！祝福啊——祝福雪山永远峥嵘耸立，
祝福斑虎永远威震四方，祝福孔雀永远开屏张裳！
啊，德高望重的老人，慈善贤良的大婶，
威武英俊的小伙，美丽聪慧的姑娘，
请尽情地唱吧，跳吧！跳起最欢乐的锅庄，
唱起最动听的酒曲！请松开腰带款款地吃，
请抱起酒坛畅怀地喝！愿草原上每日都有新婚夫妇，
愿卡哇坚天天举办盛宴喜事，祝福啊，我再一次祝福！

有的婚礼祝福歌，比上面这部长诗还要长，有赞美马、赞美帽、赞美腰带、首饰等等，全面而优美，生动而有层次，一下子把人们对美好生活的向往调动了起来，让人人兴奋欢欣不已。

察瓦龙地区的婚俗

藏区东南部察瓦龙的婚礼又是高山深谷地区另番有自己翩翩风姿的婚礼。

送亲迎亲的队伍中，都有双方邀请的能说会道的亲友作为领头人。路上女家的领头人会不时叫迎亲的队伍停下，询问这是什么地方？要过什么江？过什么溜索？在什么地方休息等。答对了才能继续前进，若是答不对，则引起嘲笑，男方很丢面子。

送亲队伍抵达男家村庄时，领头人不下马，要考问男方。考问内容很广泛，有各方面的知识，包括天文地理、生产知识、物产情况、风俗习惯，无所不问。进到男方家，在上楼前，又一次会考问。每次只有答

对了才继续下面的程序。最后满意了，女家领头人才将新娘引入洞房，亲友们纷纷前来祝贺。这种考问，实质上是观察测验男方家庭的智力，是对女婿的间接智商考核，目的就是对夫方德才的鉴别，为了使姑娘前景辽阔，夫妇和谐融洽，共同创造美好未来。

新娘娶回家后，男家要宴宾三日，来宾不能空手入门，要送些粮食、青稞酒、肉类等。晚上人们跳锅庄、弹弦子，与娶媳妇家同喜同乐。新婚三天，新媳妇不参加任何劳动，婚后三日由伴娘和送亲人把新娘送回家，新郎不陪送。十天后，新娘回夫家，开始参加劳动和家务，正式融入这个家庭的生活中。

门巴地方的婚俗

西藏南方的“门”地，富庶肥沃，是西藏的米粮川和森林储藏地，也是才华横溢、经典型诗人六世达赖喇嘛仓央嘉措的故乡，那儿的婚姻习俗透溢了藏区南方温热带地区古老的婚姻形式和婚礼。

门巴社会虽然在婚姻民俗中残留着不少原始社会遗风，虽然也有男尊女卑的封建道德残余影响，但相对来说，妇女在社会和家庭里的地位比较平等。儿女在恋爱婚姻等方面尽管形式上要由父母作主，但还是比较自由和自主的。门巴族内部贫富差别不大，门当户对等级观念不重，人们看重感情因素。但通婚有一定限制，父系特别是母系亲属之间禁止通婚。门巴社会对男子上门或女子出嫁的看法是一样的，没有地位高低的差异，都不受歧视。女儿多的家庭则招赘，男儿多的则娶媳。据调查统计，入赘婚较多，约占百分之四十。门巴族基本婚姻形态是一夫一妻制，也有部分一夫多妻或一妻多夫的群婚制残余，但不受社会舆论的指责。婚俗中“重视聘礼”、“三道迎亲酒”、“新娘的换衣”、“新娘舅舅的发难”和“娘家闹婚变”等，都透视出母系权威以及女权衰落与父权确立带来的惋惜和怀念之情。它是历史的回音，也是口头传承下来的记录。

男女相爱后，一般由男方先征得父母同意，请一个能说会道的亲友为媒，去女方家送求婚酒。在此之前，首先要请高僧活佛占卜掐算吉日，每月的初五、十五和二十五是凶日，其他日子属于吉日。结婚吉日卜定后，媒人携带白酒、甜酒各五竹桶及肉食前去女方家，还要给女方父母每人赠送一件土布衣服和一件氆氇藏装，给女方家人每人一个银元。赠礼接受后，商议“婚价”聘礼。

聘礼一般由三部分组成，即“帕葛”、“妈葛”和“俄葛”。“帕葛”意为“给父亲的份子”，一般为一把长刀和一个铜锅；“妈葛”意为“给母亲的喂奶钱”，一般为一套藏装或粗绸服装和一个“噶乌”（护符盒）；“俄葛”意为“给新娘的东西”，通常为一头奶牛。男方家再穷也至少要献一条哈达，送一竹筒米酒，然后上女家帮助干活，有的甚至帮工二、三年后才能娶回媳妇。也可以换婚，即把一个女儿嫁给新娘的兄弟。门巴人一般不看重聘礼的多少，主要是感谢女方父母和家庭养育之恩，也体现女方的价值。商议婚价，一般是媒人先开口，边饮酒边商议，具体聘礼根据男方家况而定，谈判一般都比较顺利。有时女方陪嫁远远超过男方聘礼，有的把聘礼又作为陪嫁转送回去。议定聘礼也就算是订婚了。

隆重的“送亲”和“三道迎亲酒”是门巴婚礼中最靓丽的风景线。结婚之日，男家早早就派出迎亲人：能说会道的“噶尔东”（媒人），迎接新娘的巴萨（伴郎，要一位未婚男青年）和“朗朗”（伴娘，是一位年龄与新娘相当的姑娘），还有二名男家的特使——一个迎请新娘的舅舅，一个迎请女方其他客人。他们一行人到女方家，一一向其父母及亲戚献哈达、敬酒、道吉祥，然后催促新娘启程。这天，新娘家鸡叫头遍就全部起来了，由母亲和长辈给新娘梳妆打扮，头扎五色彩辫，戴上“巴尔嘎”帽，身着红氆氇袍，腰系白围裙，胸前佩戴噶乌、珍珠、松石等饰品，背上披一张小牛皮（门隅妇女特有装束）。用二米长、二尺宽的白土粗绸布将头缠住，只露出两只眼睛，由经过高僧占卜符合三同（同年龄、同属相、同性格）条件的两个女友陪送。

起程一定要在太阳刚升起不久之时。起程前新娘开始哭嫁，一恋故土，二恋父母，三恋家族亲戚。亲朋上前劝说，吟唱送行歌。新娘喝下告别酒才上路。送亲时，姑娘的哥辈三人手持火药枪，肩挎长刀，身背强弓，腰挂箭筒，一副武士妆扮，在前鸣枪呐喊开道。后边是十余人或二十多人的背夫队伍，背有娘家陪嫁物如装饰品、氆氇衣服、土绸布、大铜锅、铁质农具等等，每个藤筐里只放一件，背夫越多越显示富裕和隆重。再后边是背头道酒、二道酒、三道酒的若干背夫;之后是陪女,一前一后,新娘在中间,送亲的亲戚在最后边。

和其他藏区一样,门巴人也有一个古老的习俗,即在婚礼期间,女方家的客人(代表者为舅舅)有至高无上的权威,他们常常"借故滋事",挑剔男家,一旦有机可乘,就制造事端,搅乱婚礼,直到男方家陪礼道歉,敬钱献物,方才罢手。这是一种假戏真做的表演,并不是真要搅散婚姻,而是渲染婚姻的庄重、神圣和严肃性。这种习俗一来提高娘家的权威地位,二来给婚宴增添热闹亢奋气氛,它实质上为娱乐而制造的"闹剧",让婚礼更有情趣,铭记脑海。男方家派专人在迎亲途中摆设三道迎亲酒,是婚礼第一关,能否顺利通过,经受住女方家种种刁难,直接关系到整个婚礼的"成败"。敬酒人都是经过挑选的能言善辩、精明强干之人,他们分三至四人在途中恭迎客人。

第一道酒,摆设在新娘家的村口。当送亲队伍过来时,敬酒人赶快迎上前去,笑容可鞠地问候:"尊贵的客人,一路辛苦!"说着献上一碗甘甜的米酒,酒碗边抹有三块象征吉祥的酥油花,酒壶上拴有洁白的哈达。可是女方客人黑沉着脸置之不理,不肯接酒。这时,敬酒人不慌不忙,脸上挂满笑容,连连夸赞新娘的美丽和客人的富足与富贵,另一敬酒人又唱起了优美的"萨玛"(接迎贵宾与新娘的歌)酒歌,双手捧酒献给客人。盛情之下,女方客人无话可说,只好脸露笑容,喝了所敬的酒,这算是男方家过了第一道酒关。

第二道酒在村口至婆家间半途摆设,第三道酒设在新郎家门口,由另外二批专门选定的人员恭迎敬献,巧善对付。若"三道酒"都顺利通过,婚礼则成功在望。

迎亲途中,男方还要派来三名陪女,将"五彩婚招"(是一根一尺长的贴有多种颜色的风马图案的木棍)插到新娘的背上,新娘会表示反抗拒绝,但最终还是会插上,以示成了男家之人。从反抗、拒绝到服从、认命,这一表演程式,虽然热闹有趣,但却透射出一段历史进程:那就是母权制的衰落,父权制的建立,女性不得不从此处于服从地位的不争事实。

接下来则是"换衣"程式。新娘一行人到达新郎家时,等候在门旁的几位姑娘忙迎新娘和客人进屋。入座后，酒女们立刻献上头道米酒，边敬酒边演唱萨玛酒歌。待新娘喝完一碗洗尘酒后，伴女便带新娘入内室，帮助新娘把从娘家穿戴来的衣服装饰全部换装，从内衣到首饰，里里外外换上婆家的全套衣装。象征着换了婆家衣，从此明正言顺地就成为婆家人了。这反映的正是早期历史上"从妻居"向"从夫居"过渡时期的残留，是借"换衣"的方式来建立和巩固父权地位的真实写照。

新娘换衣后重新入座，一直没有露面的新郎这时才出场，与新娘坐在一起喝"东羌"（庆贺宴席酒），媒人向一对新人敬酒祝贺，人们集体唱起《吉祥歌》：

蓝蓝天空彩云飘荡，吉祥呵灿烂的霞光；

巍巍雪山银辉闪烁，吉祥呵雄狮在欢唱；

美丽山村喜气洋洋，吉祥呵可爱的新娘；

酒烈热浓歌舞飞扬，吉祥呵英俊的新郎；

吉祥呵吉祥幸福圆满，吉祥呵吉祥儿孙满堂。

新娘舅舅的"发难"闹婚是婚礼的重场戏。新娘的舅舅是婚礼上最尊贵的客人，是娘家权威的发言人。在迎亲途中喝三道酒时带头刁难的是他；来到男方家，入座后又四处寻隙滋事，百般挑剔，"无理取闹"的也是他。当喜庆的婚礼正在欢声笑语中进行时，新娘舅舅挥舞拳头厉声向男方家发难了："你们看，这是什么酒？一点不甜，苦涩难喝，难道是我家女儿心不好吗？"、"你看这肉块切成什么样子，厚薄不匀，莫非是我家女儿相貌长得不俊吗？"、"酒女连个笑脸都没有，究竟为什么这样怠慢我们？"不管男方家招待得多么周到，他也要鸡蛋里挑出骨头来，大闹一番。

他发难时，随着声声责问，用拳头捶击桌面，显得异常愤怒，其他娘家人也在一旁帮腔，有时甚至将酒泼向敬酒人，掀翻酒碗杯盘。面对娘家人的责难，男方家要马上敬献哈达，重设好酒，赔礼道歉，想方设法使娘家人消气，特别是要讨得新娘舅舅的欢喜。如果新娘舅舅不接酒，事情就难于了结。即使新娘父亲已准备喝酒，但舅舅仍可以不仅不接酒，还可把酒碗打翻在地，使"闹婚"进一步升级。最后由媒人出面调解，男家又殷情劝酒，舅舅方才接酒喝下，事情才算平息。婚礼上新婚舅舅及女方客人要耍尽威风，藏族有句谚语说“舅舅威风只一天，那就是外甥女婚礼上”。虽然发难闹婚不雅观，但却增添许多喜剧色彩，所以作为婚礼上一个重要习俗，每每象征性地一定要表演一番，形象地记录和反映了历史上母权与父权互相争夺主动权的斗争印痕。

婚礼进行到第三天，女方客人要回家了，这时新娘的父母、舅舅以及亲戚都来劝慰新娘不要难过，好好在婆家过日子，孝敬公婆，最后是母亲与女儿话别。在开导完女儿之后，又要厉声训导女婿“你听着，要好好待我的女儿，不能现在把她看作仙女，以后把她当作魔妖，如果是那样我们不依！”新娘眼看亲人都要走了，只有她一人留在一个完全陌生的新家，不禁泪流满面，痛哭不已。这时，男方家人稍有不慎，言行发生差错，新娘的母亲会突然变脸，拉起女儿边往外走边说着：“女儿呀，回去吧，这儿不是你待的家！”女家的客人便蜂涌而上，簇拥着新娘跨出房门，他们打着呼哨，扬长而去。面对这突如其来的“婚变”，有经验的男方家便全体出动急忙追上去抢夺，不让已到手的媳妇飞走。双方你抢我夺，互不相让，乱成一团。最后，还是由媒人出面调解，让男方家再一次赔礼道歉，敬酒献哈达，并作出保证，今后要像对待自己的亲女儿一样对待新娘，女方家人才放手，让男方家人把新娘拉回去，新娘挣扎着反抗，但男家人多势众，反抗是徒劳的，最后被“拖”进屋去，引来双方的一阵阵欢声笑语，也捅出了刚刚那一幕不过是一场假戏，一个游戏而已。

华锐地区的婚俗

华锐地区（今甘肃省天祝藏族自治县）是英雄部族之意，其祖先是吐蕃札、珠、东三大姓的后裔。他们的婚礼婚俗既有西部、东部藏区融合的特点，又有着自己地域、部族的创新色彩，丰富多姿，风趣迷人。

天祝藏族娶亲，要经过提亲、订婚、戴头、送亲、途中、门口、婚礼、结尾等数道程式。

1.提亲订婚

提亲，俗话叫要姑娘。男方家相中某家姑娘，就请善于辞令、通达礼仪、办事可靠的媒人去说亲。第一次去叫“提单瓶”：带一瓶酒、一条哈达、一块砖茶、两个烘锅馍馍等礼品。女方家见此，便明白来意，于是热情相待。这时媒人开口提亲，有的用唱歌的方式表达，如：

在富饶的赛尔隆村里，莫科家的牛羊如白云飘浮，

莫科家的众人如慈悲观音，莫科家的儿子如雄鹰展翅，

尊贵的主人，请接受我的敬意。

在秀龙滩的帐篷里，主人家的品格如海螺洁白，

主人家的心肠如菩萨再世，主人家的千金如空行母下凡，

尊敬的主人，请接受这碗联姻的美酒。……

主人接过酒碗，若同意，便唱一支赞成的歌，并随即打开媒人带来的那瓶酒，让大家一起喝；若不同意，便退回礼物。

第二次去叫提双瓶，即带两瓶酒，其它礼物同第一次一样，这次是正式提亲，讲彩礼，商量娶亲事宜。

讲彩礼一般在女方家进行，也有到男方家商量的。首先要请姑娘的舅父，其次请叔父、姑父等亲戚；姑娘的父母和哥哥都要参加。讲彩礼还要征求姑娘的意见。由于贫富不等，男婚女嫁在规模和彩礼上有很大区别。彩礼一般除冬夏穿的衣、帽、靴及头面和各种装饰品外，还有牛、羊、马等和谓之“干礼”的现钱。

迎娶姑娘的时间卜算后决定，大多数人家将男婚女嫁放在春节期间进行。如果男方或女方家老人去世，未满 49 天或百天的，便将婚礼推迟到下年举行。

2.戴头

在姑娘出嫁的前一天，娘家要为她举行戴头仪式（藏语叫“嘉派”或“嘉什东”），将姑娘的发饰改为已婚妇女的发饰，并接受亲朋好友及前来娶亲媒人的祝贺。

上午 10 时左右，开始给新娘（藏语叫吾亥玛）戴头。戴头包括梳头、编辫、佩戴头面饰品、穿衣等。梳头一般由婶娘二人承担（婶娘得挑选骨系干净，没有遗传恶疾和坏毛病，上有老、下有儿女的来担任）。此时，梳头人唱起《哭嫁歌》（藏语叫“吾亥欧”，意为新娘哭）。唱道：

今天是吉祥如意的日子，是尊贵人家的梳头宴庆。

……为我梳头的婶母们啊，

右发向右梳过的时候，就像白鹏从天上冲下来；
为我梳头的婶母们啊，左发向左梳过的时候，
就像紫鹏从天上冲下来；为我梳头的婶母们啊，
后面的头发向后梳过的时候，就像神鸦从树上冲下来，
是慈父养育的好姑娘，已经回答不出嫁，
硬叫出嫁的是媒人的嘴巴……
姑娘的马头向东转，愿迎来东方白海螺山的吉祥；
姑娘的马头向家转，愿家乡飞来幸福美满吉祥；
姑娘的马头向路上转，愿一路平安吉祥来。
……

一面唱，一面梳头，戴上辫套，里里外外穿上新衣服，系上各种彩带，戴上狐皮帽，佩挂上“依玛阿锐”和其它首饰，由两妇女扶护，围着院子中间的桑炉和嘛呢旗杆或庄廓，自左至右转三圈，然后进屋休息。这是向家屋告辞致谢哺育之恩，也是表达留恋之意。

3.送亲

作为一生大事，送亲非常隆重、认真，送亲的人藏语叫“东赞”，是由女方家按古老的规矩严格选定的。成员中必须有新娘的舅父，其他如爷爷、父亲、叔父、姑父、姐夫等都可做为送亲人；新娘的哥或弟必须去一人充当新娘的牵马人，另外有一伴娘（藏语叫做吾饶玛），加上媒人等共十余人。

新娘上马时间根据男方家距离远近来决定。娶亲的时晨，吃过“上马席”之后，新娘在佛堂前磕上三个头，然后在伴娘或其他妇女伴随下，围着浓烟缭绕的桑炉或者庄廓自左至右按顺时针方向转三圈后上马起程。娘家人向送亲的人敬酒，便扶新娘上马，并将新娘用白褐衫或白毡衫护起来。然后，送亲人都上马。有的纵马奔驰，有的高唱酒曲，簇拥着低首弯腰的新娘，向男方家走去。他们一路唱道：

太阳从东方升起的时候，彩霞在半空闪烁飘动；
雄鹰在天上飞翔的时候，骏马在滩上自由驰骋；
姑娘向婆家送去的时候，吉祥的光明在前面领路。
……

4. 途中

送亲的早晨，男方家异常繁忙。亲友们带着哈达、美酒、烘锅馍馍、羊背子（宰杀好的全羊）、特亥（藏式点心）等礼物前来祝贺。一切井然有序。

首先派出两名善于辞令、通达礼仪、精悍善骑的使者（藏语叫德什格）作为联络员，去途中迎接送亲队伍。隆重的婚礼传统上在途中设三个点迎三次。现在大多途中设点迎一次，其余两次在双方大门口表示。凡和女方家有亲朋关系者都要等在路口，敬酒祝贺。

两个骑马使者在途中，选择一块平地，煨上牛粪火，炖上酒壶，铺好单人地毯，等待客人。当客人到来时，使者便端起斟满酒的木碗或龙碗，高唱迎宾曲：

清晨的太阳照在石崖上，红石崖如屹立的神像，
那是佛一样客人到来的象征；中午的太阳照在河水中，
洁净的水如圣神的供品，那是供品一样客人到来的象征；
下午的太阳照在草滩上，草原上像开满鲜艳的藏金莲，
那是花一样客人到来的象征。
……

客人听见歌声，便知道是男方家派来的使者，也唱起了歌，向煨火的地方靠拢过去后下马，被请坐在地毯上。使者给新娘的舅父、父亲等献上哈达，给每人敬酒。然后一使者用特殊的韵调，说起问候之辞令（藏语称参木智或者交热），如："从东方来了，像东方的太阳，祝贺贵客们光临。"送亲客人齐声答谢后，其中一人说："像天上一样富有，像大海一样深沉，主人家贵体可安？"两个使者齐声答谢并致"德什格拉罗"（迎亲赞词），同时给每个客人敬三碗酒，然后两个使者收拾东西，迅速上马，奔向归路。客人们也飞速跨马，向两个使者追去，抢夺其帽子或地毯。这时的追逐很紧张，看谁的马快，看谁的人精，路旁看热闹的人们大喊加油，直追的两使者不见影子为止。如果客人抢不上使者的帽子，无话可说。如果抢了使者的帽子，到了男方家后，手里摇摆着"战利品"，冷讽热嘲，惹得人们哈哈大笑。两使者面红耳赤，给客人献哈达、敬酒甚至磕头，客人们才归还东西。

5. 大门口

两个迎亲使者返回后，男方家在大门外煨起一堆火（藏语叫“纳木尼”），所有的人拥堵在大门口，并由专人拿着酒瓶和酒碗。迎接新娘的两个妇女（藏语叫“达卡来尼”即接过新娘马缰绳的使者）则手捧哈达，站在众人前，等待新娘的到来。

当送亲者一行到男方家门口时，有的放马来回纵驰，有的护着新娘，双方高唱酒曲，男方家唱道：

当客人从东方来临时，具备了从东下马的缘份；

世上的太阳扯金路，吉祥的月亮铺银路，

本地的众星来迎接，尊贵的客人欢迎你。

两位接亲妇女高举哈达，一面高喊“达卡雄——达卡雄——”（意为攥住新娘坐骑的马头），一面急速穿过马群接近新娘，把哈达献给牵马人。这时，牵马的人紧紧抓住马缰绳头，一面看对方的礼仪是否合乎规矩，一面看所献的哈达是否完整；如果哈达是破旧的，那便是对客人的侮辱，马上会给接亲妇女一顿马鞭，更牢抓马缰头，防止突然被抽掉。其他人也更紧紧护住新娘。如果礼仪合乎规矩，那么新娘的马缰绳头会顺利抢到手，然后迅速扶新娘下马，客人们也纷纷下马。在燃起的火堆前，宁玛派僧人念起了洗脸经（藏语叫“亚绸”），并倒“文巴”（法瓶）内的山泉水让新娘洗脸，后迈过火堆（以示驱邪）到门口，由婆婆给新娘换上金边帽，才护送其进屋。新娘上炕后在炕角面壁低头而坐。

送亲的人进大门是不容易的，人们堵住了大门，一面高歌，一面给客人敬酒。客人们要瞅准机会向里冲，否则会被灌醉。也有个别地方的客人进门时有泼水的习惯。

6. 婚礼

举行婚礼的地方（藏语称“交哇”）设在较宽敞的房间或帐篷里。上方正中桌上供着“切玛”（吉祥礼盆），墙上横挂一条哈达，左右设两排座位，一般铺坐毯或毛毡，进大门后，只唱歌不说话。进入举行婚礼的房间后按照客左主右的大小辈份顺序就坐，女方客坐左边，东家坐右边。这时首席女方客拿一碗牛奶，首席东家拿一碗酒，弹洒三次，表示祭天地神祇，供养佛法僧三宝。东家致问候辞，女方客致答谢辞。

有的地方两碗端好后要互换。之后女方客将带来的礼物摆在桌上，向东家表示祝贺。然后开始喝茶（藏语叫“仲加”，即迎宾茶）、吃糌粑。

喝完茶，东家开始从上到下，从客到主依次敬酒、唱酒曲，用比喻、夸张的手法赞颂对方、赞美生活。此时，开始摆嫁妆（藏语叫“南木张”），即把男方家送的彩礼和女方家的陪嫁物全部摆出来，让宾客和主人过目。新郎、新娘站在用青稞撒成的万福雍仲吉祥图案上，由一人诵“贵恰”即《衣饰赞》。“贵恰”中有对诸客人的赞美，如：

今天，首先向在座的诸位，有像须弥山一样高度的，
有威如老虎一样英武的，有如孔雀一般美丽的；
左右席上就坐的长者寿兆的主人，延年千岁者；
贤哲声誉的主人，有搭绫缎的衣着者；
左边英杰的主人、手持长矛的英雄等诸位敬上一杯酒。

有对媒人的赞美，如：

牵线搭桥的妙媒，骑上苍龙似的骏马，
穿上海洋般的衣服，戴上青天一样的帽子。
我的酒瓶口上拴上洁白的羊毛，以酥油加以装饰，
敬上妙媒之手以表心意……，

尚有对婚事场面的赞歌，如：

十三座垭豁上来敬酒迎接，十三条沟谷里来迎献哈达，
十三座广场上来献上哈达……

最后对嫁妆做简单叙述，并祝贵宾们皆大欢喜。摆嫁妆结束后，仍请客人入席。喝茶后吃手抓肉、包子、米饭、熬饭等佳肴。

半夜时分进行祝酒仪式（藏语称“祥先”），先由几个人抬一几十斤重的酒缸走进婚礼场，做着恢谐、风趣、夸张的动作，口里喊着号子，引起众人大笑，酒场气氛十分活跃。酒缸放定后，由一人诵祝酒辞：

是呀！我在这美好预兆俱全的筵席上，
来向诸位致以饮青稞酒的祝酒辞……
此碗中所盛的甘露汁，是年内酿出的褐色年酒，
是月内酿出的清凉月酒，是一昼夜酿出的新酒；
六楞白青稞之精华的甘露汁，是内地的米曲为曲的祖源，

是内地葡萄酒等商场的曲源，掺入葡萄之精华的酵母，
是以六谷蓝青稞酿成。多种酒味俱全的甘露精华，
仅这八十斤白酒，若是尊敬的宾主们饮了，会使声誉大振；
在坐的长者们饮了，会延年益寿；
英雄儿们饮了，会增添勇悍；
夫人女士们饮了，会带来乐趣；
闲暇时饮了，会为你做伴；
忙碌时饮了，能成为陪从；
出战时饮了，会成为援兵；
送新娘时饮了，能做陪嫁送行之伴。
这甘露液，是长命百岁的益寿酒，
是民族团结的合心酒，是所愿如意成功的胜利酒，
是载歌载舞的欢乐酒。现献给您坐上席的亲友长者们，
做为祈祷祝贺的引子，壮年亲友们做为辩论、热闹的引子，
父辈们做为载歌载舞而欢乐的引子吧。

最后众呼“拉索”（好啊之欢呼），酒场上气氛更加活跃，俏皮话、歌声连成一片。此时，宾主双方歌手正式拉开架势，一来一往，一问一答，互不相让。唱的歌曲由赞歌发展到逗趣歌，也有人放胆唱嘲讽歌。有时碰上著名歌手，不唱散歌，而专唱大部头歌，一直唱到天亮。其间女方宾客两三人到灶房，感谢玛什们（即做饭的妇女们），互唱“强伊”（赞美酒的歌），女方宾客敬酒献哈达。

这天晚上，东家还要接待聚集在房屋内或门前广场上的来客。点燃篝火，煨上大酒壶，给人们敬酒，让其痛饮并高歌舞蹈。

第二天早饭后进行“仲”的仪式，即打份子。一只烤全羊，由一人用刀割骨节，不能连肉。每一个骨头都给应得到的人。这是藏族特殊的表达尊敬的分肉法，有一套系统的肉质档次序列，按亲缘地位、社会地位、宾客主次给予最好、好的、一般的、次的肉块，不能乱给。一人在旁还要诵说“仲”的赞词。东家给舅父一匹马，给叔父一头牛，给弟弟一只羊，给母亲一头犏乳牛（报养育之恩），现在一般用钱来顶替表示。

接着举行“索萨”（羊肩胛骨）仪式。由女方宾客（娘舅一方）向主

人交新娘并赞颂木华（女婿）。这时，所有的客人坐定喝“吾亥嘉”（新娘茶），由新娘给每人敬一碗茶，表示敬意、感谢。有一人诵词，词的主要内容是给新郎新娘颁发肩胛骨仪式风俗的渊源，及肩胛骨各方面之表达的瑞应。如：

哑！现在从八方位圆满如意的角度来说，

肩胛骨面朝上方，是表示天神的体面；

肩胛骨的天窗开着，表示安乐天窗大开之兆；

……肩胛骨底部盛满青稞，表示青稞一样一代接一代……

下午举行最后一道仪式，名曰“尕什杂”（意为欢乐祝福）。新郎新娘站在白毡上，一人手里拿着碟子，内放青稞、柏香和一碗酒，先由同辈人给就坐的新郎脖子、头上洒一点水，然后站起来由陪同人把碟子献给德高望重的老人，老人接过碟子便说起祝福词。祝福词最后说：

好啊！今天从祈祷祝愿的依托尕什杂祝词方面来说，

我的右手五指的顶端，在檀香木制做的碟子上面，

以八枝寿木神树柏枝为垫座，以预示谷物丰登的青稞堆为装饰，

以八吉祥花纹的碗里盛满甘露汁，上面以白绵羊及牦乳牛的黄酥油为装饰。

口念祈祷吉祥的祝词，这外大地和情器世间的上面，

做圆满的装饰。其表示具有上天寿神般的寿份，

具有空间厉神般地能引来福禄，能像地下龙王般的招远，

具有印度王的教福，具有汉地国王似的财富，

具有格萨尔王一样的英豪。势、财、富裕三者俱全的福禄常在……

同时每人割一点肉，到场院里点燃的火堆上去烧。既要泼撒，又要吃一点，表示祭祀诸神和不忘祖先。

接着东家热情招待客人，向宾客敬酒，一人唱“扎西”（吉祥圆满歌）：

姑娘、婆家舅父，姑娘依靠婆家住，

舅父不坐要返回，祝返回的舅父吉祥来。

……

此时，女方宾客唱道：

我客人不住要回去，我起身留下几粒白青稞，

离不开青稞呀，吉祥来。

当客人起身后，东家在门口向客人敬酒，所有的人都出来送行(有的地方新娘也要回去，过一段时间后再回来)。客人上马后，东家连连敬酒，这时，客人们放马奔驰，有的唱酒曲，主人家连呼："中布桑，赛拉肖——"(意为祝珍贵客人们请安好，回来吧)，客人们一听呼叫，勒转马头，又急驰返回，接受敬酒。这样反复三次，叫"勒马三回"，这个酒叫"达强"(上马酒)。最后，客人们扬长而去。如新娘没有随女方宾客回去，当天晚上便入洞房，婚礼也就结束了。

在东部藏区的婚礼上，舅舅也是最权威的。这一天，他说一不二，尤如九鼎，谁也奈何不得，折射出母权制的残痕。

地域不同，经营生产的迥异，使东部藏区的婚礼纷繁多姿，迸射出绚丽斑烂色彩。

林牧结合地区的婚俗

笔者亲眼目睹甘肃省南部藏区卓尼县卡车乡查鲁沟的婚礼，它在藏区东北部林牧结合地域有着一定的婚俗代表性。

卜选好日子后，新婚那天，男方迎接"巴撒尔"(新娘)的马队早早出发了，队伍中不仅有新郎，还有家族的男青年十来个，其中有最优秀的歌手，最巧言善辩的开哇(雄辩家)。实际上藏族婚礼本身就是一场斗嘴的"白刃战"，输了会威信扫地丢了面子，还会传为笑料，因此男方家一定要想方设法请来村落中有名的歌手、辩才，来代表自己家族。新郎全身一新，骑着剽悍的枣骝马，脖子上系着随风飘舞着的翠绿色吉祥结，显得洒脱、英武。

陪伴新郎的"索兰"(陪客)，既是拿聘礼的，还能歌善舞，是应付女方娘家歌舞挑战的好对手。

媒人是今天的主角，他将主持新娘、新郎两家的礼仪。走在路上，他稳坐马背，不言不语，实际上心底里正在翻江倒海。他转动着那九

十九盘花花肠子，搜寻最巧妙、诙谐的对答话语和吉祥的歌词以及如何应付意想不到的事儿。

到了新娘家村口，迎亲的马队主动下马。一群少年男女横架一根木杆呼喊着挡住迎亲的人们，迎亲队伍过三关礼仪中这是第一关。

媒人稍稍一停，从怀里抓出一把糖果向孩子们撒去，在孩子们忙着欢抢糖果时隙，迎亲人们顺利过了第一关。

第二道关是女方的姑、姨、嫂等中年女人之关，这可是一道难关，媒人大把的糖果不为她们所动，直到他拿出一叠崭新的人民币来，才被放行。

最后一道关是女方家年长的婶婆们，其中还有一位年高有声望的阿奶(尼姑)。媒人在这道关口中显得温顺，话语客气谦和，糖果和礼钱也给的多。(听说过去每道关口都要对歌，对赢了才能前进，但现在变异简化成撒糖果和送礼钱。)

三道关口总算通过了，女方家端出青稞酒，向迎亲的宾客们敬酒。饮罢迎宾酒，迎亲的队伍才跨到新娘家的大门口，但大门紧闭着。要想打开门就得唱歌对歌。于是门里面藏的姑娘们和迎亲的“索兰”展开了一场对唱竞争，你来我往，一首连一首，直唱到大门敞开。这种对歌唱词主要有：

念经要念福德经啊，福德是经卷的卷头，
不念福德经不成经。
吃饭先要有桌子啊，桌子是摆食品的家俱，
没有桌子吃饭难团园。
唱“善巴”要先唱“夏美”，“夏美”是“善巴”的曲头，
不唱“夏美”，“善巴”就唱不成。

(“善巴”即创世歌，“夏美”是该歌的歌头——编者注。)

新郎和迎亲的宾客进了堂屋后，新郎站立在一边，以示礼节和对老人们的尊敬。

女方家请来一位德高望众的高僧或尼姑，为新郎新娘祈祷祝福，愿他们婚姻美满，家庭和睦，同甘共苦，白头偕老。

新娘家招待迎亲宾客的宴会上，媒人和娘家人要互致吉祥的祝

辞，并敬献哈达，对高僧和尼姑也要献哈达并赠送礼品。

宾客们进餐用膳，欢声笑语不断；这时女方家请来的歌舞手们便开始对唱“泼水歌”。

泼清水，席间泼，我不向席间泼清水，
不知道和谁来对歌，我不知道啊宾客们。
泼清水，席间泼，我不向席间泼清水，
不知道谁是迎亲人，我不知道啊亲家母。
泼清水，席间泼，我不向席间泼清水，
不知道谁是大媒人，我不知道啊亲家们。

边唱边向席间轻轻泼洒清水。唱完“泼水歌”，她们又跳起稳健独特的“阿加”舞；还请来老成持重的中年人唱起那古老的“善巴”，人们听得出神入迷。

节奏缓慢的“善巴”歌唱起来没完，大姑娘小女孩们可等得不耐烦了。她们拿着一根木头杆子，挤到媒人对面，一面用木杆捶捣着地板，一面吆喝向媒人讨索礼钱。狡黠的媒人，先捧出一条哈达拴在姑娘们的木杆顶端。姑娘们哪里肯受这崇敬但却无实惠的空头礼？地板捣的更响了，喧嚷鼓噪声此起彼伏，闹得媒人乖乖地给女孩子献上一份份礼钱，直到满意为止，乐得姑娘们嘻嘻哈哈一阵哄笑才离开。

看着各样程序已近尾声，媒人起身恭敬地向高僧请迎五色彩绫装饰的福禄彩箭。请来的神圣吉祥彩箭插在新郎身上，“索兰”们代替新郎唱起优扬的“颂箭歌”，新郎背着彩箭绕着放在屋中的奶桶顺时针走了三圈，感谢女方家把福禄好运带给他们小俩口。

插上福禄彩箭的新郎向高僧、岳父及长者们磕头拜别。这时女方家的婶嫂及歌舞手们一涌而上，给媒人满头满脸抹上糌粑，又把蔓菁片串项链套挂在他的脖子上。这戏谑实际是对媒人的一种褒奖，感谢他让这对有情人如愿以偿终成眷属，也使女方的婚宴更加热闹红火。它也反映了婚姻关系中媒人至关重要的角色位置。

迎亲的人们出门了，娘舅家的人边敬酒相送边吟咏“引福歌”，祝愿吉祥如意的福气和鸿运永远陪伴这对新人。

在欢呼声中，伴娘和众姐妹搀扶着新娘走出大门，把她扶上高头大马。迎亲的人们簇拥着新娘和新郎，告别娘舅家踏上归途。娘舅家十几人马送行，新娘回眸落下几滴难舍的泪水，娘舅家人和全村乡亲一直把她送出去很远的地方。

新娘到婆家村口时，婆家人都集中到村口迎接，全村的男女老幼都来了，人头攒动，争相观看新娘的容貌、服饰。婆家人忙着给送亲的阿舅们和迎亲“索兰”们拉马、敬酒。为了增加婚礼气氛和提高舅舅的权威。送亲的阿舅们摆出骑着马闯进大门，直到院里还不肯下马的姿态，甚至跃跃欲试地直想骑着马进屋内，但这仅仅是一种要威风的姿态罢了，婆家人会早早拦住马头，用笑脸和美酒让阿舅们不得不下马。

在男方家门口同样也要举行开门仪式。

里面的人们唱道：

大门是天界神门，没有薰香不开。

中门是黑色炭门，没有银钱不开。

小门是欢快歌门，没有妙曲不开。

给足了礼钱，唱够了颂歌，人们在歌声中笑着、喊着、跳着、蹦着，跟着新郎、新娘走到大门前。一位持重严肃的“俄巴”（宁玛派高僧），一手端着糌粑捏的“施食”（据说过去是个小木人），一手摇起金刚杵铃，高声向接亲、送亲的人们诵起祈福祝贺、保佑平安吉祥的经文，另一位阿奶（尼姑）还会特意为新娘祝福。

门口的仪式完了，娘舅家和迎亲的宾客才会邀进正屋内，在长长的条桌两旁席地而坐，新娘则暂时扶进事先准备好的一旁新房里休息。

按习俗，新娘当天要回家去的，等日后选择一个吉日，再由新郎去把她接回来，才算是最后完婚。所以婚礼就进行的既热闹非凡，又井然有序，紧凑忙碌。

宴会开始前，“俄巴”和阿奶再一次诵经致祝福吉祥辞，男方家给“俄巴”和阿奶献哈达、送礼品。

宴会隆重又丰盛，以显示婆家的富有和对客人的热情。长长的条桌上，摆满了整块的熏猪肉、手抓羊肉、牛肉，金黄的酥油、雪白的糌粑和白面花卷。奶茶、酸奶的香气满屋飘溢。

欢乐的宴会上，媒人得主持婚礼，他先是诵念祝辞。

祝辞是这样的：

啊，今天时光美好，良辰吉日，吉祥如意，

幸福圆满，众生安乐，五谷丰登，六畜兴旺，

佛法宏扬，宾客云集，儿郎锦衣，姑娘盛装。

旭日东升，庆典开始，遵藏家的习俗，

循古老的规矩，让我献上几句祝辞。

……先说婚姻和宴席，今日的宾客真高贵，我说话胆颤心又悸，

纷乱的心里竟忘了词。即使心里想好了词，舌头打结凑不成句；即使舌头不打结，

口齿不利不清晰。……

啊，今天吉祥的喜筵上，肥肉奶酪堆成了须弥山，

猛虎善跃也恐难跳过去；香茶美酒汇成了大海，

金鱼善游也恐难着边际；……

那首席上的父伯，犹如傲踞雪山的雄狮；

那中席上的同龄人，好似冲出山林的猛虎；

那下席上的妇女，就像开屏的五彩孔雀。

……

祝辞时把新娘请了出来。新娘、新郎开始给长辈磕头。“俄巴”为新娘摸顶祝福，并撒青稞（神粮）代表神佛赐予幸福，阿奶尼姑为新娘额头抹酥油祝福。

新郎新娘互拜罢，别开生面的歌舞活动开始了。两个能歌善舞的妇女又跳起“阿加”舞，唱起古老的“善巴”。歌舞其间，媒人和娘舅家的歌手展开激烈而有意义的对歌。

按照婚礼酒席上的程序，唱的歌有以下：

《席位歌》（阿加）

问：上席中席和下席，上席里铺的是什么？

中席里铺的是什么？下席里铺的是什么？

答：上席里铺的是虎皮，中席里铺的是豹皮，

下席里铺的是熊皮。

问：上席虎皮谁来坐？中席豹皮谁去坐？

下席熊皮谁去坐？

答：父伯坐上席虎皮上，甥舅坐中席豹皮上，

母嫂坐下席熊皮上。

《敬饭歌》（撒玛路）

请吧，请吧，请阿爷们吃，请吧，请吧，请媒人你吃，

请吧，请吧，请阿舅们吃，请吧，请吧，请亲戚们吃，

请吧，快给“莫稍”（指宴席上帮厨的妇女）们端上，一包包柴是你们砍的，一担担水是你们挑的，一碗碗面是你们下的，

请“莫稍”们慢慢地吃吧。

《祝福歌》（阿加）

祝福啊祝福，先祝福功德圆满的高僧，

你像晴空的太阳，炽热阳光温暖世间众生；

你像夜空的月亮，万丈光芒照亮众生心房。

祝福啊祝福，祝福年高望重的老人们，

愿你寿岁九十九，子孙满堂福乐无边；

愿儿女像草木茂盛，您老人们是人丁兴旺的根本。

酒酣了，脸热了，按照贯例该赛马了。人们涌到刚收割后的大地里，观赏今天汇集的马中，看那一匹剽悍、那一匹敏捷、那一匹跑的最快。当信号发出，百匹骏马各不相让，马儿也好象懂得骑手们的心思，跑起来像射出的箭不落地面。精彩的表演引来围观者助威的狂呼高喊声，撼摇得两面的山林也在嗡嗡作响。

这种赛马，不计名次，没有奖励，完全是助兴娱乐性质，人们只图个高兴、欢快、热闹。

赛完马日已西斜，送亲的人要告辞回家了，婆家人再次相劝送亲人多吃多喝。新娘由伴娘陪扶着，绕新郎家堂屋柱子三圈，以示自己已属这家，从今往后就是这家的人了。

在大门口，新娘和新郎要交换信物，他们拿出各自早已准备好的戒指或手镯，互相放在手心。

新娘上马和送亲人离开了男方家。古老的习俗规定她必须回到

娘家去，在家中等那么一个吉祥的日子，新郎将骑马来接她。这时，新奇而热闹的婚礼才算圆满，也才告结束。

在甘肃卓尼地区，还有一批从西藏遣移来的移民后裔的居民。一千多年前，他们听从吐蕃赞普的调迁，来这一带作战戍边。随着吐蕃内乱，他们及其后代永远落居于洮河畔。虽然很多文化特征已经消失，但妇女们的装束却保留至今。因为她们梳有大小三根辫子，邻近的汉民戏称她们为“三格茂”（三条辫子）。而他们的婚礼程序是——

婚礼分两步进行：

女家先一天举行婚礼，由媒人（巴百）率领男家派出的迎亲者（索兰）参加女家的婚礼。自“索兰”进门起，整个婚礼歌声不断，此起彼伏。女家歌手先唱《楚路曼》、《舒路曼》，“索兰”以“善巴”等曲目答唱。若答不上，女家则以抬杠子（戏称骑马）、浇凉水来戏谑惩罚“索兰”。接着用“勒年木”（即抒情、美妙曲）互相对唱，闹至天亮。吃过早饭，女家以“丹”（祝福诵辞）唱送“索兰”。新娘上马与家人告别时，她母亲、姑婶、姨嫂、姐妹等唱哭调（打巴欧）相送。女家的送亲队伍一经出发，第一步婚礼仪式即告结束。

男家的婚礼仪式以新娘进门开始，直至次日下午送亲者离开为止。婚礼中除有成套的祝辞外，双方都在老歌手指导下互相盘歌，第一个内容是“阿加”《丹知》（吉祥曲），由主持人领唱，并由四个女歌手边舞边唱；接下来双方歌手开始盘歌，盘的第一首即“召子夏美”（即桌子上供的插有松柏枝的酥油碗等为题发挥吟唱），继而用“阿加”、“善巴”、“召斯勒”（迎客曲），“勒年木”等曲调依次相盘，直唱到天亮。除中间吃面条时唱“撒玛路”外，其它选词较自由。

天亮后不再盘歌，主持人唱着“贤占”迎请歌，请送亲者到村里认“沙尼”（即亲戚当家）。每到一家主持者即唱“贤占”。转完后回到男家举行告别仪式（赛马在头一天举行），吟诵祝辞送客，整个婚礼也就此暂作结束了。

无论是西部还是东部，藏区各地域的婚俗都喷吐着自己的芳香，显示出自己的个性，如甘肃迭部的提亲、定亲就是这样一种风韵——提亲，找好媒人后，媒人领男方家的父母或其他直系亲戚，拿上一壶（铜壶为佳)青稞酒,壶柄上系一条哈达或红线绳,在酒壶的盖沿上抹三点酥油,一行三、五、七、九人前往女方家提亲。女方家事先做好了准备,请来直系亲戚和本村相好的邻居。这天一般不让男方提亲的任何人见到姑娘。提亲的进了女方家后,由媒人给女方父母介绍男方家中的一切情况(父母年龄、家庭状况、经济来源、人口多少以及男方是干什么的、属什么相等),并把拿的酒放在堂屋家神前的柜子上面。

女方家一般只是听男方家的自我介绍情况,不提任何问题。媒人讲的话题主要集中在:姑娘已长大成人,到了出嫁的年龄,属相与小伙子相合,并提出何时定亲为好,还要求女方父母和其他亲戚快把壶里的酒喝完。女方家为了慎重起见,一般不马上答应男方提出的任何条件,待 3～5 天或 7 天后答复。

女方家若同意,家人亲友才将此壶酒喝完后,装上青稞食粮,将酒壶送到男方家,意味着告诉男方家,女方家已同意此门亲事。

定亲——根据男方的具体情况,决定订亲的吉日。订亲需事先取得女方家同意,才决定吉日。在男女双方算好的吉日里,男方根据自己的家庭情况和经济条件,拿上必需的青稞酒、牛羊猪肉,炸上油饼,蒸上花卷或馒头,带一些新鲜水果、糖类、菜水等礼物,前往女方家,女方家一般不做大的准备,主要吃喝均是由男方家送来的。订亲的主要成员是双方的直系亲属和关系较好的左邻右舍,人数一般在 50～80 人之间。男方一行拿着必需的东西到女方家后,由一位懂仪式的人将酒倒入小龙碗或酒杯里,先敬家神一杯,然后敬给女方父母和其他客人,再由男方父母按同样的顺序依次敬酒,然后双方父母和媒人开始商议给姑娘的嫁妆、首饰佩戴等。女方尽量多要,并且说一些抬高姑娘身价的理由,例如姑娘长相好、人品好、针线刺绣好,姑娘养大不容易,家庭很困难等。男方则尽量提出一些理由,达到少给一些东西的目的。边商议,边吃边喝,吃饱了,喝足了,意见也基本相吻合,由双方父母开始商订结婚的吉月吉日。上迭部女方家同意姑娘的终身大事后,让其到男方家住几天,然后再商订何时结婚。

在有些地区,婚姻方式奇特又有趣,如以下:

青海藏区抢帽子便是之一,它主要是男方追求女方的方式。如果小伙子看中了一位姑娘，他不是先去向姑娘求婚，倾吐自己的爱慕之心，而是设法抢走姑娘头上的帽子。抢到帽子后，过若干天又将帽子还回去。假如姑娘对这个小伙子有情，她就会高兴地收回自己的帽子。如果姑娘并不喜欢，那么她连帽子也不要，对小伙冷淡置之。

姑娘向小伙子表达爱情的方式，则是赠予自己随身佩戴的耳环、戒指或者项珠手镯一类的饰物。若是小伙子中意，就会接受姑娘送来的信物，否则不会收取姑娘的东西。

根据青海藏区的社会习惯，妇女不为青年男女的结合穿针引线，媒人应由德高望重的中老年男子汉担任。他必须具备一个十分重要的条件：深晓礼仪，善于言词，通达传统的谚语和格言。安多藏语称媒人为“雪堪”，即说家、说客、雄辩家。“雪堪”走到哪里都备受人们的尊敬。

某些地域，举行婚礼的前一天，女家设“女儿席”，招待为姑娘送亲的亲朋。在临时安下的喜帐里，女眷们精心地为姑娘梳妆打扮，孩子们站在高岗上向远处引颈了望，他们等待着新女婿前来迎亲。

迎亲的队伍到来了。新郎由和他年龄相仿的表兄弟们陪同。在媒人的率领下，浩浩荡荡，快马奔驰到来。孩子们忙着拴马，男人们前去问侯，妇女们则排成两行，夹道欢迎。

媒人昂首阔步地走过去了，年轻的陪客们走过去了……。按照规矩走在最后的新郎刚刚步入人丛，妇女们突然“啊—召，啊—召”地呼叫起来，举起早已准备好的隐藏着的水桶，朝着新郎泼去。小伙子哪里抵得住这劈头盖脸的水浇，而又是滴水成冰的数九寒天！顿时，失魂落魄，丢掉了威风，忘却了礼仪，抱头蹿入姑娘家的帐房。他的窘态，自然惹得围观的亲朋们哗然大笑，欢呼跳跃。

水桶里的清水是由山间的积雪融化而成或者是从泉眼里舀来的，象征着吉祥如意，象征着纯洁无邪，真情实意。向新女婿泼水的寓意是祝愿新婚夫妇互敬互爱，让他们的爱情像泉水一样深，像泉水一样长，像泉水般清澈纯净，像雪峰一样永远圣洁无瑕。这本是水崇拜的表示。泼清水是为了冲掉新郎身上存有的各种秽气、晦气、邪气，使其更加健康纯洁、富有活力。不过，这种美好祝愿的圣典，应由新婚夫妇一起领受才对，为何要由小伙子一个人独享呢？这可能是古代母系家族的妇女们，在一种压抑变态心理下对于父系家族制度所实施的报复，是在近代藏族婚仪中象征性的古俗再现。由此看来，从远古至今，为了奠定男权父系世族的基础，男人们经受了棒打、水泼等一系列曲折磨难的历程！今天，人们看到的是从惩罚到戏谑的民俗变异。

当然，以上仅仅是推测罢了。或许泼水习俗是人们对新郎的祝贺，是洗涤他身上的秽气、污气、邪气，让新婚生活更加美满幸福。当然，也隐涵着泼凉水清头脑的意思，警告新郎别狂热到头脑发昏、忘乎所以的地步。

各地的婚俗虽在程序上大同小异，但由于因地而宜，也表现得纷呈多样、韵味无穷。

东部藏区的“抢婚”习俗

在东部藏区还流传着一种古老的抢婚习俗，这种婚俗，已经失去了古代的那种掠夺性质，说是抢，实际上是佯装假扮演出的一场喜剧罢了，但它仍不失为一种婚俗。

一个月昏星暗的夜晚，初更时分，夜深人静，小伙子家有十多人马出发了。在他们的队伍中，另牵有一匹供新娘乘骑的空鞍马。当临近姑娘家的帐房时，其中一个机敏的骑手快马奔驰，绕过姑娘家的帐房向草原深处而去。这个突然来客，吸引了姑娘家的狗，它来不及仔细思考，来不及大声吼叫，就尾追着小伙子的马也奔向远方。牧狗虽然警觉凶猛，但却很容易上当了。马儿、狗儿的奔跑声竟然没有惊醒姑娘的父母，因为这种现象在牧区是司空见惯。但姑娘却心领神会，她在焦急地等着这一刻的来临。听见动静，她从帐房里偷偷出走，来到约定的地点，匆忙把自己的靴、帽、皮袍乃至内衣统统脱掉，换上情人带来的靴、帽和衣衫。然后，在情人的陪伴下，在勇士们的护卫下，向小伙子家的方向逃去。

马队消逝在远方，一名暂时留守的勇士把姑娘的衣物卷在一起，摸着黑送进了姑娘家的帐房。这是让姑娘父母明早一睁眼就能看到姑娘被抢的信号。当这个勇士完成了这件重任，向酣睡的二老告别时，还不能忘记要在帐房门上搭一条洁白的“哈达”。

天刚破晓，小伙子的舅舅、哥哥等数位男人就迎着朝阳从草原那一边跃马而来，他们要和恼羞成怒的老俩口进行一场十分有趣的谈判。

谈判的结果是戏剧性的。最初自然是不愉快的，男方家会尴尬难堪，但经过晓之于理，动之于情，气氛大多慢慢会和缓下去。在子女未来幸福、人身自由等大事大非问题上，姑娘的父母是清醒、大度、有眼光的。双方找到了共同点，从而逐渐融洽和谐起来，最后女方家会同意这门婚事，两家结为亲家。即使有分歧，但经过几次磨合也会走到一块的。

抢婚的习俗在全藏区都能找到痕迹，安多地区的道帏、文都（今青海省循化县撒拉族自治县）等地三四万藏人中，抢婚习俗依然流行，成为一种时髦。

循化藏区的“抢婚”藏语曰“那玛赤”，即抢新娘之意。其具体内容与西藏、四川、甘南等地区有较大区别。循化地区的“抢婚”有这样几种背景：主要是女方同意而女方家长不同意；男女自由恋爱之后已自愿定婚；为避免拖拉时间，需要采取果断措施。“抢婚”使女方在一定程度上从主动变为被动，在名誉上造成了“首婚”，女方家属不得不顾虑；其次，“抢婚”能表现男方家族的力量，帮助女方如愿。男方亲属认为某家的女子适合做自家的儿媳，但又觉得对女方家长没有十分把握，或者男女方相互一厢情愿女方家属却不同意时，就决定采取“抢婚”措施。

男方父母同儿子协商，经儿子同意（也有强加的）之后，由儿子去找几位同龄小伙子帮忙，名曰“赤饶”即抢友之意。然后再从女方周围找一位“囊玛”，即内探之意。通过同这位“囊玛”私下偷偷联络和磋商，共同确定时机。一般为节日或婚宴席事等群人聚集时，“囊玛”把姑娘引诱到确定地点。这时男方的包括本人在内的几位“赤饶”早以“埋伏”在目的地，待时机成熟，一涌而上，将女子连拉带背地拖至男方家。途中有些女子大喊大叫，有些高声哭泣，有些捶打或者撕咬，有的则在面子上敷衍几下其实内心很情愿的。

快到男方家门不远时其中一位小伙子快速加鞭到男方家报信。

此事如果是男方和父母协商决定的，一般都早有准备。但如果是男方私自抉择的，会给家人带来骚乱。煨桑的煨桑，剁肉的剁肉，和面的和面，报信的还到各亲戚家一一告之。最主要的准备好一件对姑娘有诱惑力的漂亮富贵长袍新衣。

姑娘“抢”至大门时，先由一名妇女（一般是男方母亲）左手捧一个盛满牛奶的龙碗，右手拈一枝细小的柏树枝，边念六字真言边用柏枝把牛奶泼洒到自家门的四周，然后方才让姑娘入门。这个礼仪包含两层意思，一是婚事给全家带来吉祥、富裕；二是这件事如牛奶般顺心遂意，甜蜜永久。进入家门时姑娘一般是不哭不喊的，除非她百分之百的不愿意。几位小伙子把姑娘从桑烟熏浴缭绕中带入客房。男方母亲及姨母们匆忙把准备好的新长袍拿出，敦促她快快换上新衣。如果姑娘马上换上新衣就说明她十分情愿，如果拖拖拉拉就说明还在犹豫不决，如果执意不换就意味着婚事有可能失败。

换上新衣后姑娘向神龛磕三个头，然后由一名专门指定的伴娘领到另外一间房子吃肉包子。此时男方的所有亲戚朋友，哪怕三更半夜，每家都得有一名年长者到男方家贺喜。每人怀揣一个果子、一包冰糖或什么的，进屋之后一一送予“抢”来的姑娘，并附言几句，倡导和鼓励她如愿这门婚事。不一会儿，大伙儿都坐满炕上炕下。炕上是年长之辈，炕下是青年男子和妇女。男方的家庭主妇们把蒸好的净肉包子上桌，然后上茶上酒。净肉包子先给几位打帮抢婚的小伙子吃。炕上的长辈们边喝酒边商讨事宜确定媒人和伴同人选。

按规矩，天亮之前必须派出一名德高望重的老人到女方家做媒。这位媒人拿一瓶瓶口拴有一撮羊毛或者哈达的白酒到女方家去求亲。如果女方答应或勉强答应，则将允许把酒置于家中，否则将会让媒人把酒带回。这种情况一般是很少的。因为这种“抢婚”举动，在当地已经习以为常，决不会大惊小怪的，女方父母一般都坦然置之，豁达大度，没有几人会大动肝火的。当天姑娘将由一位男方的中年女亲戚相伴在男方家过夜。第二天天蒙蒙亮时由男方一位妇女把她送回自己家中。

女方父母及亲属对女儿或鼓励或拒绝。倘若姑娘完全愿意那谁就没办法了，甚至有姑娘自个儿偷偷逃回男方家的事等。当然家规极严者则不然，逃不出“包办”樊篱。如果上上下下都情愿，那就顺利了。“外娃”(媒人)再选个良辰吉日，再带一瓶酒到女方家，共同协商彩礼和婚姻要求之类的事宜，然后确定一个日子。这个日子叫“坚嘎”即契约日。

到商议确定日子的那天，由“外娃”带领“穆华(女婿)”，带上所要的礼金和烟酒。女方将集合全村的老中青年男人前来抽烟喝酒商议具体婚事。这一整天女婿必须从早到晚陪立着不能坐下来，而且还得给女方家的所有客人斟酒沏茶。老人们不时给“外娃 ”和“穆华”叮嘱或祝愿几句，以求婚事圆满顺利。女方一般要求的礼金数目比较大，但真正所取的相当少。这是一种传统式的做法，开始女方往往向男方要求相当数量的礼金，而且限时很短。这主要是在试探男方家的财富势力，故意给对方施加压力，制造麻烦。“坚嘎”当天，女方父母及亲属查看是否按要求带来了礼金，从中取出一二百来块，其余的如数还归媒人。除此之外还会要求一些烟酒和糖果，供女方当家们吃喝。在“坚嘎”当天，一般确定“东毛”(婚礼庆宴)日，即婚宴日。

随着“东毛”日愈来愈近，男女方家中都非常繁忙。女方父母全力以赴给女儿做陪嫁。一般分为冬夏装不等的几件长袍、几件短衣、藏式鞋和皮鞋几双，羔皮帽或狐皮帽各一顶等，主要视家庭的富裕程度来决定。婚礼前一天女方父母还必须找一位编“拉尼”(细辫)的高手给女儿编婚发。从头顶到后背编一条较粗的，然后从其左右各梳九条细小的辫子与其连于背，再吊上一排饰有银盘的辫套。银盘一般从上而下排成一列，多者两排。此外还要邀几位手艺好的妇女准备数十个造型各异的、精美的烤锅馍。这是一种循化藏区日常食用的馍，大多圆形，厚约三四公分，半径约七八公分，吃起来又脆又香，很有名气。男方则把杀猪宰羊等基本事搞定之后，在“东毛”日前一天召集家族及亲戚的每户一名男子，名曰“坡卓”(帮工)，分成若干小组，分类分管，专门负责。因为第二天将有上百人到男方家吃饭喝酒。“东浑”(婚礼总管)安排“波卓”去借餐具及桌椅之类。由“家浑”(即炊事长)登记造册，事完之后如数还与其人。除“坡卓”外，男方家还必须邀请十几名亲邻年轻女子，以供第二天在所定地点驾迎“吾玛”（即新娘）。

翌日清晨，几乎全村的人都前来贺喜。亲戚近邻或朋友一般拿烟酒或腰带做为礼物，其余都拿一蒸笼热气腾腾的花卷馒头或包子。女方用一匹白马驮着嫁妆，用两三头毛驴驮几袋粮食，有一个专人在吆赶。“吾玛”的父亲及兄弟们必须盛装走在前头，名曰“阿香们”（即舅舅们）。由一名美妙女子背一竹篓做工精美的烤锅馍走在旁边。十几名衣着鲜艳的女子把梳妆美丽的“吾玛”裹在其中缓缓步入出嫁路。临走时母亲会对女儿叮嘱几句别离之言、做人之道。这常使母女俩情不自禁潸然泪下，甚至相拥而泣。

一般说来，“吾玛”必须一路哭哭泣泣至男方接嫁地，表示对父母的别恋和对故乡的眷念，否则旁人会笑话和非议的。而“阿香们”却仪表堂堂，笑容可掬地走在前头，牵马的牵马，赶驴的赶驴，一路浩浩荡荡，走向男方迎接的接嫁地点，丝毫看不出悲伤的感觉。路中如果巧遇背水或挑水回家者视为吉利，大伙儿大喜，舀此水向天空敬洒三次，并给其人一些礼物。

临近男方的大队人马后，女方需相应而立，不会把“吾玛”轻易交给对方，而且要用“东些（宴席赞歌）”和“鲁（歌曲）”等来为难对方，同时也使气氛活跃起来。男方会有一名老人进行“东些”。此人声音宏亮，左手捧一碗白酒，说词铿锵有力。其内容从娘家到婆家，从新娘到女婿，从家庭到生活无所不及，自然如流，每说完一段引来阵阵呼应声。此后由一至二三个青年男女唱一首婚礼赞歌，其内容也丰富多彩。唱毕，大伙一致高呼“耶—”，表示赞美和肯定。完毕，男方包括女婿和媒人在内的所有人员急步前去向女方父亲和兄长们敬酒。其酒器必须是龙碗，碗口三方需沾三点酥油，以图吉利。女方父亲及兄长们按礼节先用无名指弹三下再呷一口。这道礼仪一过，男方的迎嫁女子们一涌而上，去“抢”那被围得水泄不通的“吾玛”。短兵相接，推拉挤搡，夹杂着一场舌战。嬉言片刻之后，对方女子们用手轻轻拍打几下“吾玛”的头顶之后勉强让出，顺便与男方家交换一个烤锅馍。旁边男方接马的人必须给对方一些糖果之类的交换礼之后才能把马缰绳接到手。接背烤锅馍和接赶毛驴的也不例外。此后，除“阿香们”之外，女方其他女子和小伙子都打原路回去了。

男方大队人马于是更加浩浩荡荡。途中不时有专派的“坡卓”上前给“阿香们”敬酒致意，说说笑笑，甚是热闹。此时“吾玛”需止住哭声低头裹在人群中，因为看“吾玛”的人成群夹道而侯。

快至男方村口，地上铺一羊毛毡让“吾玛”下马，“吾玛”下马后，得首先给村庄磕头，表示她已成为这个村庄的成员。进而给男方家门，屋内佛龛一一磕头，也是象征她获得这个家庭的成员资格，祈求保护神辅佑赐福。

“吾玛”及“阿香们”进门之后，“坡卓”们需要把马背上的驮物全部卸下搭在院中晾，让众人观看。人们会指指点点评价、称赞，由此看出父母对女儿的厚爱程度。此时有人从屋顶撒一些糖果给看热闹的人群，人们仿佛过节一般欢笑去抢拿。

进屋之后，“吾玛”给公公婆婆各盛一碗奶茶双手捧敬，向公公叫一声“阿聂”，给婆婆叫一声“阿内”，公婆二人接让奶茶之后回叫一声“那玛”（儿媳），以示相互认同。从此“吾玛”变成“那玛”了。然后由一位伴娘领到专门房间吃饭。这时，主角便从“吾玛”转向“阿香们”了。他们将和媒人在一起，由男方家安排的专门房子里落坐，举止有礼的“坡卓”们服侍。他们对“阿香”们上酒上茶时要特别细心，有条不紊。主食必须要羊尾巴（这是传统食俗，它包括尾巴和骨盆在内臀部上的一大片肉，其味道在羊全身首屈一指）。对“阿香们”不但要非常尊敬，吃喝都必须要上等的，总之让他们心满意足才是。

一时间，全村的每家每户都有一个人拿两个烤锅馍，加一些礼钱来贺喜，屋里屋外都会坐满客人，挤不上的安排到屋顶或者牛圈内。统统铺席置桌，上酒上肉，盛情款待。快日落时，“阿香们”要起身回家，临走时会召集男方所有亲属，给女婿系一漂亮的腰带，做一次较长的“旦些（演说）”，其内容一般是“那玛”孝敬公婆、公婆关心“那玛”，新婚夫妇互敬互爱之类道德教诫。演说中会运用大量谚语，井井有条，听起来沁人心脾。送“阿香们”时还要在每道门口敬酒，并送一些烟酒之类的东西，曰“兰强”（即路上备用之酒之意）。给媒人要送砖茶和酒等礼物表示感谢。此后就是款待“坡卓”们的事了。他们辛苦一天，由男方家人盛情招待。这批客人是内部宾客,气氛也就显得轻松自在、活泼欢畅多了。常常又唱又跳,玩个通宵达旦,以示婚礼圆满。

夏尔巴人的“抢婚”习俗

雪域最西部的夏尔巴人部落,也有着抢婚的遗风。

夏尔巴人传说是吐蕃王朝从四川省松潘藏区征调到中尼边境去的藏人后裔。它的称谓“夏尔巴”,确切含义是东方人。如今松潘藏人仍称自己为“夏尔巴”人,其他藏区也称他们为“夏尔巴”。虽然中尼边境上他们被称呼为夏尔巴人,但严格讲,仍是藏人血统。

随着时代的发展,抢婚的形式也在改变。近代夏尔巴人抢婚,一般有两种形式:一是双方父母商定了一门亲事,但是瞒着姑娘一人,或者跟她讲了,她不愿意,于是采取“抢婚”的办法兑现这桩事。这种抢婚会是如此情景:当婚礼的筹备工作在隐秘的情况下准备就绪之后,姑娘的父母找个借口,例如让女儿到山上砍柴、河边背水、寺院进香,或者到未来婆家借火、借盐。而她未来的丈夫,带着亲戚朋友,埋伏在某个地方。姑娘过来时,大伙一拥而上,七手八脚地将她抓住,由新郎用大披巾包裹,背进屋顶强行举行婚礼。这种“抢婚”,常常以悲剧告终。

另一种是为恋爱自由抢婚的。

男女青年在生产生活中产生了感情,情投意合,私定终身,但双方或一方的父母坚决不答应这门亲事,使他们的结合无法实现。还有,虽然签订了婚约,但女家为了得到更多的彩礼,迟迟不把女儿嫁出去,姑娘、小伙子的心都拖凉了。他们忍无可忍,只好采用“抢婚”方式达到美满爱情的目的。小伙子邀集自己的知心朋友,预先隐藏在道路旁边的森林或岩石背后。姑娘按照事先商量好的方案,故意从他们隐藏的地方经过。这时小伙子们像一群强盗,突然窜出来挡住她的去路。经过一场装模做样的“搏斗”,姑娘束手被擒,被“劫持”到深山老林中某个秘密山洞。那里早已贮存了相当丰富的食物,小两口在那里过着甜蜜而带点刺激性的夫妻生活。

双方的父母知道“事件”后,到处打听和寻找,有时自己出面与儿女联系。青年男女通过自己的“渠道”,得知父母的态度有所松动,便发出某些“信息”，请父母派舅舅或叔叔到森林某处进行“谈判”。这些谈判往往以青年男女的胜利而告终，因为青稞已经磨成了糌粑，再阻挠也没有用了，只好选择一个适当的日子，替他们补办婚礼。

夏尔巴人的正式婚礼礼仪，依然带着某些抢婚的痕迹。例如，新娘不骑马，不坐车，也不能走路，要由新郎背回家。到了家门口，大门是紧闭着的，于是，门里门外便开始这么一段对歌：

新郎唱：背来了，背来了，我把天上的仙女背来了。

门里唱：不开门，不开门，就是天上仙女也不开门。

新郎唱：背来了，背来了，我把海中的龙女背来了。

门里唱：不开门，不开门，就是海中龙女也不开门。

新郎唱：背来了，背来了，我把人间的美女背来了。

门里唱：不开门，不开门，就是人间美女也不开门。

这时，新郎飞起一脚，把大门踢开，把新娘背进院落，热烈而隆重的婚礼便在院落里举行。也有些村寨，在院墙上搭一架梯子，新郎踢不开门，只好背着新娘爬墙而过，然后再进行典型的夏尔巴婚礼。

综观上述种种婚礼婚俗，虽然绚丽多姿，花样百般，各有风采，各具独特意味，但其核心价值却鲜明突出，那就是追求未来幸福美满，追求青年男女自由结合，追求和谐圆满、皆大欢喜的生活。它透射出藏人的婚姻观以自由为前提，以美满为基础，以人性为中轴线，以和谐为宗旨。它成为藏人跨向憧憬世界的新历程，新的起跑线，也是人生健康向上的重要里程碑。它也说明了藏族婚姻观是立体的、多样化的，有着深刻广泛的民族性、社会性、地域性、时代性。

第八章　家庭观中的伦理

人类与动物的根本区别在于理性，在于道德伦理，家庭伦理观在藏区家庭中是指导一切的准则，在长期历史积淀下提升，又注入佛教健康理念，藏人建立起体系化的伦理道德框架。吐蕃时期奠基了道德伦理框架，老人受到尊崇，家庭分工明确，民间文学的传承弘扬了伦理道德形象，酿制了和谐、有序、大气、温馨、负责的家庭生活。

家庭伦理自然指的是家庭成员之间相互关系处理之中的各自道德准则，也就是不同成员、层次、角色、分工应遵守的行为准则和应尽的义务。伦理在家庭观中占有十分重要的地位。

在藏人家庭中，家庭伦理是严格的、明确的、清晰的。

健康的、良好的伦理观念能孕育、酿就和谐美好的家庭关系，使家庭成为文明的、有情操的、有凝聚力的社会最基本的细胞，从而促进了社会的文明有序发展，避免了人类自身造成的烦恼、痛苦、对立、仇杀、摩擦冲突、压迫剥削、社会倒退与灾难。

藏人的家庭伦理中，根深蒂固的是平等观念，生来平等，人人都有发言权，每个人的人格受到尊重，不管长幼，不管性别，从来如此。没有压抑、压制、压迫；没有歧视、排斥、人为制造的隔离、樊墙和窒息。等级意识在家庭内部基本没有市场，人人都生活在平等、民主、自由的氛围，从而家庭冲突、家庭分裂很少发生，社会一直处于稳定的层面，有序不紊地进步发展。这种平等关系，特别表现在对待妇女上。就拿社会婚姻生活中最敏感、最能表现本质的离婚和生子、招赘等问题来说，它最能说明藏人的家庭伦理关系。

在藏区，结婚较自由，离婚也是比较自由的。若双方感情破裂，或第三者插足，均可自行离婚。但一般情况下，部落或乡邻中的老人会出面多次调解，若调解无效，才算正式离婚，得到社会公认。

离婚不需要办理任何手续，也不需要请中间人立字据为凭。分离后男婚女嫁互不干涉。如果双方重归于好，则将赢得社会的赞誉。社会舆论普遍谴责男人对女人的遗弃行为。

离婚后财产的分割上，农区妇女只能带走陪嫁的衣物首饰，男方不负担女方的生活费用，但儿女却规定男孩由父亲抚养，女孩由母亲抚养。若男孩年幼，则暂由母亲养育，而男方需供给小孩的膳食用度，包括结婚立家的部分费用，直至长大成年为止。

离婚的女子再嫁也被社会认为理所当然，不会有非议。在有的地方，再嫁婚礼还须按当地初次婚姻程序及礼仪办理。

对于离婚，东部安多藏区的某些部落传统法规中，明文规定有关财产分割的条例：夫妻离婚如属丈夫休妻，则财产的一半归女方。归女方的一半当中，头人取其一半为伸张处理“姆角”（女怨）的费用（相当于诉讼费）；妻子休夫则不仅不分给财产，还要退还男方的财礼。在所退财礼中，头人取一半俗称“吉祖”（公证费）。

招女婿离婚，原本无财礼或者财产份子本来就小。如属丈夫休妻，可以自行走掉；如属妻子休夫，女方送一枪一马即可中断婚姻关系。

男女双方要求离婚时，一般各罚 1 匹马或若干元白洋；经头人调解无效予以准许后，还得交一定数量的“够尕”（调解开销费）。

寡妇一般只能招女婿，不能改门出嫁：属生活无法维持要改门出嫁则只能到本部落属民家门（为的是保持部落人丁兴旺，也反映了封建人身依附关系），由男方婆家出财礼，并给头人一定数量的“够尕”。如发生私奔、抢婚，则采取武力追击和财产重罚。

夫妻离异子女的归属，有儿随父、女随母的古俗；也有所谓理家弱方得女儿，而养家弱方得儿子的风俗。一般贫门应得男与长。它是基于抚养方便，气质相近，相互有所补充，并为将来生活有所改善而做的一定铺垫和准备。

对夺人妻室者，按对方等级赔偿损失；自己已经婚配，还与他人私通，并生养子女者，则罚银 1～10 藏秤。

离婚财产分割方法各地有一定的差异，一般都是因地、因时、因人而宜，它反映出了婚姻习惯法的灵活性、实际性、可操作性。

安多藏区拉卜愣甘加部落对离婚财产的传统处理法是：

女方带走娘家所赔物畜的半数或全数。

除带走娘家所赔全部物畜外，带走婆家的部分财物。

按进门年限折成工价，付给报酬。

除去该户承担的债务外，分给应得财产（按人均等分配）。如果这样分配财产，则其仍为该部落成员，要承担部落内的一切差务事宜。

离婚习惯法体现的是妇女人格的平等，对家产财产拥有的分割权，妇女对家庭生活的贡献之认可和尊重。

藏人家庭儿女成年后，不分长幼，不分男女，大多只留一个在家，其余的或出嫁、或出赘、或去寺院当僧人。决不搞“四世同堂”、爷孙同堂。为什么会采取这种极端形式呢？这也是平等、和谐理念的产物。它是辩证认识论指导下的行为方案，一种科学、进步的家庭结构，决不能视为“众叛亲离”、“离心离德”、“分崩离析”。

西藏山南是农业区，平均家庭人口均在四至五人之间。经济生活在中等以上的家庭，均每户在六人以上。而贫穷家庭，平均在四人左右。小手工业者、小商人的家庭，平均四五人。农区虽风尚父子同堂、双老健在，但社会不提倡妯娌共居一家，以免伤了和气影响整体团结。这里依然是一对年青夫妇留家，其余分家居住，单门生产。

一夫一妻制三种形式中，不管男性娶妻、女子招赘，还是单独另立新居，都是根据各自家庭实际而相机结构，一切都是为了保持稳定的生活秩序，为了老有所养，为了血缘内部和睦亲近，为了防患于未然。儿女多的家庭，一般不分男女只留一人在家。不管留谁，留家的儿女，往往是父母觉得孝顺、听话，又比较能干的。但也有因生理缺陷嫁不出去，或单门独户有能力困难的，父母不放心让其出走，得靠父母拢在身边帮助指导。究竟女儿出嫁，还是儿子娶妻，并无一定定规，全凭个人意愿和家庭客观情况，一切按实际行事。独生子女一般都要留在家中，以照顾老人安度晚年，也为了不让烟囱绝火（断了根嗣）。是独女则招婿，是独子便娶妻。无论是赘婿还是儿媳妇，父母亲都要待如自己的儿女，他（她）们对家庭事物有发言权，拥有家庭财产的一份子，不得歧视排斥。老人去世后赘婿可以充任家长，顶门立户。而单另立户的，有的是一结婚就由父母操办让另扎帐篷或修起房院，有的则是先入赘，慢慢再分开居住。

在家庭中，最尊者是老人，但传统上老人不理钱财不务家政不掌实权。活到六十岁，老人便要把家权交给儿子或女婿或女儿，总之是下一代年青人。这是久远的统一习俗，不需要举行仪式，也勿需公示，顺理成章，按程序口头交待就行了。

藏族社会认为，一个花甲（藏语叫绕迥）便是人的标准寿命。过了六十，人生寿数便到了顶端，再无社会责任和家庭责任了，应该颐养天年，卸下担子。不要把住家权不放。不然社会就会谴责其为颠狂、糊涂，老年人伙也会嘲弄他，使他无地自容，自惭形秽。

最香甜好吃的要让老人先尝；最绵软暖和的给老人先穿。而累活、脏活、重活再不能让老人干了，老人只干点照料孙子、撕羊毛纺线或其他家中软活。晚辈骑马见老人要下马；就座，讲究先长辈后晚辈；吃饭、喝茶、饮酒，先要端给老人；每逢节日，先向老人表示祝贺；老人赠送礼物或接受老人的馈赠，须双手递接，态度恭敬；出远门办事或处理家庭较重大之事，须征求老人的意见；对老人的意愿不违背、不强阻；老人上路，家中为老人准备行装，以礼相送；与老人饮酒一般不猜拳；老人教训时的过激言词，晚辈不计较、不强辩；无论在何处碰到熟悉的老人，均要主动上前招呼、问安。老人的话既使有偏差，也不能反驳伤面子。

过了六十，老人大多不再操心过问农牧生产和家庭活计安排，仅仅充当顾问而已，吃饱穿暖以后便专心诵经摇经轮，转寺院拜佛像，为来世祈祷。而家中的一切佛事活动则基本让老人包揽，使他们心灵有所安慰、有所寄托。这种相敬相让、豁达、超脱态度，使藏人的家庭充满和睦、温馨，老少之间剔去了很多摩擦和烦恼，相安无事，相得益彰。

尊敬老人还体现在长辈寿龄到达八十岁(也可虚岁)时,家中小辈要极其隆重地为老人举行“八十”寿辰活动,要大办酒席,筹备丰盛佳肴,邀请近邻亲友和村人吃席。届时,晚辈要为老人祝寿,亲朋好友携带哈达、点心或布料等礼品前来祝贺。祝寿礼一般在藏历正月初三举行。祝寿礼前,主人家会准备食品。祝寿礼开始,主人家在佛像前点酥油灯,供献食品。老人衣着一新,面前放着盛满了糖果、糕点之类的盘子。凡来者必向老人说吉祥话,赠送礼品,以示祝贺。老人也高兴地向来者回赠糖果、糕点等,并说,我的寿给你,祝你也长命百岁之类的吉庆话。

宾主饮酒唱酒曲,常以高山大海作比喻,赞颂老人一生的功绩,以老人之乐而乐。小辈还致贺辞跳祝福歌舞,唱祝福吉祥长寿的酒曲。来贺寿的人都给老人带来一份丰厚的礼品,或是一只羊,或是一方丝绸布绢,或是钱币或新磨的糌粑白面,新打出的酥油等等,倾其力量让老人愉悦,最起码一条哈达是不可少的。不管在身边或者在外的儿孙都得根据自己的条件来备送礼物或者专程前来看望老人。家中给老人准备一身白衣服,从头到脚,绫罗绸缎也罢、白布或者自制的藏氆氇呢,只要是白色就成。在有的农区,白袍背上点缀了太阳和月亮的图案,加上满头的白发,当然还有高高的毡白帽子,老人就像一座巍峨的雪山,令人肃然起敬。这种特殊方式的祝福生日,是祝贺他或她漫长坎坷的人生旅途走到了这样圆满的境地,犹如日月永驻、雪山永恒。

家有八十岁的老人,社会和家庭都认为是吉祥欣喜之事,意味家族人气旺盛、有寿数的象征。在雪域高原恶劣的生存环境下,寿数、人丁则有着特殊的意义,对家庭、家族、部落都是很大的鼓励,振奋了大家生存奋进的斗志。在自然条件十分恶劣,物产比较匮乏,卫生医疗条件落后的情况下,雪域藏人能活到八十寿辰的十分稀少,是值得庆贺的大喜之事,它也是高原藏人战胜大自然的硕果,是生命拼博的结晶,更是人类自信力的体现。因此,过八十寿辰便意味着鼓励人们奋勇开拓,振奋精神,建设自己的家乡,把生命极限延伸到八十寿数上。

藏族社会为何让老人六十岁后在家庭生活中“换届交权退休”,却为什么等到八十岁才搞贺寿,其中奥秘何在?“物以稀为贵”,可能是第一因素。因为雪域高原的老人中，活到六十岁的不在少数，不算稀奇新鲜，而活到八十的却凤毛鳞角，是值是庆幸的大事，故把贺寿岁龄定位于八十。第二个因素可能是模仿攀比。佛祖释迦牟尼活了八十二岁，传说中的世界雄狮大王格萨尔也是活到八十高龄后才重返天界的。后代人是否把八十看作是吉祥的、福运的数子，以此表示自己的幸福不凡，因而把贺寿的标杆定在了八十上。不管如何，子孙们对老人活到八十、享尽天伦之乐总是感到由衷的高兴，所以贺寿活动也搞得十分隆重丰盛。

藏人家庭成员的分工也都有约定的规矩：各司其责，互不干扰。

作为父权社会，家长通常由男人充当。而只要这个家庭中有男人，再精明能干的妇女，也不会去当家长的，以免引起社会嘲笑，看轻门户。父死子承，一般由长子承担，也有让其中能干的孩子来当家的。兄弟共居的家庭，往往各有分工：有的专管对外应酬；有的主管农牧生产；有的则专门经商跑运输。总之，一切井然有序，各自发挥专长，共同为家庭兴旺而奋斗不已。当然，管理对外交际的通常为家长，因为他较老练成熟又是家庭的主心骨、发言人。举凡开会、支差、借债、买卖财物等大事也都由他负责，与诸兄弟或家里人商议后由他拍板决策。

如果有三个兄弟，最理想的是老大总揽全局，主持家务；有一兄弟入寺为僧，为大家祈度幸福；另一兄弟经营牧业或跑买卖、搞运输，再若有兄弟则另立门户或去入赘。这是最理想的家庭结构。

家务活一般由主妇操持。烧茶、做饭、扫地、背柴、背草、背水、哺育孩子等都是她的责任。往地里送肥、撒籽、收割、打碾、接羔育羔（犊）、织褐衫、拾牛粪晒牛粪饼、储冬草等等也是女人的活。播种、放牧、守圈、宰羊杀牛、收拾肉食、缝纫、打猎、征战、运输等则都是男人的活。在藏族社会，男女活计的分工都是明确的、细致的，绝不混淆。平时各干各的不会掺和，谁要越位，谁就会受到社会的哗笑。

家庭的伦理观念在史书上很少有记载，但作为伦理观的组成部分，在有的文献、有的民间叙事长诗中却有较完整的反映。

敦煌藏文写卷 P·T·1283 号是一份十分引人入胜的长卷（巴黎

影印本 33 页，全文 532 行）。它以对话形式讨论如何接物待人，如何处理君臣、父子、师生、主奴乃至夫妻之间的关系，是我们得以窥探吐蕃社会伦理道德的冰山一角。该文章中的问答是虚拟的，兄弟二人也属子虚乌有。“问”都是明知而故问，“答”才是实质性的阐述，是文章作者的本意，所以是一篇形象有趣、生动活泼的家庭伦理教育的活教材。让人惊叹的是，早在 1300 多年前，吐蕃人就已构建起如此完善、深邃、充满哲理的伦理观念；不得不令人由衷佩服其道德伦理的成熟。

从卷子的文字、风格和同时出现的其他卷子来推断，可以确认是公元八、九世纪之间吐蕃无名作家的手笔，入洞年代已久，略有残破。卷子以兄弟相称，叙述一些生活琐事和社会伦常关系，给人以十分亲切的感觉。它可以帮助我们了解藏人的整体社会伦理思想和道德观念；明了个人行为模式和是非标准，自然也是家庭伦理观的延伸和深化。同时，也为我们提供了一份了解当时社会风貌和阶级关系的资料。

王尧、陈践先生的译文是这样的：

古昔，在色夏玉（金冠玉佩）地方……有和睦二兄弟，（兄）身患肝病……水……弟被遣往他乡。兄弟二十九，弟年为十八，……临别为，请兄垂训、教诲……时，兄年已二十九矣。

弟云：今派我去修炼、学习，远走他乡，亲友之中，于我仁慈、疼爱如君者罕矣。常于心中惦念，每于夜间，梦中浮现，心中思念之般难以言表。今后，命运安排，能否再见，难以逆料，请讲述如我之辈适合之教诲，深恩厚德永世不忘，殷殷教诲，铭镂于心。

兄云：……往昔，彼此惦念，无所谓有分离之时。任何时候，两人只要同心同德，现今分离与今后百年分离，二者并无区别。由于我二人情感深笃，你所问者，我有所答，讲述自己心中所想者。再者，讲述教人极易，如此遵行者……最好。现，我将念主者归总讲述你听，若中意者要记住，不同意者再问。

兄又云：千句话里……有一句大义永存。施财……无尽，人所共知，所以，施以真言，更为德行，应能紧记！记取真言较之获得财产更为重要！

弟问：如何能使眷属相聚和睦？

兄云：若有情义，同心协办，不仅眷属和睦，行至何方相安无事。子与父同心，弟与兄同心，奴与主同心，妻与夫同心，仆与官同心，如此，由公正无误、齐心协力，大家皆得安宁；若彼此不和，大患而已，别无其他。

弟问：如此行事，即可和睦，如何方能使人同心协力？

兄云：即使身为上师，亦需行事适可而止，恰如其分。居高位而不欺凌、役使下人，行为正直。下人亦能瞻前顾后，为未来永久平安，能不断地做出成绩。再者，上面之人应高尚而爱惜下人。对任何事均虔敬而有礼度，即可和睦相处。任何时候，欢乐为福，不乐为苦。于家庭之中，勿过于专横，勿过于滋扰下属。做事勿拖沓，勿使下属不满，应该抓紧完成。再者，应有长幼之序，官仆之分，主奴之别。勿违当地礼俗，严谨行之。

弟问：何为规矩？

兄云：凡年轻之人，奴仆之辈，对之勿似对土、石一般遗忘。勿对之不爱惜、粗暴、作恶。应设身处地，役使要恰如其分。若对子、侄与奴仆能如此行事，则对己有利，他人亦欣然愿意亲近。如此行事，即合规矩。合规矩，则不会出现伤风败俗之事，严而行之，其谁不喜？如此行而不变，即为公正之法。主奴之间、官仆之间、老壮之间，行公正之法，谁不歆羡而称颂！

弟问：在奴仆中有无胜过老爹者？

兄云：除了真正忠心耿耿者，无有。奴仆若亲近如老爹，那有比此更胜者。心若背离，如老爹之奴亦无益。若对己忠诚者，即使是囚犯，亦可任事。

弟问：如何役使性情野犷之愚奴？

云兄：无论何时，缙绅以恩养之，则奴仆当然以严法役使之。但对贤愚不同之辈，恩与罚皆不可废。对桀野之奴仆，严以驯之，若能改正，应施以恩惠，赞扬之而使其归于正道。对愚骥者应尽力劝说、诱导。心背离者则教诲之。有时，其为善，应施以恩惠，加以赞扬，安抚之。勿令气馁，勿令分心，锐意为之。如好好歹歹，反反复复，为非作歹，则严加惩处。

弟问：奴仆中分好、坏两类，惩奖二者孰为大小？指责时不揭其短，心不解恨，揭短过甚，则其人又将灰心，如何是好？

兄云：所谓“惩处”者乃不令其作恶之警告也，“奖赏”乃是树立全心全意赤忱办事之榜样。若能如此，应大加宣扬为是。指责过失时，应恰如其分，若过分责备，连对本人之父、祖，也会使他们伤心。不宜于揭短，好好相待不失面子。若犯有罪而不指出，无论怎样婉言，总是不妙，而是混乱。

弟问：侍奉、孝敬有何利益？

兄云：儿辈能使父母、师长不感遗憾抱恨，即为最上之孝敬。奴仆能使主子、官长不指责斥骂，即为最上之侍奉。若能如此行事，自己所做一切，必将平安、顺利。不能控制、约束自己，听信他人之言，心生误念，杀害、分裂主子、官人、父母乃至亲友、奴仆当中诸人，此等恶人，所有见之者，可视之为鬼魅。这种杀害无辜之人者，岂能不妄杀他人？由此可见，确实非人，明白是鬼。有某些人，对妻室之恋胜过骨肉之情。妻子无论怎样美貌可以买来、找到。父母兄弟如何丑陋，不能另外找寻。故对父母兄弟应比对妻室儿子更为珍视。父母养育儿子，儿子敬爱父母之情应如珍爱自己的眼睛。父母年老，定要保护、报恩。养育之恩，应尽力报答为是。例如，禽兽中之豺狗、大雕亦报父母之恩，何况人之子乎。虽不致如愚劣之辈不能利他，也应听父母之言，不违其心愿，善为服侍为是。父母在世时，子辈可当面议明为好（如财产方面），而且，勿去操家务之权。儿子尚且不能如此做，况儿媳乎。不孝敬父母、上师，即如同畜生，徒有“人”名而已。

弟问：好友犯罪，如何做才够朋友？

兄云：如有公开的办法相帮助则公开行之，哪怕要付出政权和财产也应去相助，这样，别人不会怨恨自己。任何时候，能为知友抛弃财宝，是为好友；如不能与友有益，待别人陷入罪恶，再以财物相助是恶友。

弟问：如任何事都以宽厚为止，心生疑惑有何益处？

兄云：该不该做，若不加思索，政事将出现纷乱；饮食该不该吃，不生疑惑，将被毒食夺去生命；妻子该不该信，而不生疑，她将成为别人之相好。污秽不察，将生劣种；寒暖不察，人将患病。

弟问：亲近何者为佳，何者为劣？

兄云：白天亲近主人、官人及智慧正直者，有学问而英勇者，艺高者，以及精通词章、法令者为佳。夜晚亲近妻子为佳。白天亲近盗贼、虚伪者、轻浮者、疯子、淫荡者，懦夫凶顽者为劣。夜晚亲近幼女为劣。

…………

弟问：有子女如何行事，给何财物为上？

兄云：无论何时，决无不讲（宣讲）而有识，不修学（教诲）而领悟之事。聪明人凡事皆知，但教诲后则更勤奋，宣讲后则更听话。敌人有优点也要学，自己有错误也应弃。公正地指出即使是责骂也应高兴，错误指引，即使是仁慈也应摒弃。由此可见，父母、兄弟长辈没有比让子侄青年懂得教导，训练他们忠心耿耿更紧要者。由是之故，低下人能变为中材，聪明人更何须说。虽有毅力，但不讲说，不教诲，不训练，聪明人也将成为中材，低下人何须说。故讲说之重要明矣！爱护儿子、青年为增添智慧令其学文习算。为增添勇气令其射击学武。应劝其学习为是。只要对长远有利，虽困难也要修学。对长远有损，虽合意也应抛弃。对目前更何须说。教诲自己子侄，首先置于对自己仁爱而有智慧跟前学习、训练。然后，置于位高家贫之大臣跟前学习、训练。然后，置于正直有名望之人跟前学。为人不忠厚，即使权大位高也不应放在他身边学习。年轻人，变化多端，对歹人贪者勿依靠而结交。

……

弟问：对奴仆亦要相同对待乎？

兄云：其本人另有份产，无论何时，不应希求，不给一份亦应不怨恨，子侄不在父、叔跟前，无论何时，担心其变坏，教诲、批评、斥责甚至鞭打，子侄不应记恨。若不惦记叔伯父母，犯有过失，告诉别人实为不宜。若向别人诉说，于父辈及子侄辈均感羞愧也。

弟问：兄弟既不听劝告，又不肯改正，应如何办？

兄云：这是无罪受惩之根源。生命社稷之敌也由此产生，要敢于翻脸,立即如对邪魔远逐之为是。

……

弟问:若依妻言好处大还是小?

兄云:妻子若无不妥之处,是好话,立即将其所言之正确部分与其他分开来。美妻可以找到,不争气之子没法换掉。

弟问:己父若有妻妾,我若依照父言行之而与母意相违;若依母意行事,又与父意相违,以何做法为是?

兄云:应该一心调和,自己对生母和庶母要同样亲热,平等相待。有理无理首先要公正行事。大妻小妾合于当地风俗,表面要相等而不应有特殊。要消除女人因无止境的偷藏财物而造成不愉快之事。自己对她们要产生感情,都应和谐而无矛盾,彼此和睦相处。

弟问:如能这样,先做何者为上?若不能这样,要合谁心意?

兄云:对子来说,父权为大,必须顺从父意。然后,和睦才能(附带)同时产生。

弟问:婆媳发生争执,应如何办?

兄云:此事很多,乃人间习俗。成亲后,公婆对媳妇勿当面呵斥、指责。一般以解释、讲叙为是。媳妇也应将公婆作父母看待。相争、乱说均不妥,应尊敬而有(等级)长幼,善为侍奉为是。如此行之,口角怎会产生?男人要美貌之妻,此仍不可缺,但若以父母为敌,宁无过乎?互相斗嘴亦不妥,亦是过失。任何人,年轻时为媳,年老时为婆。人生要经历两个阶段,要看到自己也会衰老为是。父子俩人真诚相待为是,相互谦让,就不会有口角,对外出(之子)与在家(之子)应给以等同的财产,此谓公道。

弟问:与妻异常相爱,别人又会耻笑;若嫌憎她,她又做出各种媚态,如何是好?

兄云:无论表现怎样媚态,若是善好妩媚,应该相爱,别人不会耻笑。她无过错,顾虑别人讥笑而抛弃她,这怎么能行?若为人不厚道,无论多么美貌,也不要相结合,而说:“她没有过失,有些地方由于与自己不合,自己有权与她疏而远之。”但勿过份发怒。

弟问:对财宝如何掌握分寸?

兄云：应掌握知足之分寸。

弟问：多少即可？

兄云：肚不饥，背不寒，柴水不缺不断，即可足矣！这些目的达到，富裕而安逸；超过以上财物不会安宁富裕。财宝役使自己，财宝即成仇敌。

弟问：这些就知足，岂非衣食简陋，奴畜绝少乎？

兄云：常与下等人去比，若比自己贫穷者能过得下去，自己为何不行？若与富裕者相比，既无边际，当国王也不会知足。……衣食是为了暖、饱二者而已。比平凡人暖、饱为何还不知足？奴畜，穷人也没有，不步行即可。一般来说，人若老在人群中，马若老在畜群中（会受到照顾）没有什么过得下去。身为人之长官，欲望如此之多，就会贪婪无边，贪得无厌，歪门邪道由此产生。王、臣们根据你功绩未给予之财富，自己却已得到，那就是以欺骗狡诈之法夺得者。如不从属下手中去掠夺，财物自不会来。请看，当官就能从贫穷变为富有者。

弟问；若过于贫穷，间或想留东西给后代应该怎么做？

兄云：无论何时，留下"智慧、公正"为上。留下"英勇、巧法"为上中之下者。留下"坚定、讲义气"为中者。注重留下财物和依著者为下。

弟问：如一点财富也没有，过活用具和死后墓坟，及留给子侄之物皆无。用何法既不行歪门邪道，又可找到财富？

兄云：这有五种办法：一是立即公开地给别人面子（别人就会帮助自己）；二是公开地发展牲畜；三是公开地去当臣仆；四是公开地做买卖；五是公开地种地。

……

弟问：无论何时，做一切事情，让其富裕与掌权容易，让其贫穷与无权因难，然否？

兄云：若无公正无误之法，做何事均不易。权大者对权大者如魔，富裕者对富裕者如敌。（权大与魔近，富裕与敌近）。无论何时，若想富裕而有权，要抓住政权之柄。所谓政权之柄是公正，知廉耻而知足。虽贫穷而弱小若能如此做，即是有智慧而博学。常有富人因财富遭祸，智者被言词所亡。使用财宝之危险是敌人，说智语之危险是别人恶毒中伤。由此可见，财宝使用要适可而止，有智慧也要谈吐温和才是。有智慧又善言，是政事之胜者；善使财是家务之胜者。……嘴头厉害，过于蔑视别人，强手就会不安，关系就要紧张。偷听到内部事务勿向外人讲述为妥。若看不见自己程度，又怎能看见别人水平。如搞不清（不清楚）谁大谁厉害，先对所有人皆尊敬。勿不乐，勿灰心去做为是。

弟问：对何事应该勤奋？

兄云：务必对一切好事，没有一样不勤奋。无羞之徒不能服役之王差，务必勤奋去做。

去一切地方，勿去女人眼前。若不去不行，那就去吧！

弟问：怎么去法？

兄云：所有可去之女人跟前都去，将获有罪与败类之名。常去女人跟前，会得“淫乱”之名。若不与女人相好不行，可从远处捎信，然后接触几次，勿整夜眠宿，要知羞愧，这样接触走后，别人反映不错。

弟问：何谓过于谨慎？

兄云：谓“非照我如此做不行”，口中说出后，即使不了解好坏，没批中要害，想收回则晚矣。若有正确无误之法，找一易行者，如同给魔鬼喂食一样。看见罪恶行径，别人谓“怎么办？”虽不能答复，也不是过于谨慎，而是没有好办法。

弟问：父言为主，母言为辅。父母二人意见不一，如让自己行窃之类，对这样话语，应该听从而考虑否？

兄云：没有比父母更亲近者，（父母）怕子犯罪，不会讲要他去做倒行逆施之语；故才讲盼正直、善良之希望。若依照父母不正确之言词，认为这是父母所言，明知不对照样去做（即不反对），那怎能行？自己过去做错事之报应，别人也会同样遭受，以后不能再做。任何时候，勿谓“自己强大、厉害”之语，不说不合时机之侮蔑言词，不说不合适、不相称之言词。就连自己子、母，也不能忍受，对仆奴都不该做之事，对别人更何须说？这在何处亦行不通。有廉耻者，做任何事皆能办成。若做自己办不成之事，比无廉耻者还坏。对友人试探，可勿说：“我试探你。”别人对自己所讲之言，与好友也勿讲，若须讲为上，则应做为自己之言词讲出为妥。勿讲父之坏话，若讲这些，朋友感到羞愧而不信任自己。无论谁有过错皆要说：“勿如此做！”勿轻易与人盟誓，由于不察彼心，对方很少遵守誓言，若有过错与不是如此，对己有损。倘不这样，誓盟会出现麻烦。如不做不行，世上那有起誓不能做之事。有人不堪对方欺侮成为仇敌。无论如何，勿谓“自己有学问、聪慧”。首先赞扬对方，对方就会高兴，对比自己差者也不要讥讽，以后，别人自有分晓，为时不晚。明摆着对方不敢加害自己，则适可而止。勿过份褒奖。拐弯谴责对方，像是对已颁扬。一切指责，对方早晚会知道：批评他为的是炫耀、宣场自己的聪明，别人就要反驳（视）自己。这样，谁真也无益，谁假也无害。无深意之事轻轻放过为是。勿说不加思考、轻视之言。有些话语，自觉好笑，别人认作侮辱。勿轻易应诺别人托付之事，也勿立即拒绝。而说：“让我回去看看（想想）怎么办好。”

对财宝勿抓得过紧。抓得过紧，亲朋好友需要也不给，有它又有何用？反成怨恨。若过于放松，对方不但不感恩，时间长了，自己一旦不愿给时，反成冤家。要施给，从一开始就要有目的。给了以后，勿作假。若没有，也勿说假话。借口要给，弄虚作假，那还是当初勿说为好。如；做任何事，口、手应该一致才好。凡是说出，不要有可疑之废话。可疑之处皆应注意。谁问话也要回答，勿争辩。大醉后勿跑马。多讲不伤舌、肝（无关紧要）之笑话、大话。此三者，自己若做错，对生命社稷皆有损也。

……

从以上兄弟之间关于伦理内容（很多是家庭伦理方面）的讨论，我们可以窥探到从远古来的藏人是构建了怎样一个家庭伦理的框架，如何规范了不同角色家庭成员的行为准则和道德指南。它说明了早在公元八、九世纪，藏人的伦理观念已经十分成熟十分全面，立体网络化了。《礼仪问答》内容方方面面，从诚实待人、严于律己、做事标准、人际准则、是非善恶处理方法等等云云几乎无所不包，宏微俱有。它是一本道德伦理的规范本、教科书，从侧面说明其道德体系已经达到了先进的台阶。

洋洋七十九道《礼仪问答》，其中的核心精神是什么？综览其中，最根本的还是强调生命的平等，人际的和谐，人格的尊重，行为的谦卑坦荡，胸怀的宽大，报恩意识的浓重。通篇透溢的是公正、公平思想。比如："诚实不欺"，与公平分配劳动果实有关；"尊敬长者"，与尊重生产劳动的经验有关；"信守诺言"，与生活条件的要求及其必须负担的义务有关；"歌颂英雄行为"，与人在生活中必须同自然界艰苦搏斗有关。总的说来，这些道德观念就是公有观念、平等观念和互助观念。可以说吐蕃的伦理道德完全是自己独立的框架，是文明积累的结晶，是"自力更生"的产物。吐蕃在1300多年就有了完整的科学的伦理学科。

如何处理家庭伦理关系？具体的行为准则又是什么？从民间叙事长诗《娜尔杰才罗遗言》中我们也可窥探到一斑。

娜尔杰才罗是一位饱经世故，在人生风云中大起大落，有着坷坎不平经历的老人，他对生活有着深刻的体验，总结了自己的人生哲理。关于家庭伦理，他有这样一段告诫：

看啊，诸位请看天上——天空的鸟儿成对飞，
地上的金鹿成对嬉，河里的鱼儿成双游，
何况人间的黑头人！
夫妇要学那天鹅样，不吵嘴来不打架，
有情有义相互爱，事事商量互尊重！
要圆的事儿办得——十五皎月般圆润；
要方的事儿办得——四脚方桌般方方！
夫妇本是同命运，俩口都要走一路，
操家更要齐着心！

你顶着星光去放牧，她借着月辉去挤奶；
你踏着寒霞去狩猎，她踩着露珠去背水；
你把青稞炒得哔哔响，她把手磨转得悠悠哼。
山泉里熬进大茶，酽茶中分不出茶和水；
瓷瓶里插进山丹花，谁不夸两者是一体！

男的不可羡慕他人妻，不可丢了故人寻新欢；
布谷唱得再好听，一到八月就飞了；
乌鸦声虽不好听，却能伴你度春秋！

美满的姻缘啊——好比鸟儿背上的两翅，
好比掌心里的手指纹；幸福的马儿要共同骑，
贫穷的担子该一起担。尝过孤单空虚的滋味，
才知道夫妇的重要；想走出生命的泥泞之道，
夫女携手相帮才有希望！

在幕年晚秋之际，只有她给你盛来热茶，
熬茶煮肉，盖被披裘；只有她向你问寒问暖，
搀出帐角晒晒太阳。我那有夫有妻的儿辈们，
我那才要成婚的孙辈们，你们万不可贪欢一时之乐，
你们万不可为脸面的颜色，就起邪念抛弃痴情的爱人！
啊，美好的意愿如玉露，闪烁着五彩的光束；
恩爱的夫妇似乳茶，越喝人越觉喝不够！
临亡者都有这感受，人生倥偬刹那间，
只要夫妇恩爱终生，才会带来不尽乐趣！

我说的话够多了，我占的时辰够长了！
俗话虽然这样说，"临睡前不要多喝茶，
临死前不要多留言。"但心事不吐不畅快，
请原谅我最后的一次缠扰。

我现在要说的是儿子！说起儿子不得不揭短，
说起儿子心头泡苦水。我那不成材的孽子呀，
你给死去的祖先丢脸，你给活着的父母抹黑；
你比吃草的禽兽强一点，你比吃粮的人类差得远。

有钱时你把阿爸当龙碗，捧在手心抱在怀；
无钱时你把阿爸当破碗，随手扔来任意摔；
财多时你说阿爸的恩情大，钱尽时你说多张嘴是累赘！
啊，酒醉的人容易苏醒，财迷的人很难回转。
年迈人笑脸相承也不行，进门时斜眼一瞪伤我肺，
出门时冷言冷语刺我心。

我的睡处在帐角阴湿地，我的穿戴是牛犊的烂皮袄；
我吃的是淡糌粑和达拉水①，外面的事儿不给吭一声；
我说的话儿无人来理睬，我被一家子视为讨厌的狗！

不成材的孽子呀，你的头发已经染上霜，
你的儿子也快齐肩高，但你看看你的样子吧！
邋邋遢遢地走路，好像邻居那头断腰牦雌牛；
别别扭扭地吃糌粑，好像刚落地的牛犊咂奶头；
昂然自得地去张口，好像暴雨后的洪水泛浊浪；
大言不惭地去骗人，就像来到草地的经商人；
歪头斜脑地觑视人，就像老狗一天未进食；
花花绿绿地来装扮，就像经堂正中的泥塑像；
斜戴在头顶的圆帽，像烈日曝晒的牛皮；
腰中插刀的架势，就像庙中供奉的战神；
自我欣赏的劲儿，就像月下站着的恶鬼；
令人皱眉令人呕呀，处事癫癫狂狂的逆子！

你自以为聪明赛过人，可向你问话你只哼哼，
就像蠢驴嗥叫得意鸣；叫换你时你不理睬，
身价好像升到九霄云；饿时你却呻吟不断声，
好像鹊窝里进了蛇；饱了你四蹄伸展不动弹，

① 提炼奶酪后的酸水。

好像肥猪粪堆中做甜梦！

孩子啊，活人不是这个样！我愿最后一次告诫你；
虽然你今天在这里丢了脸，我的话儿也难入耳，
但我死后的漫长岁月里，你慢慢品味会泛甜味！
犏雌牛要的是乳汁，海骝马要的是走手，
女人家要的是贤惠，男子汉要的是本事，
烟往高处飘，这是人人看得到的；
水往低处走，走到高处才能看得远！
阿爸虽然饱受刺激，但还是期望你往高处去！
你要用知识来武装自己，你要用智慧来妆扮自己。

学问能推开峻岭，灯光能驱散黑暗；
一个智者能降伏百个勇者，一个莽汉难对付一个对手！
请下苦功夫吧，孩子，不学而成智者古今无，
智者人人苦学成；只要流动的泉水不停，
有棱的石头也会滚圆；只要你的学识渊博，
人们就会自动敬仰你。好比麝香锁在箱里，
香味却在十里外；即使你不出帐帘，
声誉却也走千里！到头你就会明白：
好的声誉会给你——铺下闪彩溢金的大道；
而坏的名气却会给你——设下意想不到的障碍！
这是我要告诫的头一件事！

我要告诫你的第二件事——吃肉的人会牙疼，
喝酒的人会头痛；如果坏心使在别人身，
有天恶果就得自己吞！
不可炒面吃进自家肚，口袋却扣在别人头；若逞凶无止境，
去看看大象的碎尸；若以为坚实不可摧，
去看看黄河的古河道；若是往山上抛石头，

有天石头会砸破你的头！

第三条诫言记在心：诚实是做人的金钥匙，
谨慎是探道的持手仗，谦虚是上进的指路灯，
骄傲会使你变愚蠢。你不是常常看到这情景——
垒得高的易坍塌，长得高的易折断；
布衣下面缺热气，光着屁股没温暖；
芨芨草后面难藏人，谎言只会使你丢尽脸；
猫头鹰给生物带来恐惧，孔雀却珍爱自己的羽屏；
智者常检点自己的不足，愚汉才专找别人的毛病。

最后我再告诉你，值得借鉴的琐细经验：
稳稳走会走得快，慌慌上路反缓慢；
目光短浅会使你堕落成蝇蛆，看重金钱会使你冷酷如虎狼，
不谋贪欲会使你今生长乐。
今天能办到的事儿，不可留到明天去办；自己能办得了的，
不可央求别人办；喜庆宴会让别人来请，
有丧之家要主动登上门；尊重别人会获得尊重，
仗义该是生命的支柱。

对强暴的恶势力，你要有扭断虎头的胆量，
你要有揪住豹尾的臂力；
对弱小的受苦者，你要舍得脱下贴身衣，你要舍得掏出嘴中食。
儿呀，你还要懂得呀——

讲哲理得有头有尾，牵烈马得放长绳缰；
说纠纷得首先公道，办公事要肚量宽达！

广交朋友对你很重要，俗话这样告诫说：
一个仇人已嫌多，一百朋友还嫌少；

不可计较一时的得失，不可一去一来看价码。
春种秋收是常理，你伸手人家才会伸来腿；
一支木杆不能支起帐篷，一块牛粪无法烧开茶水；
三个指头才能撮把土，三块石头才能架起锅；
木托木搭起了金殿，人托人就成了贵宾！
儿呀，难叫人放心的儿，你把我的话渗进肺脏，
你把我的话溶进血液，我在西天等着你的佳音，
我恭请乡亲们多多扶帮！

十一

我最后再把儿媳劝劝，话虽刺耳你别起他念，
临死的人只会有善意。当东方朦朦发亮时，
老汉我大声叫喊你，你不应声不要紧，
不该皮袄蒙头欺负我！你抬头看看同龄人，
人家勤俭持家的儿媳，人家追盗返回的勇士，
那跟群去放牧的牧人，那挤奶抹牛粪的妇女，
哪个像你这样贪瞌睡！

早上你磨磨蹭蹭爬起铺，就像羊羔掉进草窝中；
你心神狂躁掏炉灰，帐中好像狂风卷尘沙；
你大摇大摆进出帐，活像野牛驮着鞍子满滩跑；
你细声细气地说起话，就像蝗虫飞梭嗡嗡叫；
你熬茶犹如熬石头，时近中竿还不见端；
老汉我渴得喉冒烟，你却游逛人家喝个饱！

儿媳呀，不是我有意丢你丑，妇道家发长是真事，
但发长并不一定见识短。金莲花是草原的装饰，
可她不愿长在狗屎堆；贤惠温顺是女人的美德，
可泼妇却很难具备。古老的谚语这么说，
“贤惠女人备三德：会孝敬年迈的公婆，
能体贴粗莽的丈夫，会抚育幼小的儿女；

脸上常挂慈爱的笑容，手上不离家中的活儿，
腿柱子似轱辘般勤快。"儿媳啊，能说会道的儿媳，
一家子的支柱就是你！男人挣来的你要会积存，
家里现有的你要精安排，大小杂事要全装在胸，
干活在前吃饭要在后。别忘了——
操持家务是妇女的天职，养老哺幼是妇女的义务，
勤劳耐苦是妇女的美德，你要明白你肩负的责任！

我还想提醒你一句：母爱是人间最纯洁的感情，
人性兽性在女人血管斗得最欢。势利会使你心胸狭小，
贪婪会使你兽性狂放，懒惰会使你更加馋贪。
你要控制自己的感情，让理智筛滤你的举动，
让高尚的情操把你控制，愿善良和慈爱陪伴着你，
愿能使你的灵魂安息！
……

娜尔杰才罗在"遗言"中特别强调了对父母的感恩思想，他告诫人们说：

不喝凉水难知奶茶的醇香，喝着凉水才懂得雌牛的深情；
不曾步行难知走马的矫健，艰难步行才感受走马的深情；
不落困境难知父母的恩情，处在困境才明白父母的恩重！

十七八岁的年轻人啊，你有花般美的理想，
你有泉般旺盛的精力；你有扭虎头豹尾的胆气，
你能射下高空的猛雕；你能追找林中的快鹿，
你的思路闪电般敏捷；你要做的事儿很多很多，
你要学的规矩无穷无穷。可最要紧的事呀，
是孝顺你的双亲！父母的处境是你以后的影子，
父母的未来全依赖于你们；尊重老人会带来威望，
赡养父母会有好的报应！

我为什么来提这件事？太阳的光辉照暖了大地，
但并不是每个生物都感恩它；父母的精血哺育了儿女，
但并不是每个儿女都敬重双亲；没有树根哪来浓荫千丈，
没有父母早就没有你年轻人！

说起母亲的操劳和心事，那可是一百天说不完呀！
怀胎你九月零九天，昼夜如负百斤担；
拼尽气力来催生，脸黄汗淌疼加痛；
贴胸哺乳三年整，就似雌鸟孵鸟蛋；
奶角不离上下唇，好似老鸟喂小雀；
一句一句教说话，好似牵驹驯走手；
一步一扶学走路，摇摇晃晃喜透心！

啊，一年三百六十天，她的目光随你身影移，
她的手掌每日量你身长。你哭泣她心头悸跳，
你欢笑她眼中翻喜浪。

为了让你沉浸幸福之中，黑夜她睡得比猎犬还迟，
白天她起得比百灵还早，黑发时辛苦创家业，
到白雪满首还踽偻不闲！

她老了，是真老了！头发成了白丝线，
螺牙成了破锯齿，明眸成了干泉眼。
目光扫不清远方了！耳孔听不见螺鸣了！
牙齿咬不动奶酪了！身子撵不上畜群了！
她成了快坠落的夕阳，她成了快熄灭的火星，
在世也不过三年五载。

正因为活的时光不会长，你们才得供养好她，
你们才得孝敬好她！养儿就为的防老，

表达赤心这几年！滚烫的食物要吹温了端，
硬柔的牛肉要煮烂了盛；说话要嗓门高而声亲昵，
问候要恭敬而脸溢笑；清茶要煮成牛血般酽，
烦恼事儿不要送她耳，开心的话儿可要多重复，
处处殷勤又热情！

不要笑话他模样儿丑，人人都要走这条路！
父子之情不是钱财情，血肉相连一脉传！
父母是无价宝呀，有钱无处买得来，
有力无处搬得来，有谋无处栽得来！

预知后事的是上等汉，遇事巧理的是中等汉，
事后懊丧的是下等汉。话儿给你们说清楚，
有孝心就得赶紧表，父母在时冷目对，
父母一亡哭泣泣，这种孝心全是假。

另一首民间长诗《婚别歌》同样展示了藏人的家庭伦理观。该长诗讲述的是出嫁姑娘兰格卓玛措出嫁前夕全家人之间的一席推心置腹交谈，处处流溢出家庭之中人与人关系处理的行为准则，每个人应有的道德水准。

阿妈教诲她到婆家后的行为准则——
女儿兰格卓玛措，快穿衣呀快佩戴，
阿妈有话讲给你。
你到婆家那天起，有啥佳肴和美食，
首先敬奉给三宝，其次要给公婆捧，
再后双手敬丈夫，剩下多少留给己。
这是做媳的规矩，这是女人的美德。
外人瞧着会夸赞，自家心里乐陶陶，
这是说的头件事。

女儿兰格卓玛措，快起铺呀快穿戴，

阿妈有话讲给你。
从到婆家那天起，你要敬仰阿爸般，
去敬仰你的公公，公媳相敬传美言。
你要挚爱阿妈般，去热爱你的婆婆，
婆媳亲密诸事顺。
你要尊敬阿哥般，去尊敬你的丈夫，
夫妻美满留佳话，这是我讲的二件事。

女儿兰格卓玛措，快起铺呀快穿戴，
阿妈有话给你讲：
从到婆家那天起，你将身穿羔裘衣，
小心提防三夏雨，一旦羔袄雨淋湿，
人家会说你懒惰；
从到婆家那天起，你将佩戴银首饰，
小心提防暮秋雾，一旦银饰起了锈，
庄里会说你懒怠；

从到婆家那天起，你将头戴红狐帽，
小心提防火苗窜，一旦毛稍被炙卷，
邻居会说你懒惰。
从到婆家那天起，你将脖坠项链串，
小心提防串绳磨！一旦项珠断了线，
族人会说你懒惰；
从到婆家那天起，你将脚蹬绣莲靴，
小心提防烂泥淖！一旦靴帮被泥污，
人家会说你懒惰，这是我说的三事。

女儿兰格卓玛措，快穿衣呀快佩戴，
阿妈有话讲给你：
从到婆家那天起，遇事要想熟铁链，

环环相扣坚又韧；
待客要像羊毛绳，温顺绵柔又暖融；
交际像那白唇鹿，不张狂啊会避生；
头脑要像绿孔雀，时时清醒不湖涂；
说话要像布谷鸟，悦耳沁心如听曲；
理家要像云中鹞，手脚麻利回转快；
心灵要像鹦鹉鸟，通情达理又聪慧；
走道则要轻又快，问事切要压低嗓；
勤快女人皆喜快，温柔话音人爱听。
不备以上这德行，婆媳就难相处好。
具备上面这道德，大伙就会尊重你。
这样的姑娘会幸福，这是阿妈讲的第四件。

姑娘兰格卓玛措，快穿衣呀快佩戴，
阿妈有话讲给你：
从到婆家那天起，你把里外端详细，
大门权当金子锻，二门权当银子缀，
上壁全当黄金箱，下壁全当白银柜，
外环全当黑金锤，内环全当白银链；
要把家业操守好，血汗挣来这财产，
点点滴滴浸血汗，勤恳治家发起富。
这是儿媳的饰妆，阿妈讲的是第五件事！

女儿兰格卓玛措，快起铺呀快穿衣，
阿妈有话讲给你；
当远客跑来借宿，快把帐篷大敞开，
快把灶火扇高旺，这样待客客欣喜。
如果客人登上门，炉火还未闪红光，
炉灰还未倒院外，茶水还未沸沸滚，
庭院还未扫干净，你坐着又搔痒头，

客人会说你懒惰。
当媳妇切忌此毛病，这是阿妈告诫的六件事。

女儿兰格卓玛措，快穿衣呀快佩戴，
阿妈有话给你；
女人的好坏有鉴镜，你可要处处学贤女，
懒妇的身边切莫近，懒婆娘行径要警惕，
到处传扬留臭名。
当阳光撒满庭院时，她才懒懒下炕头，
嘴里还"哎哟"直呻吟。从早睡到下午起，
下午又把家人骂，这样的女人大家咒！

提起贤妻良母的德行，人们都翘大姆指。
鸡叫头遍就起铺，雌牛奶子挤得净。
忙完这头忙那头，脸神总是乐吟吟。
一应活计上午完，下午有空才歇息，
说说笑笑多愉快。家有贤妻一世福，
内外和睦全村乐。
女儿兰格卓玛措，办事有方的兰格女，
愿你在婆家立业绩，愿佛光长久沐浴你，
愿阿妈的叮嘱言，牢牢刻在女儿心！

阿爸：
我的爱女卓玛措，我的心肝卓玛措，
阿爸有话给你讲，女儿你要记在心。
除了阿妈讲的事，阿爸希望是这些——
你到婆家那天起，要和家人处和气，
家庭和睦有福乐；
还要信佛多舍施，心底清净弃恶念，
千万不敢起歹意，"十不准"要记在心，

勿对穷人施恶行。
当你身冷去阴间，报应就会随之来。
勿对富户抱羡望，地府你会遭遣责，
狱海终生受煎熬。
正因上述之因果，希望你要乐施舍，
同时常念六字经。阿爸说的上述话，
恳求你能化行动！

哥哥：
心底善良的兰格妹，性格直爽的兰格妹，
哥哥有话给你讲，请妹妹你印心田！
恩重情深是双亲，胎育九月寒九天，
至尊宝躯怀于腹，贴胸哺乳滋养你，
小时抢吃爸妈嘴，长大娇夺爹妈衣。
父母的恩情忘不得，虽然难能报得恩。
你得出嫁是传统，别离父母是前运。
心肠善良的兰格妹，性格直爽的兰格妹！
我拿骒马打比方，我以马驹举个例。
远走他乡的马驹呀，骒马的日子勿担忧。
我不会赶它爬山路，我不会随便降鞭笞，
我向马驹下保证。
我再拿牦雌牛打比方，我再用犏公牛举个例。
远走异地的犏公牛啊，牦雌牛的事你勿担忧。
我不会背上压硬鞍，我不会重驮往上架，
我向你犏牛下保证。
我再拿我自己打比方，我再拿妹妹你举个例。
嫁去别家的兰格妹，爹妈的赡养勿惦念。
养老送终我承担。
恩重如山的双亲，不会恶语去伤害，
不会残饭去糊嘴，我向妹妹立誓言，

请你放心去婆家！

我如愿以偿的好妹妹，我诸事遂心的好妹妹，

愿你在婆家立大业，愿佛光永远沐浴你。

你不能守家要远走，我不能远离留家里。

当明天东方发亮时，妹妹你就要起身行。

哥哥我要亲手给——海螺般秀气的骏马背，

备上雕金缕玉空心鞍，再衔上眼套眼铁嚼环。

西宁的红狐帽任你挑，东海的珍珠珊瑚任你串。

十五件团龙缎袍任你穿，五色彩绢由你作腰带。

让你背披乌金九道饰，让你脚蹬蒙古描莲靴，

我要这样送我的妹，我要这样置妹嫁妆！

若还要嫁妆我还会，骏马群中拨一批，

寿羊伙中划一群，黑牛群中分一栏，

我要这样陪嫁妹！若还要嫁妆我还拿，

把我的坐骑胭脂马，送给妹妹当嫁妆。

说起胭脂马的价，一根尾巴值匹马，

一根鬃毛值头牛，一根毫毛值只羊，

胭脂马是无价宝，虽说宝马难舍得，

给妹陪嫁我情愿，毫不犹豫地赠给妹。

我诸事顺心的好妹妹，从你嫁到婆家那天起，

我一年中接你来一趟，我一月中探望你一回。

当明晨朝霞染天际，你将被宾客簇拥走，

哥哥亲自牵你的马，你尽可放心去婆家！

卓玛措：

我心地善良的好嫂嫂，我勤快利洒的好嫂嫂，

嫂子你不走要守家，我兰格难蹲要远走。

我八岁嫂嫂进咱家，姑嫂朝夕在一起。

十年光阴似流水，姑嫂结下鱼水情。

请阿爸阿妈记在心，最好的骏马要让嫂子骑，

最美的衣服要让嫂子穿，最佳的食物要让嫂子吃。
有盛宴佳节要让嫂子去，暑夏要让嫂子多乘凉，
酷冬要让嫂子穿暖和，请代我多表对嫂的情。
我心地善良的好嫂嫂，我勤快利洒的好嫂嫂，
愿你在我家立大业，原佛光追随你周围。
帐房右侧的帐顶上，有碧玉能言度母像，
那是我家祖传宝，那是我的寄托神，
本是我的嫁妆品，我从小就珍爱她，
但我不带留给你，愿你待好我双亲。
阿爸像山尖斜阳，山头一旦罩阴影，
斜阳无法再残喘！我把老人托付嫂，
直到临终多操心。
帐房左侧帐顶上，有红珊瑚长寿佛。
那是我家祖传宝，那是我的敬仰佛。
本是我的陪嫁佛，我从小就珍爱她，
但我不带留给嫂，请你服侍好阿妈。
阿妈好比湖畔鸭，一旦碧湖结了冰，
黄鸭无法再苟延。我把老人托付您，
直到临终全靠您。
我聪慧的好哥哥，我能干的好哥哥，
您不走要留在家，妹我难留要出门。
帐房中央的上席，供有螺雕观音像。
那是我家祖传宝，那是我的崇拜佛，
本是我的陪嫁神，我也十分珍爱她，
我不带愿留给哥，我把嫂子托付您。
千说万说嫂子她，外人他姓嫁我家，
不是我们血骨肉，只能厚待勿薄意，
更不要动气打骂她，也不准粗言刺激她。
话重了嫂子受不了，薄待了嫂子不应该，
妹的话哥要记在心。

……

关于家庭伦理的哲理诫言，在其他长诗中俯手皆拾、随手可见。作为血缘联系，藏人社会生活中对家庭十分看重，把家庭作为安乐、幸福、和谐的重要寄托。由于地理环境、社会结构、生产方式等因素所致，家庭也成为藏人一生活动的最重要场所。所以，建设良性、健康的家庭伦理框架也就成为终生努力奋斗的座标之一，提炼、凝聚、积淀了一整套完整的优秀的家庭伦理体系。民间哲理长诗《雅锐阿尔索忠告》中，哲理老人雅锐阿尔索在欢迎新头人的献辞中，也用一定的篇幅阐释了藏人的家庭伦理观。告诫人们什么是善，什么是恶，什么可干，什么不能干。他发自心肺地忠告说——

我聪明强悍的小伙啊，对自家人不可耍奸刁，
即使能讨得些便宜，但那公正无情的舆论中，
你不会得到勇士的头衔。

有光亮的眸子要往远看，看得远才会处好很多事，
变幻的心儿要往后看，顾前虑后才能算智者，
高瞻远瞩脚下路广阔。

在这错综复杂的世界上，如果男儿都像当初的我，
那心惴的尽是恶作剧，那手沾处尽是有错事，
如今想起脸红又耳赤。

当初我以为自己最能干，贪欲就像佩挂小刀的愚汉。
愚汉收不拢自己的衣襟，常把小刀吊在脖颈上。
结果差点要了自家命。

当初我内心诡计像花绳，抑不住常要攥手中。
为贪财不假思索拾便宜，至今悔恨责备自己过，
现在醒悟却已很迟晚。

神姿飒然的小伙啊，你们才要泅游人世间，
若想为众人办点有益事，可不敢闪那号错念头，
可不敢干那号肮脏事！

不分好汉与赖种，只要是个男子汉，
有错就要敢承当，处事就要掌分寸，
男人自有男子的风度。

你要心田磊磊如清风，不可忽雨忽云乱反复；
你要胸怀荡荡如平川，宽广的胸怀会溢智慧，
斤斤计较使你目光浅。

尽管你威猛如雄狮，可除与恶敌搏斗外，
性格则要文雅如凤王，与朋友兄弟亲无间，
则是家中妻儿的希望。

威严汉遇见欺人事，则像斑虎施六艺；
女儿家与邻居相处时，则像野狐绵融融，
世上男女刚柔要明持！

如果让钱迷了男人心，反过来责难妻小尅衣食，
男人的闲话比荆棘毒，妻女好比陷进地府间，
不要有意让家人受折磨！

会上山又下坡的是走马，懂得人生的我也算一个，
我经历过酸甜和苦辣，我交识过恶棍与善人，
我知道上流人该备的美德。

说起上流男人的美德，与敌交战他英勇无比，
与兄相处他深情如海，与妻过日他温顺如牛，

临去世还不忘行善助乐。

我再说说下流男儿的德行，与敌交战他先逃命，
与钱交往他眼泛血，临死前他还要拨是非，
让他认错他心尖直哆嗦。

说起贤淑女人的美德，对外她是喷热的火炭，
当生客从远方走进门，她满脸亲切笑容堆，
滚烫的奶茶早捧手。

对内她是能干的管家，关心弟妹胜过慈母心，
服侍公婆比姑娘还耐心，早起晚睡终日不肯闲，
一家和睦财运天天升。

说起泼妇小人的德行，对老人她极力去苛待，
比黑心汉子还恶霸；左邻右舍间她挑拨，
使隔墙友邻成冤家；弟兄之间她插下猜忌种，
使手足反目不认亲；部落内部她犹如地老鼠，
搅杆啃根让其成荒丘，人人盼着她生无路！

我愿所有男人都具上流德，我愿所有女人都备上流性，
我愿刁男泼妇都绝迹。我愿世上不要有无聊人，
我愿牧帐永远荡春风。

向老人们我也敬一言，人老了是真正地老了！
心衰拿不定己主意，体弱坐不稳己屁股，
嘴瘪吸不进大口气。
给别人说话无人理，听别人讲事耳嗡嗡，
脑壳里终日昏又沌。
老人们啊，你得放明白，这是宇宙难避的规律，

任谁都得搭乘这小路。
家业与财产的泥潭中，如果一直沉溺难醒悟，
地狱就在你附近。
当你要闭眼进阴间，不仅要抛下己躯体，
家人也难成你跋山的杖。
你所积累的万贯家产，在骏马难越的荆刺滩，
它们也难把阎王拦。
我啰哩啰嗦这么多，是说人老要想得开，
该交代的要早交代。
对儿女不要横训斥，把钱柜不要抱心口，
“氏族”中的是非不要去染指。
还要学会安排自己的生活，你得自己寻找人老的乐趣，
不要不顾心力寻烦恼。
冷了你就多多晒太阳，困了你就早早钻被窝，
饿了让儿女熬茶又煮肉。
幸福的晚年要自己创，人间的乐趣难送上门，
夕阳晚照也有美好处。

我还要叮咛主人们，凝立门梢的女主人啊，
花脖狗的苦乐你最清楚。
当花脖狗年轻的时候，它曾守护马牛羊三畜，
它曾警戒前院和后门，它曾阻拦侵入的盗贼，
它曾不分昼夜勤忙碌。

而当花脖狗上岁数，搬圈时它被抛弃荒丘上，
跑不动时常挨棒子打，啃不动时卧在坑洼里，
全身脏兮惶惶去浪荡。
狗主人多不讲公道啊，我只好托付你多照料。
我还要叮咛马倌话三句，在高阔处牧马的马倌啊，
乌龙骓的遭遇你最清楚。

当它年少口轻时，四蹄如风走手似轿子，
在红绿相间的草滩中，在成百上千骏马伙，
多少人赞扬它是龙种。
当年它是主人的好伙伴，一上岁数却卖给了盗贼，
缺膘情却让它跑小颠，走不快就用利鞭抽，
寒冬天甩在山里无人管。
马主人多不讲公道呀，我只好托付你多照料。

借此还要叮咛小媳妇，忠贞不一的儿媳们，
父母亲的苦乐当明白。
当他们年轻力壮时，为创家立业吃尽苦，
为后人留下好遗产，件件用具都用汗洗过，
缕缕衣裙都是心血攒。
十冬腊月冷风烈，他们先想儿女的饥寒，
肠衣上搜刮肉脂去补滋。
可遇上无心肝的儿女，
一上年纪则横眉来搓磨！
碗中茶水不问烫与凉，身下铺褥不问厚与薄，
嚼的食品不问粗与细，说漏了嘴当场来训斥，
未听清的不愿重复说。
多忘恩负义的儿女们，我只好托付你们多照料。
……

从上面的民间文献中，我们看到了藏人的家庭伦理观是全面的、立体的，从宏观到微观，从全貌到局部，没有不涉及，是非黑白明白正谬错对清楚，道德底线明确，伦理层次明晰，有老人的行为准则，也有年青人的办事原则，有男人也有妇女，有父子也有兄妹，有姑嫂也有母女，包括了家庭所有不同成员，也点明相互关系的伦理原则和要求。这种家庭伦理观念包涵的侧面也十分丰富，从尊老爱幼到勤俭持家；从个人品德到行为原则；从血缘关系到亲戚友邻；从部落内部到对付仇敌；从人生礼仪到待客风尚，……凡是人类相互之间的关系处理原

则都有所规范，有所准则，对每个家庭成员都有约束力，每一行为都是以善恶是非为标准。从文化人类学的角度来说，藏人的家庭伦理观首先是历史的产物，基本上受着历史因素的塑造，有自己独特的历史进程，是漫长岁月中人们经验教训的理性鉴别筛选，又经过藏人全体的认同，化为了他们统一的指导思想和行为模式，形成鲜明的民族特色。

藏人的家庭伦理还是地理环境的产物，不同的地理环境孕育催生不同的生产方式。而不同生产方式又予生活方式巨大的影响，捏塑出不同的生活方式，在一定程度上是生产方式的延续和变相反映，这就使藏人的家庭伦理观念有了浓郁的地域特色。地域特色是个宽泛的概念，雪域高原地域广阔，河流纵横，雪山林立，交通不便，区域闭塞，为什么家庭伦理观却一统天下，基本一致呢？这不能不归功于文化的传播功能。

家庭伦理观念作为文化现象，一种意识形态，它依然有着各部族，各区域之间相互联系、冲突、借用、转移的情况，不同地区不同族群的文化类似，除了少量独立发明之外，大量的由传播造成，而青藏高原的文化又自成体系，形成一个稳定的，能满足该地带人们需要的圈子，这个文化圈又有着自己的独立性，也有着特殊的持久性，同一文化的各成分，在彼此之间有一种结合，很难分离和消失。

当然，藏人的家庭伦理观离不开佛教的哲学思想，抬手举足之中都有着佛教的辩证思维和价值取向。正是得益于佛教哲学的指导，藏人的家庭伦理才有序而不偏激，思想明确突出又不走极端，健康而不沾有病态，宽宏大器而不目光短浅、斤斤计较。

第九章　生育及成年礼仪

生命平等体现在性别与生育无心理障碍、性别歧视，妇女在家庭生活中生育权受到尊重，生育有着一套独特的保健举措，婴儿的保护受到全社会的重视，取名有着自己的讲究，既是符号，也是一种祝福与祈愿，摒弃功名利禄等臆念，无论是少女还是少男，进入成年层次都要举行仪式，而家庭都得为成年仪式买单……

婚姻生活的内容大致包括三个方面，一是满足情感需要，双方相濡以沫，厮守终生，度过有限的生命历程；二是满足生理需要，性生活得到保障，并有序稳定持久地进行；三是满足传承接代，延续生命和血缘系统的需要，以拥有自己血统的子嗣。生育便成了家庭生活中一项重大环节、重要事项，生育自然凸现了家庭观中关于子女的价值取向。

在生育观念上，藏族基本不存在“男尊女卑”、重男轻女的意识，对性别选择看得淡泊，对子女的性别期望保持平衡心态。社会上也不鼓励多生育，没有“多子多福”的说法。一般听天由命，顺其自然。男孩女孩在家地位平等，妇女也不会因生女子而受到歧视、排斥，男孩女孩在社会上也不会有大的待遇差异。

在财产继承上都有公平的一份。由于“生命平等、人格尊重”等先进思想深入人心，所以不存在溺女婴、弃女婴现象。

同时，血缘传承上，藏人也不讲究男女，认为都是自己的亲骨肉，都是从自己身上掉下的“肉疙瘩”，谁撑门顶户都是一样的。关键看谁能干，谁有孝心。这可能与藏区社会是地缘(部落)联盟为基础有直接关系。当然,也离不开藏族长期经济生活中妇女的顶梁柱作用;离不开游牧生产中雌性牲畜给人类带来的巨大物质财富,以及女性在家政、生产中的突出贡献。这都使藏人的认识天秤不得不搁在“男女平等”的砝码上。再如佛教意识的熏陶,“生命平等”思想成为藏人价值取向的不可分割部分。

有人曾研究过这一课题,有关西藏拉萨市的一份调查资料这样记录道:

生育行为是最重要的家庭行为之一,孩子是家庭生产的最主要“产品”。拉萨作为少数民族地区,国家对藏汉家庭实行不同的生育政策,汉族家庭实行独生子女政策,而藏族家庭则可以生两胎,鼓励一胎,这样就造成了藏汉家庭生育行为差异性较大。尽管如此,藏族年轻人的生育行为仍在发生很大的变化。据相关资料显示,拉萨藏族家庭的独生子女越来越多,调查结果表明,67%的藏族青年有只要一个小孩的意愿。究其原因,一方面是在政府的大力宣传之下,现代生育观念深入人心,加之政策上的引导,如独生子女享有独生子女费等,使得藏族家庭生育行为朝少生、优生的方向发展。另一方面随着社会的发展,家庭在孩子养育过程中的投资成本不断加大,多生育意味着在时间、精力、物质财富方面的多投入,在这种压力之下,很多家庭选择只生一胎。

虽然不在乎数量和性别,但对质量却毫不含糊。在传统孕育过程中藏人特别注意从食品上、生理上、精神等多方面给予护理保养,以保障母子健康、胎儿发育正常。

各地的营养食品以自己当地的出产和家庭财力为基础,尽力而为。农区以白面、植物油、骨髓汤、酥油、羊肉、猪肉、人参果为主。牧区则是牛奶、酸奶、炼酥油、牛骨髓汤、新鲜羊肉、羊脖颈肉熬汤为主。

孕育有很多注意事项,其中有不少是传统禁忌,是经验的积累。在相当一部分地区,孕妇不能在娘家或兄弟家中分娩。其原因据说是孩子出世时怕母亲羞于见自己的兄弟而导致难产或不产。所以,在临产时孕妇一般不回娘家,也不到叔伯兄弟家串门,以防万一。另外有的地方孕妇怀孕期间不吃犏牛犊肉,据说吃这类肉食会使孕妇孕期延长。而牛羊肉、鸡蛋、骨头汤等都是孕妇不可缺少的营养食物。过去农村妇女分娩时有助产婆接生，如今农村妇女有条件的都愿意到县医院或乡卫生所生孩子，条件差的也大多请接生员接生。

提倡妇女在孕期多活动，是长期生活实践中，人们逐渐认识到孕期多活动有利于分娩，故而今天仍提倡孕妇多活动。在饮食上到分娩期延后时必须吃犏牛肉才能破解。另外，孕妇不能抱婴儿，据说这会使婴儿出牙晚。

产妇待产时要大量地喝滚烫的清茶（用砖茶加盐、加水熬制成的饮品），据说这有利于分娩。分娩后要用酥油涂抹产妇的太阳穴及头顶，这可祛除邪风。

藏族夫妇在怀孕后三个月，分娩前三个月都要求禁止同房，以防止婴儿发育受到影响，造成畸形儿、残疾人。

对于怀孕现象，藏人看待大度、豁达，心态也很平静，都明白这是生理现象，并不是有的原始民族那样神秘惊恐，以为是神灵进入妇女体内才导致怀孕的。远古以来的游牧生产实践，使他们积累了动物生理方面的丰富科学经验，从而对妇女怀孕坦然处之，又精心呵护。怀孕后，妇女在前四个月和平常一样干活，五六个月后逐渐减轻劳动量，一般只挤奶，不再做其他重活。临产前二三个月，除做一些零星杂活外，以休息为主。大约从六七个月开始，就经常吃一些营养丰富的食物，主要有肉沫汤（用新鲜的绵羊肉切成碎沫煮熬）和鲜奶糌粑糊（用鲜牛奶加糌粑煮成）。人们认为生第一胎的妇女身体好，补充高营养的时间可短一点，生二三胎及至多胎的妇女身子差，需吃的时间要长些。

大多在牛圈内或另搭的简易帐篷内生产，也有的在帐篷内靠近门口的地方生产，目的是便于产妇大小便和清除生小孩时流的血水等。偏远牧区一般是产妇自己接生，或请有经验的村邻婆姨来接生。因为牧区交通不便，相互间距较远，所以大多是自己生。也有产妇的母亲或丈夫或婆婆帮助她接生。接生时用羊毛绳扎紧脐带，并用刀割断，七八天后脐带就自己脱落了。胎盘则需扔到远处，或埋起来。牧民认为，胎盘扔得远些，再次怀孕的时间就会隔得长些。如果难产，则请僧人念经或让产妇喝鱼汤，认为这样就能将小孩生下来。

雪域高原的牧区，天寒地凉，即使夏天也没炎热之感，因此牧民没有洗澡的习惯。产妇和婴儿多不洗澡，只是通过换衣服来去掉身上的污垢。一般产妇休息三天后，换上一身新衣服，把生产时穿的脏衣服、脏垫子全部扔掉。有些地区，新生儿有时也用温水洗净，还要在头顶门上抹一小块酥油，认为这样会使婴儿的囟门闭合得快。

大多牧区，产妇生小孩后，要吃营养丰富的食物，如加上酥油糌粑糊糊、人参果拌酥油、新鲜的绵羊肉等。不吃牛肉和山羊肉，觉得肉太硬，不易消化吸收；而山羊肉容易引发隐性疾病，故不去吃。不喝酥油茶，只能喝无盐的“白茶”。这也是为了产妇内心清爽，不让上火，有利恢复身心健康。生小孩后，产妇一般休息三天即开始做家务事、参加轻点的生产劳动，个别休息时间长一些，但顶多也就十天半月。

哺乳视母亲身体的好坏、乳汁多少而定。身体好、乳汁多，则一年内婴儿全吃母乳，不吃其它东西，反之则添些牛奶等食物辅助喂养。小孩吃母乳大多吃到三四岁，有的甚至吃到五六岁。

生儿育女是喜事，牧民没有明显的重男轻女倾向，男孩多的家庭想要女孩，女孩多的人家想要男孩。孩子以两三个为少，五六个适中，八九个为多。也有人家有十几个小孩的。怀孕生育听凭自然，几乎没有用药物或别的手段坠胎的，但延长小孩的哺乳期，却客观上起到了调节生育密度的作用。堕胎被认为是杀生害命的不道德行径，受全藏人的唾弃。

小孩幼小时与母亲同睡，一般睡到三四岁，稍大一点才独睡。小孩由父母、老人或哥哥、姐姐照顾。许多父母都喜欢把赤裸的婴儿放在自已的胸前，用宽大的藏袍裹严，贴着母亲的体温，婴儿自然舒适而又自在，吃奶也很方便。柔软羊羔皮也常常用来包裹婴儿当作襁褓。孩子稍大则穿上小藏袍在帐篷里外玩要，追逐小狗，小羊羔，与他们打闹，学着大人的模样做事。到了七八岁，开始帮助大人放牛羊，做一些零杂活。就这样，牧民的孩子在传统的家庭生活和劳动中，耳濡目染，模仿学习各种有用的知识和生存的技能，渐渐成长为一名合格的牧民。

以上是牧民生育习俗。农区呢？农区又有自己的一套习俗。

坐月子期间，产妇要避风、避冷、注意卧床休息，在饮食上要注意不吃生、冷、硬的东西，多吃流质的东西，尤其是用骨头汤熬的粥、下的面，这就是时下讲究的补钙，因为牛羊肉的骨头中有大量的钙质。平时多喝新鲜的酥油茶，这些有利于乳汁的分泌。还得避免用冷水洗手，防止患上关节炎。脸部清洁除用温水外，还多用青稞酒。每当阳光灿烂，风和日丽之时，将当日的新鲜酒在阳光下晒，待其温热后用他揉搓面部，再用晒干的菜籽油涂抹一遍，最后再用糌粑揉搓，脸上的污垢即清除。

对于婴儿则注意脐带的保护，在脐带未脱落前尽量避免婴儿长时间的哭。从出生起就要用融化的酥油或菜籽油，用无名指点蘸脐部，直至脐带脱落；二则注意全身的护理。每次清洁身体后都用菜籽油仔细涂抹皮肤折皱处和臀部，也用糌粑涂抹折皱处。藏族很注意婴儿的日晒，每当洗澡后总将婴儿的身体裸露在阳光下，再用晒温的菜籽油涂抹身体，日晒的时间随着婴儿的成长逐渐加长，这有利于婴儿的成长。从现代医学的角度来看，藏族很早就重视孩子钙质的吸收。

婴儿出生后要举行诞生礼，藏语叫“旁色”。“旁”是污浊的意思，“色”是清除，也就是说清除晦气的仪式。藏族认为，小孩出了娘胎，会带来许多污浊和晦气，举行这个仪式，便是要为孩子清除污秽，预祝健康成长，同时，也祝产妇早日康复。据有关学者考证，“旁色”仪式是1500多年前从苯教时期流传下来的，是由苯教的一种祭神方法演变而来。村邻们要前来参加“旁色”活动。他们带的礼物是青稞酒、酥油茶、肉、酥油、礼金及给小孩的衣物等。客人进屋，先给父母和襁褓中的婴儿献上哈达，而后敬酒、倒茶并献礼，然后端详初生婴儿，对孩子说些吉利祝愿的话。有些农户还为前来除秽亲友举行汤饼宴。

“旁色”多在婴儿出生三天后（女婴四天后）举行。为照顾产妇身体的恢复，多在三天后象征性地举行仪式，待满月后再举行大型的、正规的仪式。作为序幕的旁色仪式多请至亲好友参加，被邀主持这一仪式的人这天一大早要先去九户人家收集桑（桑烟祀天的一应供品），再带上三条哈达，一瓶酥油茶，一壶青稞酒或一箱啤酒，进门先敬酒倒茶，互相寒暄。待日未落山之前，先点燃桑烟，祛除污秽，再将一小撮

"切玛"放入婴儿口中，并说些祝福吉祥的话，最后再依次给婴儿、母亲、父亲献上哈达，仪式便算结束。婴儿满月，母亲身体恢复后要举行正式仪式。这天亲朋好友，同事邻居都要登门祝贺，多以中午开始，客人一登门即斟酒倒茶，待下午太阳未落山前，客人们依次献哈达、礼物，所带礼物一般是小孩被子、绒布、衣物等。献完后主家设宴款待宾客，大家喝酒唱歌，尽兴而归，如此持续两天。

从产妇饮食上看，因藏族主食以牛、羊肉和喝酥油茶为主，故人们发现了牛骨汤与酥油茶在补充体能、增加热量以及有助于乳汁分泌等方面的巨大功效。故这些食品为产妇的主要补充健身食品。因藏区地处高寒，皮肤易干裂，故人们用酥油或菜油来滋养肌肤；因生存条件恶劣，藏族人民极为重视婴儿骨骼的发育，而骨头汤和日晒无疑大大有利于钙质的吸收。

孩子满月之后，选择一个吉日，举行出门仪式。这天小孩要换装，一般从家门出去往东走，以图吉利。有的第一天到寺庙朝佛，目的是祈求佛保佑新生儿一生平安。孩子第一次出门，往往在婴儿鼻尖上擦一点锅底的黑灰，意思是使婴儿出门时不被魔鬼发觉。

青、甘、川一带的安多藏区，妇女生孩子后，一月内一般不干重活，在家休养滋补身体，谓之"坐月"。"坐月"期间，多数家庭都会杀一只羯羊，以羊肉补产妇身体。

妇女生孩子后，亲戚或邻里人家的妇女去看产妇和婴儿，谓之"看月"。带的礼品是适宜产妇和婴儿用的一些食品或衣服、布料等。

孕妇怀孕和坐月期间有不少注意事项：

遇到打架吵嘴的场面要回避，忌观望；

不到人家串门(闲聊)；

碰到疲劳的人、畜，即从远路来的客人(俗称乏人乏马)要回避；

忌食乏人乏马带来的食品；

不能在帐篷内生孩子，生孩子不能接待客人；

产后三天产妇才可搬回帐篷内居住；

产后三天不接待客人，不炒青稞，不烧毛皮等东西；

孕妇不得到新搬来的邻居家去；

孕妇不许把带血的东西带进帐篷，说带进帐篷去会引起流产；

产妇不能摸炉灶，怕冲撞了家神、财神；

女佣人在怀孕期间和生育时也不得在帐篷里，而是河坝丛林之中；

生了男孩门口放一块白石头，三天内别人不得进去；

生了女孩门口放块黑石头，两天内外人不得进去；

……

这些禁忌，有的是限于科技认识水平陷入的误区，也就是说是一种迷信行为，把生育当成血光之灾，认为是触犯了神灵，也给别人带来了不祥和邪气，故而给产妇带来很多痛苦。还有一种是表现了对妇女的歧视，如孕妇不能串门，不能摸炉灶等等，这是毫无道理的禁忌。但相当一部分禁忌都是有科学依据的，是总结出的实践经验，值得作为传统文化加以继承。如产妇体弱神经也衰弱，因此不能耗费脑力和体力去接待客人、评判吵架闹事的、还有干炒青稞等紧张活儿。她需要绝对的安静和休养，以恢复体力，恢复健康，这样对婴儿的发育、哺育也有很大的好处。门口放白、黑石头，谢绝来客搅扰也是一项积极的妇幼保健举措，目的还是让产妇元气得到恢复，不受外界干扰，增加体力、心理负担，让幼儿也安心静静的成长。

幼儿剃发礼。孩子出生后，到第三个属相，即虚龄 3 岁，要举行剃发仪式，表示祝贺，藏语谓之“奴扎联巴”，即幼儿剃发礼仪。幼儿剃发礼，要请僧人念平安经及祝福的经文，并要给幼儿沐浴全身。为幼儿剃发者，多是家中老人或幼儿之父亲。剃发礼上，亲戚朋友带礼物前来祝贺，主人家用酒、肉佳肴款待宾客。

姑娘成年礼。姑娘年龄到 15 岁或 17 岁，择吉日改梳发辫，即把姑娘童年型的辫式改为成年型辫式，表示姑娘已“成人”。有的地方还请僧侣主持姑娘成年礼仪。姑娘更衣更换新装后，叩拜佛像、长辈。女眷们为姑娘唱《拜天地歌》，一人领唱，众人相和。牧区藏族姑娘的成年礼，一般在姑娘临嫁前举行，仪式也较农区简单。

姑娘的成年礼仪各地各呈风韵，不尽相同。

拉萨姑娘的成人礼仪也别有风情。

在大昭寺环行路口，竖立有一根高高的大法轮柱。是用几根长长的木杆首尾衔接起来的。它的外围结结实实地裹了一圈竹子，竹子外边再用刚刚宰杀的湿牛皮包好。等到牛皮完全风干以后就紧紧捆住了木柱。法轮柱穿天刺云，叫“觉沃达新”，即佛祖殿前旗幡。

拉萨姑娘长到16岁，社会认为达到了婚嫁年龄。她要来到“觉沃达新”跟前举行庆贺成年的仪式。父母一早给女儿戴上巴珠，还有其他各式各样的耳饰、项饰、手饰、指环，让女儿第一次围上“帮典”花围裙。随后，父母邻里陪伴姑娘一起来到大法杆前，在法杆前烧起桑火，随后围着转经，亲人们在法杆前为姑娘祈祷、祝福。

东部藏区姑娘的成年礼仪是以重新梳发为象征，当地叫“上头”仪式。

在拉卜愣原十三神庄，举行日期通常是春节的正月初三，姑娘年龄约为十七八岁，但也有提前或退后的。若家有服孝或亲戚中有丧事，得退后一至二年进行。提前的大半为家里老人病重，赶殁亡前举行，好安心上路少牵挂，因为“上头”是作为喜庆之事。上头这天，亲朋都来送礼，本人更是换上新衣，戴上手饰、头饰、衣饰，由一个十二岁左右的伴女陪着到亲朋家串门，各家则送礼钱，表示祝贺。从此以后，她便可以与男子接近，不管出嫁或未出嫁，生孩子或不生孩子，她与异性的交往在社会上不受到歧视。

从这天起，成年姑娘头的梳法，顶上的圆块照旧，只是额发再不分开，将周围的头发都往下梳，从靠近脸的地方结小辫。越是有闲群体，结的小辫越细致，每十几根头发便结成一根小辫。围着头一圈结完之后，在小辫的根处，用针线穿上两道线，然后从脸的正中分开，向背后系在一块长约二尺、宽约九寸许的红呢毡镶黄边的软胎板子上。从这一天起，辫梢上不能再绕白羊毛绳，而要改续黑丝绳子。流行一种九股辫上带的夹条，夹条上钉着琥珀相连的大软板，上半钉着六支“欧洞”(银盾)，下半钉着三四十元硬老洋，分作四行。有的也在板的上半中间钉一支海贝壳，再钉上四十五块黄铜片子。这都看家境，不管是银是铜，夹板上得钉满。按习惯，平时常带后一类，过节时才把银的戴出来。

在甘肃天祝藏区，还残留着“戴天头”的一种姑娘成人礼仪，这是母系社会的婚姻遗风。若有的女孩长到十五、六岁后不准备出嫁，准备一辈子守在娘旁。若此种情况，便举行改发型（由姑娘发饰改为已婚妇女发饰），从此便可自由和别人同居，受到社会承认，不受歧视。

藏人一般不看重生日，也就对生日淡泊。

藏人把人的一生比喻成羚羊角，羚羊角很长，竹子似的一节一节的，意思是每个人都要经过好多坎坷和酸甜苦辣的经历。这是憨厚朴实的高原民族对人生和生命价值的理解。他们一生不求轰轰烈烈，只求平平安安。作为虔诚的佛教信徒，生老病死都牵扯到生属年，因此弄不清自己属什么相就会招来麻烦。虽然不太过生日，但仍重视个人的本命年。在本命年，每个人都采取一点措施，做一件黄色的衣服，内衣内裤都可以，必须在本命年的藏历初一穿上，要穿一年，这件黄色的衣服相当于他的护身符。

藏族岁龄算虚岁，以跨年度计算。藏历兔年 12 月 30 日出生的孩子，第二天是藏历龙年的 1 月 1 日、小孩就是两岁了，多不在乎几月几日出生的。所以，藏族一般成年人，你问他今年多大，他会婉转告诉你，他属什么，那么你就可以琢磨出他的岁龄。

在相当一些地方，少年也有成年礼仪。

当少年郎达到十五岁后，可以申请加入青年伙。在部落集会的日子里，会让其骑上脾性桀骜的生马，看其在背上的技艺如何。如果下坡冲刺摔不下来，便算过了第一关；第二关是剑术对抗赛。

第二道关主要看剑法如何。若在与对手互劈中既能划破对方的表皮，又不伤及性命者，则认定剑法高超，受到大家的肯定。而胆小发抖，剑法无章程者则视为懦夫，将来还得二次考核，过关才有望加入部落小伙子行列中。

按传统的习俗，部落征战或从事武力活动，15 岁以上、60 岁以下的男人都得自备枪械，自备战马，自带干粮去出征，至少一户出一男丁。所以，在男性到成年年龄之后，每个家庭都得筹办上述战备物资，并在家抽空练习射击劈刺、骑技步法等等，熟练野营生活，这也是一个男子汉成年后的业务学习之一。

第十章　歌谣蕴含的勤劳持家观念

艰难严酷的自然环境下，唯有勤奋劳作才能开拓生存、发展空间，藏人紧紧抓牢这一真谛，培育出全民族勤劳的风尚。劳动成为一种责任，一种欢乐，一种艺术，创造了无数的美妙歌舞来抒情赞颂，描画出全世界鲜为人见的歌舞伴合劳作的风情线。家庭劳作中分工明确，各司其责，主动热情，生产有序，谱写有创造性的勤劳风尚交响乐……

严酷的自然环境，提供给藏人的生活资料极其有限，唯有勤奋劳动才能维持生存，繁衍发展；欠发达的科学技术能力，同样驱使人们辛勤劳作，艰苦奋斗，才能获得温饱，得到幸福。加之藏区社会发展中贫富两极不十分突出，阶级矛盾不太尖锐。好逸恶劳、好吃懒作、腐化堕落的风气还未占据上风没有多少市场，而佛教利他利众、不损人利己的思想意识又渗透到了每个人的行为准则中，因此，在家庭生活中，劳动成为一种自觉的风尚。懒惰、占有别人资产、贪图享受等等不劳而获的剥削意识和行径被全社会唾弃，被家庭唾弃，认为是可耻现象。

藏人的择偶标准，男人一要诚信，待人厚道，遇事敢顶逆风，利他利众，助人为乐；二是勤奋持家，勤奋劳作，能挑起属于男人的一应活计，并积极参加社会活动，为个人和家庭谋取福利和威望。而女人一是贤淑，二是勤劳。关于这些价值取向，我们在第八章的民间叙事长诗中已经提及，有所明确的勾勒描述。劳动已经成了家庭生活的重要侧面，劳动也成了家庭生活中的乐趣，成为风尚。藏人创造有多种多样的家庭劳动歌曲和舞蹈，以表达自己热爱劳动的心情，歌颂劳动的神圣伟大，调节劳动的节奏、情绪，并帮助消除单调和疲劳。

为了把家庭劳动演绎成有情感、有乐趣、有意义的活计，藏人从古至今编创了许多有关劳动的歌舞，佐证了他们对劳动的态度。同时，也通过形象、生动、具体的劳动场景及内心表白，折射出雪域藏人在家庭生活中勤劳蔚然成风，以自己的双手和智慧，创造幸福家庭生活的风尚。这些歌舞大致可以罗列为以下方面：

锄草歌

锄草是一件辛苦劳累的农活，腰弯如弓，腿立似箭，一天下来腰酸腿困，几乎直不起腰杆。但藏族妇女却是一边锄草一边唱歌，甚至添进一些表演性内容，载歌载舞，提高了劳动兴趣，活跃了情绪，减轻了身体的疲劳。如果有商贾旅客路过田头，她们会别出心裁地走过去拦住，献上一把绿色的麦苗，唱出下面这首吉祥祝福的歌：

欢迎呵，从心里欢迎，欢迎远道而来的客人！
请给右边的锄草姑娘，布施一点茶叶吧，客人呀！
请给左边的锄草青年，赏赐一点酒钱吧，客人呀！
为了你旅途吉祥如意，我把圣洁的麦苗奉献，
这是虫子从没咬过的，这是冰雹从没打过的，
这是镰刀从没碰过的呀！

过路者欣然下马，回赠一些酥油、茶叶或银两，表示对辛苦劳作者的慰劳和感激。有的甚至留下与锄草女子一起唱歌饮茶，歌舞调笑，尽欢而去。这种习俗叫“江丕”，意即奉献嫩苗；又称“尤朗”，是“锄草化缘”之义，是一种极其古老的习俗。

锄草时还有对歌活动，犹如一场歌舞演出，趣味百般，欢笑荡漾。

领：地里的杂草，怎么样锄好？ 怎么样锄好？
众：地里的杂草，这么锄才好，这么锄才好（边唱边锄）！

接着，锄草者各自给自己取个鸟名，如布谷鸟、孔雀、乌鸦等等。当领唱人唱到哪种鸟的名字时，她便得出列，走到大伙前头，一边锄草，一边模仿这种鸟的姿态，还要学唱，惹得大伙哈哈大笑。表演罢，大伙众口一致唱出下面这首歌来表达心情：

往上飞的鸟往下飞，往下飞的鸟往上飞。
布谷鸟飞进柏树林，鬼鸟儿飞进草丛中。
千年不老的古树上面、下面，巧嘴的宗巴姑娘坐着、坐着，
鸟儿的话心里记着，雀儿的话耳里听着，
不知道鸟语雀语的，请到寺庙去施茶，
请到柳林去砍树。

他们就这样一边锄草、一边轮番表演歌唱，把劳动的繁重、单调全抛在了身后。

东部藏区的生产歌也五花八门、样样俱到、独具韵味、颇为风趣。其中不乏传播生产知识、劳动技巧的歌儿。

耕地歌

呵——呵——
吆起了牛，唱起了歌，今天耕地把犁下，
呵——呵——
大大小小的牛，都要听我的话，你们都要好好地拉。
莫里呵嘞——
呵——呵——

打墙歌

在草滩的中央筑一座金子的城，迎请来神圣的诸神，
快撒土呀！快快踩呀！哑啦嗦！

在草滩的右面筑起一座银子城，让恩重的父母先辈们住在里面，
快填土呀！快快踩呀！哑啦嗦！

在草滩的左面筑起一座玉石城，让我们大家住在里面歌唱，
快撒土呀！快快踩呀！哑啦嗦！

铁锨歌

铁锨金子铁锨，锨绳三拧银线；
铁锨若有锨绳，干起活来不累。
要铲土是缘份，请你轻些铲尖；

拉锨绳是缘份，拉者请你使劲。

樋枷歌

男：我这鸟儿的故乡，女：我这鸟儿的故乡，是东部工布深处。

男：我这鸟儿的来路，女：我这鸟儿的来路，是来自天界苍穹。

男：我这鸟儿着落地，女：我这鸟儿着落地，是那结萨（村名）柏树上。

碾场

踩紧了的麦穗啊！不要沉睡，快快请起，

从大海底跳出来，翻个身儿再睡！

扬场：

大风排山而来，小风驰马疾飞；

杂草随风飘走，粮食霎时成堆。

炒青稞：

青稞在里边砰砰叭叭，如同茶水开了一般，

哪怕你是一个红火团，我有胆量把你翻转！

榨油：

不怕石臼裂开，不怕石舂粉碎；

石舂像个生铁块，石臼是三合土制成。

西藏山南地区隆孜县聂区农民在丰收季节还有一种很独特的习俗，称之为“嘟”。“嘟”在藏语中的含意为“收”，“嘟”习俗是在秋天割完庄稼后还未打场时为了招福或预祝来年丰收的一种风俗。

“嘟”是在每年收割完毕后还没有打场的第一个星期六举行的。在农区星期六被认为是一周中的招福日。割完大部分庄稼后家家都在自家地里留下一小块长势最好、颗粒最为丰满、可容纳一人的圆形庄稼。在收割完的第一个星期六邀请亲朋好友或一家人聚在一起围着圆形庄稼嘴里喊着“嘟若，嘟若”；接着收割留下的圆形庄稼。收割后每人一只手拿着一捆麦茎，一只手握着镰刀，把镰刀架在麦茎的正中腰，同时把手中的麦茎和镰刀缓慢地向顺时针方向转，同时大声唱出从远古流传下来的歌谣：

东方的如意金刚，请到田间来吧，

南方的宝贝根源，请到田间来吧，

西方的大日如来，请到田间来吧，

北方的吉祥成就，请到田间来吧，

中间的众多财富，请到田间来吧，

请到吉祥的打麦场上，随风而来吧！……

向四方正中的神灵祷告完后，把各自手中的麦茎用三根绳子系在一起，中间插着用布料或羊毛制成的风旗。这三根绳子和风旗代表着佛、法、僧三宝和吉祥。把系好的麦捆摆放在中间，一位老者站在众人前面以低沉庄重的嗓门演唱道：

培育少年的母亲，是慈母新江卓玛。

出生幼苗的母亲，是肥沃无边的良田。

迎接爱子的盛宴，摆满清香美酒。

迎接爱子的喜悦，征服四方的敌人。

迎接丰收的季节，丰谷堆满了粮仓。

花朵生长的地方，是广阔无边的草原。

迎接多姿的花朵，把雨露当做美酒。

有了鲜艳的花朵，佛堂增添了光泽。

在悠扬的歌声中整个仪式落下帷幕，人们相互献哈达、敬酒、燃放桑火，企盼来年的丰收。

农民们盼望着庄稼丰收，丰衣足食。他们用歌声唱着自己的心愿，歌颂自己的汗水和心血，也倾吐着劳动的欢欣。

牧民们同样把家庭牧活当成一件快乐的事儿去主动热情地干，同样有着欢乐的歌儿在陪伴。

牧业生产中的劳动歌也表达了勤劳持家的观念：

打奶歌

1. 草坪黑沙之间，牛奶比水还多，
   牧女岭萨曲珍，在用奶汁洗手。
2. 打奶别从上打，要从深处抽动，
   若从深处抽动，会凝出黄酥油。
   酥油凝出之时，可作佛祖供品。

倘若向佛供奉，净化自身罪孽。
3.敬给紫色皮奶桶，敬给吉祥大奶桶，
敬给吉祥大铜锅，敬给上拉打乳杖，
敬给初八月奶勺，敬给玉龙皮风箱。
东方刚刚拂晓时，鸟儿欢快地唱歌，
这时牛倌起了床，穿上白氆氇衣裤，
戴上黑色牛倌帽，腰插花色抛石器。
吆喝一声白须狗，白须狗拴在帐右，
黑须狗拴在帐左，接着去回赶牛群；
从雪山草坡赶回来，从草甸滩里赶回来，
从三山顶上赶回来，从四山背后赶回来。
右山吆喝“勾”一声，左山打出唿哨声。
“勾”“唿”声中聚绳旁，到拴绳间点牲口，
有对长角白额牛，有对额呈斑点牛，
有对全身黝黑牛，全都聚在拴绳上。
黄犏牛发出泣声，此刻“泻玛”（挤奶女）起了床。
身穿白色粗褐衣，头戴白色毛毡帽；
右手提起挤奶桶，左手拿着花拴绳。
到小方形拴绳间，用那盐巴哄牲口，
花拴绳捆牛双腿，牛犊把奶头吮吸；
绳与木橛在颤抖，洁白奶汁如雨下，
盛入紫色皮桶里，带到清凉溪水边。
内白铜锅支灶上，锅下火苗加柴禾，
熬奶火焰似鸡高，这般火势得偏头；
熬达拉火如山高，这般火势得偏小。
此后倒进奶桶里，搅杖粘不粘奶渣；
人不为主看奶温，奶温要看那天气；
晴空时则奶温低，云天时则奶温高；
那奶温高的泡沫，像雪山映照朝阳；
那奶温低的泡沫，像雪山映照夕阳；

那奶温中等泡沫，像小鸟儿聚湖畔。
大泡百来小泡千，大泡百来凝酥油，
小泡千已凝酥油，大奶桶啊不裂开，
桶腰是藤条捆紧，桶底也不易通漏，
盘眼在三百六十，明天太阳照此时，
奶汁也该打好了，酥油也该出来了，
该晒白色之奶渣，该给牧犬喂面食。
祈祷绿鬃贵体上，莫降给它风雪灾；
祈祷泻玛贵体上，莫使她患病痛疾；
祈祷黄犏牛贵体上，切莫让它遭兽害；
祈祷牛犊贵体上，莫叫小犊病疫死；
祈祷牛的贵体上，请免它尾伤背又裂；
祈祷白项黑须狗，莫患各样犬疫病。
……

取酥油歌

凝聚吧，凝聚，从左边百中凝聚，
百中凝聚酥油，从右边千中凝聚，
千中凝聚奶渣，从千百之中大如“无角”牛头，
黄闪闪地凝聚，凝聚吧，凝聚，
要为上供三宝，要为下施恶道；
要为赠送亲友，要向仇人炫耀；
凝聚吧，凝聚，牛倌脚疼的报酬，
牧狗腿跛的报酬，牧妇肩疼的报酬。

羊羔喂乳歌

上有上房，上房风沙大，把母羊你拴里面；中有中房，
中房火烟大，把母羊你拴里面，下有下房，下房很黑暗，
把母羊你拴里面；恰日日日……
牧业生产中还有擀毡歌、纺线歌、洗羊毛歌等等。

姑娘挤奶来啦

我的老黄牛啊，老老实实地靠在南墙上吧，
姑娘提着奶罐来啦，不给你撒豌豆，
不给你添青草，姑娘是挤奶来啦。

我的老黄牛啊，支起你的四条腿吧，
姑娘的腰弯成一条明媚的月芽，姑娘的手曲成一只白玉的发叉，
姑娘的眼睛瞪成两颗不眨的星星，那洁白的奶汁啧啧流下来啦。

我的老黄牛啊，安安静静地闭起眼睛吧，
噢，对啦，假若这样呢，奶汁会像岩洞的泉水那样多，
奶汁会像高山的积雪那样白，奶汁会像花瓣的露珠那样净。

牛啊，不要乱抬蹄子哟，小心把绿色的奶罐踢破了呀，
小心把苹果样的脸儿踢烂了呀，假若这样听话呢，
姑娘会一天给你添十二次草，姑娘会一天给你搔十二次痒。

铁锤歌

当年轻的时候，铁锤比羽毛轻，一旦上了年纪，铁锤不听使唤。
单就这事还好，凭着心里想象，这比桑耶府的，无常死亡厉害。

筑房歌

永恒圣地拉萨，建在湖泊之上，一位石匠能手，请砌大石墙壁；
一位木工能手，请建百门寝宫，建起百门宫后，请建四柱八梁；
一位铁匠能手，请架铁皮屋檐，一位铜匠能手，请架铜皮水槽。

织氆氇歌

右边拉那筘齿拉法一二三，左边丢那仲布丢法四五六；
从上转那织轮转法一二三，从下踩那踏板踏法四五六；
在右放那孙布放法一二三，在左放那氆氇放法四五六；

后面有那靠背，前面有那织轴，靠背织轴两个，守有哪个信用。

筑房歌

（石匠歌）

运土人拉土来，运石人拉石来；

若是土石结合，可建幻变神殿。

小小石片房墙，请你往上长高，

我和母亲孩儿，要回自己故乡。

泥浆丹增旺母，请把石墙粘住；

没有丹增旺母，好比泥坑空洞。

大石是腰背敌人，封泥是手指敌人，

一生干筑房活儿，是身和心的敌人。

摘引这么多民谣，告诉人们的即是藏人在家庭生活中的劳动观，社会风尚的勤劳习俗，对劳动生活的健康态度和正确认识，把劳动看作理所当然，责无旁贷的一种义务和责任，表现出从骨子里对劳动的热爱与主动，以及对用双手建设家庭新生活的热情向往及脚踏实地的实践精神。